Bob Snoijink *Pazifisches Glück*

BOB SNOIJINK

Pazifisches Glück

Das Jahr auf der Insel

Aus dem Niederländischen von
Hildegard Höhr und
Theo Kierdorf

Schweizer Verlagshaus
Zürich

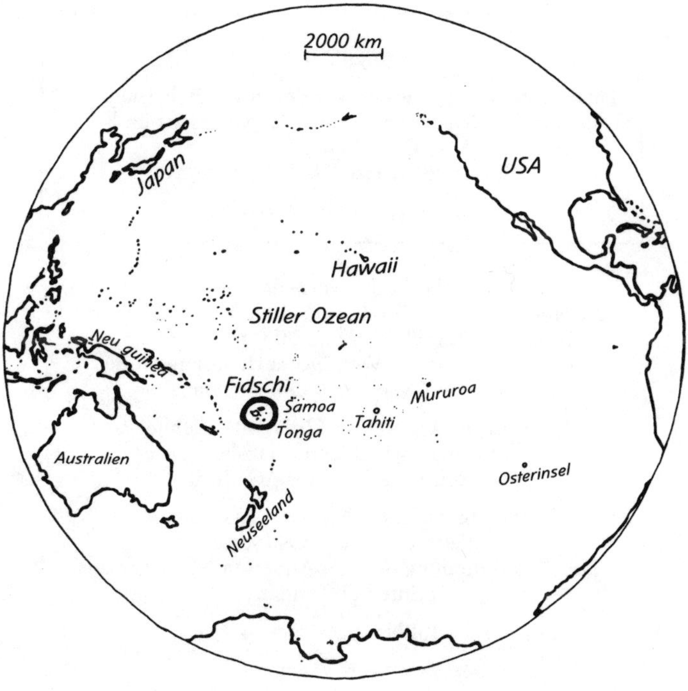

Die holländische Originalausgabe erschien
1991 unter dem Titel
Een jaar op een onbewoond eiland
bei Uitgeverij BZZTôH, 's-Gravenhage

Alle Aufnahmen stammen von Bob Snoijink

Die Deutsche Bibliothek – CIP-Einheitsaufnahme

Snoijink, Bob:

Pazifisches Glück : das Jahr auf der Insel / Bob Snoijink.
Aus dem Niederländ. von Hildegard Höhr und
Theo Kierdorf. –
Zürich : Schweizer Verl.-Haus, 1993

ISBN 3-7263-6670-9

Schutzumschlag: Heinz von Arx, Zürich
Satz: Typobauer, Ostfildern
Druck und Bindung: Offizin Andersen Nexö, Leipzig
Printed in Germany

ISBN 3-7263-6670-9

2 4 6 5 3 1

Für Chris

»Maybe it's for the better.«

Apisai Lailai

Inhalt

TEIL 1: *Anlauf*
1 Kindheitstraum in der Lebensmitte 11
2 Aufgenommen 31

TEIL 2: *Sprung*
1 Illusionen 51
2 Das Mana tanzt 61
3 Fuß fassen 77
4 Hundstage 113
5 Sternschnuppen 147
6 Die holländische Flagge sinkt 167
7 Verbannung 195
8 »Unbemannte« Teile 209
9 Das grüne Paradies 225
10 Besuch 243
11 Gold 259
12 Schlechte Zeiten 273
13 Visionssuche 285
14 Abschied 301
Danksagung 319

TEIL 1

Anlauf

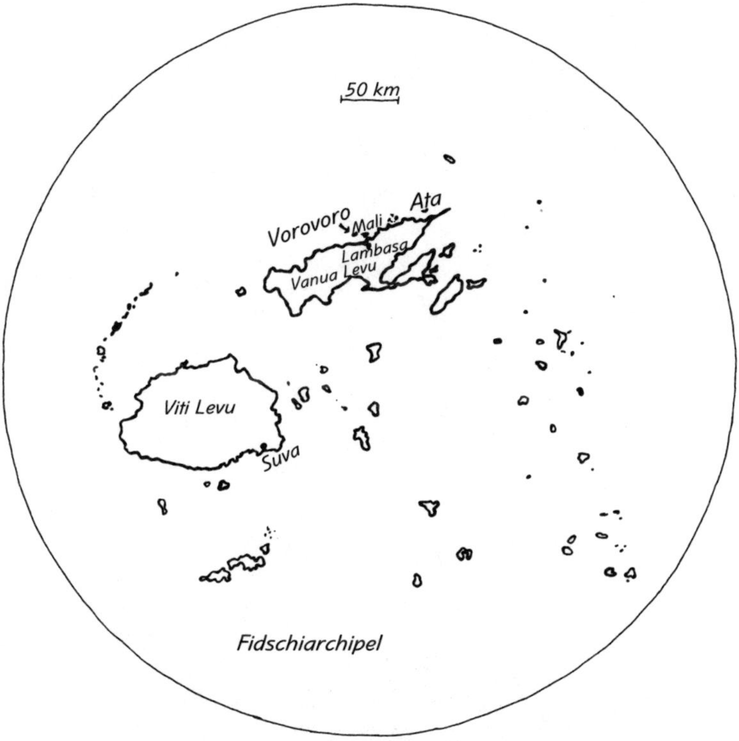

1
Kindheitstraum in der Lebensmitte

Mai 1987

Erst mitten in dem spontanen Ritual wurde mir klar, daß hier gezaubert wurde. Der Junge oben auf der Kajüte stieß einen Schrei aus und deutete in die Ferne. Der kleine Trawler befand sich ungefähr drei Kilometer vor der Küste der Insel Vorovoro. Es war windstill, und das hellgrüne Wasser um uns herum war so klar, daß man den Grund in etwa sieben Meter Tiefe sehen konnte. Ich erkannte nicht sofort, worauf der Junge deutete, doch die Männer an Bord fingen an, aufgeregt durcheinanderzureden. Mbale, der muskulöse Rudergänger, sagte:

»Delphin.«

Ich starrte in die Ferne, und dann sah ich es auch: eine Delphinschule, vertieft in ihr ewiges Spiel der Freude. Im Takt sprangen sie alle gleichzeitig aus dem Wasser, um ein Stück weiter wieder darin einzutauchen, wie ein Ball, der am Horizont auf- und abspringt. Plötzlich packte auch mich die Erregung. Ich hatte Delphine schon immer gemocht. Hier hatten sie genügend Raum, ein Delhpinarium, das sich über Milliarden von Kubikkilometern erstreckte.

Dann geschah etwas Merkwürdiges. Die Gesellschaft an Bord stimmte im Chor einen harten, hohen und kehligen Ton an. Dabei blickten alle wie gebannt auf die auf- und abhüpfende Gruppe am Horizont. Wie von Zauberhand gelenkt, änderten die Tiere nun ihren Kurs und kamen, immer noch springend, direkt auf unser Boot zu! Begeistert schloß ich mich dem Chorgesang an. Innerhalb weniger

Sekunden hatten die Delphine unser Boot erreicht. Unter dem fortgesetzten Singen unseres Chors begannen die Delphine mit einer Art Kunstschwimmschau. Mit atemberaubender Geschwindigkeit schoß jeweils ein Paar von beiden Seiten auf den Bug zu, drehte sich blitzschnell auf die Seite und glitt um Haaresbreite daran vorbei. Es sah so aus, als würden sie frontal aufeinanderprallen und mit dem Boot zusammenstoßen, doch sie schwammen ebenso haarscharf aneinander vorbei, wie sie dem Bug auswichen. Da sich dieser nur etwa siebzig Zentimeter über der Wasseroberfläche befand, konnte ich deutlich das fröhliche Grinsen der Tiere erkennen: Sie interessierten sich offenbar mehr für uns als für die Hindernisse auf ihrem Weg. Jedesmal, wenn ein Paar vorbeischoß, erhob sich an Bord Applaus und Jubel. Auch ich jubelte – mit einem Kloß im Hals. Die ausgelassene Begegnung zwischen Mensch und Tier war für mich wie ein Wiedersehen zwischen alten Freunden nach einer langen Zeit der Trennung.

Die übrigen Tiere der Schule hüpften weiter an Backund Steuerbord auf und ab, in unnatürlich verlangsamtem Tempo, um sich der behäbigen Fahrt des Schiffs anzupassen. Dabei schienen sie irgend etwas Merkwürdiges mit der Schwerkraft anzustellen. Schließlich verstummte der Gesang der Männer. Nach etwa zehn Minuten näherten wir uns den flachen Gewässern des Riffs, und die Delphine blieben immer weiter hinter dem Boot zurück.

»Mag nicht Flachwasser«, erklärte Mbale.

Zum Abschied sprangen sie alle zusammen noch einmal senkrecht aus dem Wasser und ließen sich an genau der gleichen Stelle wieder hineinfallen. Dann jagten sie mit einer Geschwindigkeit in Richtung Horizont, als hätten sie noch am gleichen Tag eine Verabredung in Manila.

»Wie macht ihr das? Ich meine das . . . Rufen?« fragte ich erstaunt.

»Von Ahnen.«

»Kommen sie immer?«

»Oft.«

»Fangt ihr sie nie?«

Er schaute mich an, als ob ich etwas sehr Dummes gesagt hätte.

»Essen nie Delphin, aus Respekt.«

Ich hatte etwas erlebt, das ich schon seit langem hatte miterleben wollen. Ich hatte davon gelesen, daß bestimmte Inselvölker eine Art Freundschaftsvertrag mit anderen Arten schließen. Die Bewohner von Nasanqalau, einer anderen Insel dieser Gruppe, rufen im Frühjahr in einer langen Zeremonie die Haie aus dem Meer herbei. Diese Macht scheint die Fischer des Dorfes auch gegen diese Raubtiere zu schützen, wenn ihr Boot einmal auf offener See kentert. Auf Inseln im ostindonesischen Archipel ruft der Dorfpriester Riesenschildkröten aus dem Meer. Die Einwohner von Butari-tari, einem kleinen Atoll im Norden der Gilbert-Inseln, begrüßen an einem Tag, der Wochen vorher festgesetzt wird, Schulen von Schweinswalen in der Lagune. Dieses Ereignis findet statt, nachdem der »Schweinswalbeschwörer« in einer Hütte am Strand die Tiere in einem Traum gerufen hat.

Wir hatten soeben ohne größeres Zeremoniell ein paar Herzlichkeiten mit einem Delphinteam ausgetauscht.

Das hätte ich mir sicherlich nie träumen lassen, als ich im Juli 1986 im nordholländischen Bergen durch einen Telefonanruf aufgeschreckt wurde. Am Apparat war André Naber, der Chefredakteur der Zeitschrift »Panorama«.

Ob ich Lust hätte, mich eine Weile auf einer unbewohnten Insel im Stillen Ozean im Überleben zu üben?

Es dauerte einen Augenblick, bis ich dem, was ich da durchs Telefon hörte, Glauben schenken konnte. Noch nie waren mir in so kurzer Zeit so viele Gedanken durch den Kopf geschossen.

Der Stille Ozean ... Meine erste Reise! Im Alter von zehn Jahren befand ich mich auf dem Emigrantenschiff »Kreuz des Südens« unterwegs nach Neuseeland, in einem Zustand ununterbrochenen Staunens. Ungefähr zehn Tage lang war nichts als die glatte Meeresoberfläche um mich herum, nichts als glitzerndes grünes Wasser, Sonne, ein makellos blauer Himmel über mir und unermüdliche Schwärme fliegender Fische auf den Bugwellen.

Nach vier Wochen lief unser Schiff in den natürlichen Hafen von Tahiti ein. Ich wandelte zwischen den Düften des Oleanders und des indischen Jasmins sowie tausend anderer, die mir bis zu diesem Zeitpunkt völlig unbekannt gewesen waren. Ich tauchte zwischen Korallen und blieb immer länger unter Wasser, in einem Meer, das so klar war, daß man bis auf den Grund sehen konnte. Tausende von Fischen in Popart-Farben glitten vorüber. Die duftende Insel war warm und still bis auf die Rufe unbekannter Vögel und das Zirpen Zehntausender von Zikaden. Die Augen der kaffeebraunen Bewohner funkelten fröhlich.

Dies war das Paradies, und ich hatte mir damals vorgenommen, später einmal an diesen Ort zurückzukehren.

Als Naber während jenes Telefongesprächs seinen Vorschlag näher erläuterte, hörte ich nur mit halbem Ohr zu.

»Entbehrungen, Orkane, Haie, giftige Tiere, ich lasse dir gerne den Vortritt«, hörte ich, aber selbst ich dachte an ... eine Baumhütte bauen, Gemüse anbauen, auf Palmen klettern, Feuer machen, fischen, Vögel grillen und am Strand im Schatten der Bäume Liebe machen. Immer Sonne, wohltemperiertes Wasser und kein Mensch in der Nähe, der mir vorschreiben würde, was ich zu tun oder zu lassen hätte. Mit den Vögeln aufstehen und zu Bett gehen. Keine Sorgen außer der um die nächste Mahlzeit. Ich würde bleich, aufgedunsen und steif dort ankommen und dann braun, muskulös und gelenkig werden. Und mit Chris wäre es natürlich wie auf einer zweiten Hochzeitsreise.

Ein paar Monate vergingen, bevor wir Gewißheit hatten. Der Plan stellte unser Leben völlig auf den Kopf und beeinflußte überdies das Leben unserer Freunde und Verwandten. Sie alle ergingen sich in Phantasien, vor allem in solchen über Katastrophen. Chris ist besonders empfänglich für Unheilsvisionen. Sie mußte jede mögliche Katastrophe in ihrer Vorstellung durchleben, bevor sie ihre Angst verlor und sich mit dem Gedanken an die Reise anfreunden konnte. Sie hatte sich nie von dem Film »Jaws« erholt, und so kam es, daß sie einmal vor dem Einschlafen in einer Vision vor sich sah, wie sie sich verzweifelt bemühte, das Blut zu stillen, das aus der Schlagader meines Oberschenkels floß, dort, wo der Hai mein Bein abgerissen hatte. In realen Notsituationen ist sie gewöhnlich die Ruhe selbst. Ich hingegen bekomme es erst dann mit der Angst zu tun.

Aus solchen Alpträumen wachte sie dann bei den ersten Sonnenstrahlen wieder daheim in Holland auf, von meinen morgendlichen Hustenanfällen infolge einer Nikotinüberdosis aus dem Schlaf gerissen. In solchen Augenblicken dachte sie erleichtert: »Glücklicherweise liegt er noch neben mir, aber frag mich nicht, wie.«

O ja, ein Jahr lang ohne Gift leben! Ohne Nikotin, Zukker, Kaffee, Fernsehen und Video. Während ich für alternative Zeitschriften Artikel über gesundes Leben schrieb, aß ich vor dem Fernseher Shoarma mit fetter Soße und rauchte in zwei Tagen ein Päckchen Tabak. Wir würden diesen ganzen Mist einfach nicht mitnehmen. Ich war jetzt schon über vierzig, und das Leben ging allmählich bergab. Ich mußte endlich meine faule Selbstzufriedenheit und die

Fettpolster loswerden, die ich mir durch meine Freßanfälle zugelegt hatte. Ich wollte nicht sterben wie so viele: vor Schmerzen gekrümmt, inkontinent und völlig verkalkt – brrrr.

Wie paradiesisch würde die Wirklichkeit sein, wenn wir die uns von außen auferlegten Grenzen durch unsere eigenen ersetzten? Wie würde eine Beziehung in der Einsamkeit funktionieren? Unsere Ehe ließ sehr zu wünschen übrig. Wenn wir uns nicht auf dieses Abenteuer einließen, würde es sicherlich nur eine Frage der Zeit sein, bis wir ausgeredet, ausgestritten und endgültig genug voneinander hätten. Oder würde alles noch schlimmer werden, wenn wir niemand anderen mehr als uns selbst hätten?

Als Bekannte uns fragten, in welchem Bereich wir die meisten Probleme erwarteten, antworteten wir einstimmig: »Miteinander.« Laut der chinesischen Astrologie ist Chris ein Drache, und ich bin ein Hund – eine unmögliche Kombination. Auch die westliche Astrologie sieht nicht gerne einen Fisch (mich) und einen Wassermann (Chris) zusammen. Chris ist eine geschulte Feministin, und ich bin ein typischer Chauvi. Sex steht auf meiner Wunschliste ganz oben und auf ihrer ganz unten. Chris ist eigensinnig, aber ich bin noch viel eigensinniger. Ich habe zwei linke Hände und kann nicht einmal ein Bild gerade aufhängen, während sie sehr geschickt ist. Ich wiederum kann das nicht ausstehen. Bei Intelligenzspielen ist sie immer besser als ich, und dabei bin ich ein so schlechter Verlierer. Sie ist geradezu krankhaft perfektionistisch, ordentlich und hygienebewußt, während ich im Laufe unseres Zusammenlebens noch schlampiger und unorganisierter geworden bin, als ich es ehedem schon war. Sie hat Geduld, ich nicht. Sie kann andere lange und auf subtile Weise piesacken – das ist vermutlich der Einfluß ihrer chinesischen Gene, die ihr einflüstern, nicht wütend zu werden, sondern Rache zu üben –, wohingegen ich ihr immer sofort die banalsten Grobheiten an den Kopf werfe. Sie ist nüchtern und sachlich, und ich bin ein Träumer. Wenn sie starke Schmerzen hat, fängt sie zu lachen an, und wenn sie krank ist, ißt sie. Ich hingegen jammere und muß mich übergeben. Wenn ihr etwas gegen den Strich geht, brütet sie lange im stillen darüber und glaubt, ihr sei davon nichts anzumerken, während ich sie am liebsten sofort mit allem überschütte. Ich explodiere, sie implodiert. Unsere Streitereien können lange dauern, weil wir beide stets das letzte Wort haben wollen.

Unsere einzige Gemeinsamkeit schien unser Größenunterschied zu sein. Doch vielleicht waren wir gerade deshalb die ideale Kombination für ein solches Unternehmen.

Die Idee, eine Weile auf einer unbewohnten tropischen Insel zu leben, war nicht neu. Seit Anfang der achtziger Jahre war schon zweimal ein solcher Versuch gemacht worden. Ein französisches Paar hatte eine Zeitlang auf einer Insel in der Nähe von Tahiti gelebt, aber die beiden hatten sogar Wein mitgenommen und sich abends zum Essen feingemacht. Ein englisches Paar, das sich über eine Anzeige kennengelernt hatte, lebte ein Jahr lang auf einer Insel zwischen Australien und Neuguinea. Die Engländer hatten so gut wie nichts mitgenommen, was sie allerdings teuer zu stehen gekommen war. Länger als ein paar Monate ausschließlich von Kokosnüssen und Fisch zu leben führt unweigerlich zu fortschreitenden Mangelerscheinungen. Außerdem war die Beziehung der beiden von vornherein zum Scheitern verurteilt, und die Geschichte ihrer gestörten Beziehung – er wollte sie, sie wollte ihn nicht, aber dann schließlich um des lieben Friedens willen doch – wurde zum deprimierenden Hauptthema ihres Reiseberichts.

Unser Auftrag lautete jedoch nicht, mit einer Minimalausrüstung, die aus nicht mehr als einem Messer bestand, auf einer einsamen Insel zu überleben. Wir sollten vielmehr den typischen Traum eines durchschnittlichen Westlers erforschen: eines mehr oder weniger überarbeiteten Menschen, der sich von neun bis fünf einer mehr oder weniger interessanten Arbeit widmet und von fünf bis neun mit einem mehr oder weniger faszinierenden Partner zusammenlebt. Was würde passieren, wenn sich solche Menschen auf eine unbewohnte tropische Insel mit Palmen und Obstbäumen, einer Süßwasserquelle und einem wunderschönen Meer zurückzögen? Unser Experiment sollte sich damit befassen, wie man das Leben zu zweit auf eingeschränktem Raum überlebt, ausgestattet mit möglichst wenig Hilfsmitteln und nur einigen Grundnahrungsmitteln wie Mehl und Reis sowie den unverzichtbaren Büchern.

Wie verändern sich zwei Städter und Büromenschen, wenn sie plötzlich in den Schoß von Mutter Erde zurückfallen und keinen vollen Kühlschrank oder Supermarkt mehr zur Verfügung haben? Ist das Leben auf einer unbewohnten Insel wirklich so paradiesisch, wie viele Zivilisationsmüde es sich erträumen? Wieviel Hölle würden wir selbst mitbringen?

Licht in der Lebensmitte! Kein roter Sportwagen mit glänzenden Speichen, der junge Tramperinnen beeindrukken soll, keine Zeit für deprimierende Gedanken über immer mehr Falten in meinem Gesicht! Mir wurde ein Jahr auf einer unbewohnten Insel geschenkt. Ich konnte einen meiner langgehegten Träume ausleben.

Während ich in die Traumkiste meiner Vergangenheit

zurückschaute, drängte sich mir der Gedanke auf, daß Träume Wirklichkeit werden, wenn man sie nur hartnäckig genug träumt. Ungefähr zwei Monate bevor Naber mich angerufen hatte, hatte ich zu Chris gesagt:

»Ich hätte Lust, einmal eine Weile auf einer einsamen Insel zu leben, irgendwo in den Tropen.«

So ist meiner Meinung nach jeder Mensch sein eigener Prophet.

Mai 1987

Eine Fliege hat mehr Überlebensinstinkt als wir. Sie setzt sich niemals auf giftigen Fisch. Sicherheitshalber kann man bei der Zubereitung von Fisch ein Stückchen Kokos oder einen Pfennig mitkochen: Werden diese schwarz, so wirft man den Fisch am besten weg. Zwar brauchten wir dieses Wissen später auf unserer Insel nicht, aber trotzdem vergaßen wir es nie mehr.

Wenn man verhindern will, in der Einsamkeit einer unbewohnten Insel sofort einen fatalen Fehler zu machen, sollte man sich am besten vorher eine Weile auf einer bewohnten Insel des betreffenden Gebiets aufhalten. Es kostete uns viel Zeit und Mühe, und wir mußten unzählige Mißverständnisse aus dem Weg räumen, bis wir endlich auf einer solchen angekommen waren: auf Vorovoro, einer abgelegenen Insel am nördlichen Rand einer riesigen Inselgruppe im Fidschiarchipel.

Nach zehntägigem Aufenthalt in der Landeshauptstadt Suva erfuhren wir, daß alles geregelt sei. Der *Roko-tui,* das

Oberhaupt des nördlichen Distrikts Mathuátta, erwarte uns in Lambasa, der Hauptstadt auf der Insel Vanua Levu. Er könne uns eine geeignete Insel nennen. Doch zuvor sollten wir eine mehrwöchige Vorbereitungszeit auf Vorovoro verbringen, wo der Häuptling jener Insel und der unmittelbar benachbarten, wesentlich größeren Insel Mali wohnte.

»Aber was ist mit unserem Visum?« fragte ich besorgt Isimeli Bainimara, den Direktor des Fremdenverkehrsbüros, der schon Monate zuvor in einem Telex von mehr als hundert unbewohnten Inseln gesprochen hatte, uns jedoch keine einzige zu nennen vermochte, als wir ihm schließlich persönlich gegenüberstanden. Außerdem hatte er entgegen seinen per Telex übermittelten Versicherungen noch gar nichts in die Wege geleitet.

»Machen Sie sich keine Gedanken darüber, das kann noch drei Wochen dauern. Ich werde das schon regeln.« Nur halb beruhigt stiegen wir am nächsten Morgen vor Sonnenaufgang mit einem Berg Gepäck in den Bus, der uns noch vor Mittag am Schiff absetzen sollte. Nach einer dreistündigen Seereise würden wir in Vanua Levu ankommen und von dort aus noch am frühen Abend des gleichen Tages mit einem zweiten Bus Lambasa erreichen.

Das Hinterland von Suva ist wasserreiches grünes Hügelland, in dem hier und dort kleine Ansammlungen von Wellblechhäusern in Palmenplantagen stehen – etwas völlig anderes als die *Mbures*, die schönen traditionellen Hütten, wie man sie aus den Reiseprospekten kennt. Der Großteil des Landes ist von Urwald überwuchert, doch die Täler werden an einigen Stellen landwirtschaftlich genutzt. Auf den Inseln lebt gut eine halbe Million Menschen auf einer Fläche, die etwas kleiner ist als die der Niederlande. Das traurige Elend, das in den meisten Entwicklungsländern herrscht, gibt es hier nicht. Die Bewohner sind mit dem Lebensnotwendigsten versorgt.

Nach ein paar Stunden sahen wir zwischen dem leuchtenden Grün der bewaldeten Hügel plötzlich türkisfarbene Flecken – den Ozean. Neben der verlassenen Straße lag ein Pier und an dessen Ende ein Fährschiff, das auch Fahrzeuge transportierte. An Bord hatten sich Fidschianer und Inder vor einem Fernsehgerät versammelt, auf dessen Bildschirm ein japanischer Held mit Hilfe einer überlegenen Kampftechnik kurzen Prozeß mit ganzen Heeren bewaffneter Schurken machte. Zum erstenmal kam mir die gesamte Situation ziemlich absurd vor.

Man hatte uns innerhalb von vierundzwanzig Stunden genau auf der anderen Seite der Welt abgesetzt, und nun saß ich hier und schaute abwechselnd auf einen Verrückten auf dem Fernsehbildschirm und dann wieder auf eine Landschaft, in der sich Inseln wie riesige Grünkohle aus einem unvorstellbar blauen Meer erhoben. Um mich herum saßen gutgekleidete Inder mit glattem Haar, deren Vorfahren vor etwa hundert Jahren von den Briten als bezahlte Sklaven für die Zuckerplantagen importiert worden waren und die mittlerweile etwas mehr als die Hälfte der Bevölkerung ausmachten, sowie krausköpfige Melanesier, die vor wer weiß wie vielen Tausenden von Jahren aus Ostafrika in diese Richtung gereist sein mußten. Möglicherweise handelte es sich bei diesen Seefahrern sogar um einen jener berühmten verschollenen Stämme des Alten Testaments. Ich war unterwegs zu einer unbewohnten Insel, um Robinson Crusoe zu spielen, obwohl ich nicht einmal in der Lage war, einen Nagel in ein Paket Butter zu schlagen.

Ich mußte unwillkürlich lachen und sah mich nach Chris um, die auf einer unbequemen Bank zu schlafen versuchte. Unser Verhältnis war immer noch so miserabel, wie es zu Hause gewesen war. Wir waren uns in letzter Zeit zwar nicht mehr in die Haare geraten, aber niemand wäre vermutlich auf die Idee gekommen, daß wir gemeinsam zu einem solch gewaltigen Abenteuer unterwegs waren. Einkäufe in Suva zu erledigen war für uns schon Anlaß genug für Irritationen.

Schließlich erreichten wir Vanua Levu. Das Fährschiff fuhr zwischen den Riffen hindurch auf eine Landungsbrücke zu, wo vor einem Hintergrund aus Palmen, einer Ansammlung kleiner Häuser und mit dichtem Urwald bewachsenen Hügeln eine Menschengruppe und ein Bus warteten. Schweißtriefend schleppten wir uns mit unseren neun Taschen zu dem Bus und stiegen ein. Wir fuhren über eine Straße aus rotem Lehm und waren schon bald in einen grünen, kühlen Dschungel eingetaucht. Der Bus war angefüllt mit Fidschianern, Indern, Koffern, Kisten, Körben, Paketen und uns als den einzigen Weißen, von den übrigen Passagieren durch den Mittelgang und durch unsere eigene Abwehr getrennt. Die Inder starrten vor sich hin oder schauten aus dem Fenster und wechselten weder mit den Fidschianern noch untereinander viele Worte. Die Fidschianer hingegen hatten einander offenbar viel zu erzählen, und sie schüttelten sich immer wieder ungehemmt vor Lachen. Bei jeder Haltestelle ertönten laute Abschieds- und Begrüßungsrufe, begleitet von guten Wünschen und einem allgegenwärtigen breiten Lachen. Auch wir wurden auf diese Weise willkommen geheißen und verabschiedet. Unser eigenes Verhalten ähnelte eher dem der schweigenden Inder.

Nachdem wir hundertzwanzig Kilometer zurückgelegt und ebenso viele Staubwolken aufgewirbelt hatten, fuhren wir viereinhalb Stunden später in Lambasa ein, einer Stadt, die im wesentlichen aus einer Straße bestand. Diese Straße war zu beiden Seiten mit langen Reihen von Geschäften gesäumt, hinter denen kleine Gewerbebauten lagen. An diese wiederum schlossen sich Neubauviertel an. Wir fanden ein kühles Zimmer in einem aus Holz gebauten Hotel, das seine beste Zeit unter den Briten gehabt haben mußte. Doch dafür wurden wir mit frischem Hibiskus auf unseren Kopfkissen und auf dem Wasserbecken des WCs entschädigt. Nachdem wir geduscht, eine Siesta gehalten und ein eisgekühltes Bier getrunken hatten, kehrten unsere Lebensgeister zurück. Lambasa war ein heißer Tunnel aus Staub, Abgasen und Scharen von Menschen, die sich vor Geschäften mit europäischen Preisen drängten. Die Fidschianer auf der Straße strahlten uns an, als ob wir Prinz Charles und Prinzessin Di persönlich wären. Andere Weiße sahen wir nicht.

Wir hielten uns, soweit es ging, in der Kühle des Hotels auf. In der dämmrigen Lounge tranken gespensterhafte schnurrbärtige Briten Whisky auf Eis, und bleiche Damen saßen gelangweilt vor ihrem Bridgespiel. Über dieser unwirklichen Szenerie drehten sich unermüdlich die Deckenventilatoren.

Der sanfte Rhythmus von Marvin Gays *Sexual Healing* aus einer neuzeitlichen Jukebox jagte die Geisterwesen in die Flucht. Wir hörten sogar George Baker, dessen Musik mich auf meinen Reisen wie ein absurder Traum bis in die entlegensten Winkel der Welt verfolgt. Das Hotelpersonal bestand aus Fidschianerinnen, warmherzigen Frauen in enganliegender Kleidung, die Marvin Gays Ermutigungen unwillkürlich mit einem sanften Wiegen der Hüften beantworteten.

Der Roko-tui war auf Dienstreise. Es war Mittwoch, und wir würden ihn vor Samstag nicht sprechen können.

Die Fidschianer leben in einer strengen Hierarchie, denn ihre Stammestraditionen haben sich bis auf den heutigen Tag gehalten. Deshalb erschien es uns unklug, den Beamten zu übergehen und ohne Vorsprache bei ihm nach Vorovoro weiterzureisen. Und wir taten gut daran, denn später stellte sich heraus, daß der dortige Häuptling zwar über unsere Ankunft informiert war, daß ihm aber nicht klar war, was wir eigentlich vorhatten. Zu unserem Leidwesen schien er von unseren Plänen nicht sonderlich begeistert zu sein.

Am Samstag näherte sich in der Mittagshitze die gebeugte Gestalt des *Tui-Mali*[1] dem Haus. Er war ein kleiner, magerer alter Mann mit weißgrauem Haar und freundlichem Blick, gekleidet in ein Hemd und einen grauen *Sulu*, den traditionellen feinen Rock des Häuptlings. Er stellte sich als *Ratu*[2] Osea vor. Er selbst sprach kein Englisch, erzählte uns jedoch mit Hilfe des Mädchens hinter dem Schalter, daß er auch schon Donnerstag und Freitag nach Lambasa gereist sei, um uns dort zu treffen, gewarnt durch eine Nachricht des Lokalsenders. »Es gibt kein Wasser auf Vorovoro«, übersetzte die Hotelangestellte, die sich auf ihrem Stuhl im Garten die größte Mühe gab, so weit vornübergebeugt zu sitzen, daß sie den kleinen Osea nicht überragte. Denn einen Häuptling zu überragen gehört sich nicht.

Wollte Osea damit sagen, daß wir nicht nach Vorovoro reisen könnten? In diesem Augenblick fuhr ein Jeep vor dem Hotel vor, aus dem ein gesetzter fünfzigjähriger Mann in westlicher Kleidung stieg. Er schaute sich die Szene unter dem Baldachin in aller Ruhe an und stellte sich dann in fließendem Englisch als Ratu Emosi, der Roko-tui, vor.

1 tui (tuwi) = König
2 ratu = Stammeshäuptling, Anrede

Es folgte ein langes Gespräch mit Osea, und als er sich anschließend wieder an uns wandte, fragte er:

»Was habt ihr denn eigentlich vor? Er hat mir gesagt, daß er euch nicht unterbringen kann.«

Erstaunt darüber, daß über unser Vorhaben nichts bekannt zu sein schien, klärte ich ihn über den Grund unserer Reise auf. Er hatte angenommen, daß wir ein Jahr auf Vorovoro verbringen wollten. Auch Osea hatte dies so verstanden. Als ich dem Roko erzählte, daß wir nur ein paar Wochen auf Vorovoro bleiben und uns dann auf einer unbewohnten Insel niederlassen wollten und daß ich bisher der Meinung gewesen sei, er hätte alles dafür in die Wege geleitet, rieb unser Gesprächspartner sich zweifelnd über sein Kinn. Er versprach, sich umzuhören, ob solche Inseln überhaupt existierten. Uns überfiel der schreckliche Verdacht, daß diese möglicherweise wesentlich spärlicher gesät waren, als man glaubt, wenn man sich die riesigen Archipele auf einer großen Südseekarte ansieht.

Die Sonne sank schnell am Horizont, als ein kleines Dieselboot uns nach Westen über das Meer fuhr. Eine Dreiviertelstunde später tauchte der Schatten von Vorovoro im letzten Gegenlicht des Tages vor uns auf. Wir fuhren um die Insel herum, und als wir schließlich anlegten, war es bereits dunkel.

Erst am nächsten Morgen sahen wir, wie schön es dort war. Vorovoro entsprach ganz meinen Vorstellungen, einmal abgesehen davon, daß diese Insel bewohnt war und dicht vor der Küste von Vanua lag. Die Insel hatte einen langgestreckten Strand, auf der Windschattenseite eine Lagune, und es gab dort hohe Felsen, Dschungel und Palmen; Dunkelgrün und Gelb inmitten von blauem Kristall. Im stillen dachte ich, daß ich nichts dagegen hätte, hier einen Großteil meines restlichen Lebens zu verbringen, und ich fragte mich, ob ich in etwa einem Jahr, am Ende unseres Aufenthalts auf unserer unbewohnten Insel, immer noch so denken würde.

Wir wurden bei der Fischerfamilie des alten Osea untergebracht. Seine Familie nannte ihn den »alten Mann«, und er regierte über das Land sowie auch über drei Dörfer der viel größeren Nachbarinsel Mali. Mit seiner vielköpfigen Großfamilie bewohnte er ein einfaches Haus mit einem Wellblechdach, das aus vier Zimmern, einer Küche und einem Wasserreservoir bestand, in dem das Regenwasser vom Dach aufgefangen wurde.

Sein Sohn Poasa, der sich ebenso ernsthaft wie fürsorglich zeigte, hatte die ausführende Gewalt im Unterklan inne und war mit der kugelrunden Pei verheiratet. Sein jüngerer Bruder Mbale wohnte ebenfalls im Haus. Er war Junggeselle, stark wie ein Bär, hatte viel Humor und außerdem großes Interesse an Chris, die übrigens auf fidschianische Männer flog:

»So stark sind sie, und doch so . . . sanft!«

Zum Unterklan gehörten außerdem Poasas Kinder und ein niedlicher kleiner Sohn seines ältesten Bruders, der in Suva lebte. Fidschianische Kinder werden freigebig ausgeliehen oder weitergegeben. Poasas ältester Sohn Mbongi war schon im Alter von vier Jahren in das entfernte Suva umgezogen, um fortan in der Familie eines anderen, kinderlosen Bruders von Poasa aufzuwachsen. Die leiblichen Eltern sahen ihn nur in den großen Ferien.

Die letzte in der Reihe war *Mbumbu* (»Oma«) Mère, die massige Ehefrau von *Pupu* (»Opa«) Osea. Nach alter Tradition schlief sie getrennt von ihm und wechselte nie ein

Wort mit ihm, wenn andere dabei waren. Pei und die übrigen Frauen in der Umgebung arbeiteten unter ihrem eisernen Regiment. Mbumbus Autorität erstreckte sich zu ihrer ersichtlichen Befriedigung bald auch auf Chris, die ja schließlich dort war, um in die Geheimnisse der fidschianischen Haushaltsführung eingeweiht zu werden.

An der Wand des Wohnzimmers hingen vergilbte Porträts des britischen Königspaares. Ansonsten war der Raum nahezu leer. Wir saßen im Kreis auf einer großen Matte, und ich stellte die *Sevu-sevu,* die Ankunftsgeschenke, auf den Boden vor Ratu Osea: eine Flasche Whisky, zwei Stangen Zigaretten und eine Dose Zigarren. All dies war nichts für ihn: Weder rauchte noch trank er – Tugenden, die fidschianische Männer selten zieren. Der Rest der Familie hingegen war von den Geschenken sehr angetan: Die Whiskyflasche lag am nächsten Tag leer vor dem Haus, und die Zigaretten waren nach vier Tagen aufgeraucht. Schließlich legten wir noch den traditionellen Bund Kawa-Wurzeln dazu.

Schon seit langem faszinierte mich diese Droge des Südseegebietes: Kawa oder *Yanqona,* wie man sie hier nannte. Auf den meisten Inseln im Stillen Ozean trinkt man Yanqona, wie wir Bier trinken, wenn auch mit einem ausführlicheren Zeremoniell als unserem kurzen »Prost«. Yanqona ist für die Fidschianer ein Sakrament. In einer weit zurückliegenden Zeit der rätselhaften Geschichte dieses weitläufigen ozeanischen Reichs schenkte das Höchste Wesen den Söhnen der Erde diese Pflanze. *Piper methysticum* – dies ist ihr botanischer Name – wirkt leicht narkotisierend und ist eine Verwandte der Pfefferpflanze.

Kein Besuch und keine Zeremonie ist vollständig ohne ein Bündel getrockneter Yanqona-Wurzeln, das man vor dem Gastgeber auf den Boden legt. Wenn dieser das Bündel berührt, so hat er dadurch den Besuch offiziell willkommen geheißen. In den meisten Dörfern wird Yanqona täglich in großen Mengen getrunken.

Ratu Osea lachte verlegen und berührte die Geschenke nacheinander als Zeichen dafür, daß er sie annahm. Später scharten wir uns um die *Tanoa,* die flache hölzerne Yanqona-Schale, doch zuvor mußten wir uns um den Tisch setzen. Der Enkelsohn Taniella übernahm die Aufgabe des Übersetzens, denn er besuchte eine höhere Schule. Uns war ein wenig unbehaglich. Dies war unsere erste Mahlzeit in einer fidschianischen Familie, und wir wußten nicht viel mehr, als daß es viele Sitten und Gebräuche gab, die wir nicht kannten. Die Männer aßen zuerst; dann aßen die Frauen das, was übriggeblieben war. Die Frauen eilten mit Schüsseln Tapioka, Fisch, Schalentieren, Brot, Wasser und Tee hin und her, während die Männer der Familie und wir, die Gäste, zulangten. Wir saßen neben dem ziemlich schweigsamen Osea. Poasa erkundigte sich nach unserer Religion. Ich sagte: »Wir haben keine«, und weil das in einem Land, in dem jeder an etwas glaubt und in dem Religion sehr wichtig ist, ziemlich kläglich klang, fügte Chris hinzu, sie sei römisch-katholisch erzogen worden.

Daraufhin fragte man sie, ob sie beten wolle.

Chris wurde rot, denn sie hatte seit ihrem zwölften Lebensjahr nicht mehr gebetet. Doch dann improvisierte sie auf holländisch ein Vaterunser. Die Mahlzeit begann und endete sehr förmlich. Am Anfang wurde gebetet, wir wuschen uns die Hände in einer speziell dafür bereitgestellten Schale und trockneten sie anschließend mit sauberen Servietten ab. Dann warteten alle, bis Osea sich etwas genommen hatte. Nach dem Mahl wuschen wir wieder unsere Hände, und die Kinder fragten Osea der Reihe nach, ob sie den Tisch verlassen dürften; Osea gab die Frage an uns weiter, und wir wiederum fragten Pei, denn Mbumbu saß wie ein Sack aus Fleisch in der Ecke auf dem Boden.

Die Mahlzeit selbst hingegen verlief auf eine erfrischende Weise ohne die bei uns üblichen Anstandsregeln: Es wurde laut geschlürft, geschmatzt, mit beiden Händen gegessen und mit vollem Mund geredet. Geräuschvoll und vor allem viel zu essen galt als Kompliment für die Gastgeber. Osea bekam als erster etwas. Er legte sich zwei kleine Fische auf den Teller und machte sich daran, unter lautem Schlürfen die Köpfe auszusaugen. Fischköpfe sind stets für das Familienoberhaupt oder für dessen Gäste reserviert. Auch wir bekamen jeder einen Fischkopf, und Chris machte sich tapfer an die Augen, die ich eigentlich hatte beiseite schieben wollen.

»Ist nur halb so schlimm«, murmelte sie. Da konnte ich natürlich nicht zurückstehen und saugte ebenfalls ein Auge aus, das mich gerade eben noch kalt vom Tellerrand aus angestarrt hatte. Jede unserer Bewegungen wurde von den drei Kindern genau verfolgt. Das Auge schmeckte nach ranzigem Lebertran. Es blieb nichts als ein Kügelchen Knorpel davon übrig.

Die Gespräche drehten sich hauptsächlich ums Essen, das offenbar das wichtigste soziale Ereignis ist. Jede einheimische Familie kocht zweimal soviel, wie sie selbst aufessen kann, um genug für eventuelle Gäste zu haben, die fast immer unerwartet eintreffen. Nicht genug zu essen zu haben gilt als Schande.

Nach dem Essen wurde der Küchentisch beiseite geschoben; die *Tanoa* hervorgeholt, dann wurden die Yanqona-Wurzeln zermahlen und mit Wasser vermischt, die Gebete gesprochen und der *Mbilo* herumgereicht. Zuerst bekam Osea etwas, dann ich, daraufhin Chris und schließlich der Rest der Familie. Selbst nach meiner vierten Portion, die aus einem Schluck bestand, spürte ich wenig, abgesehen von einer leichten Betäubung in der Zungenspitze und einem angenehmen Gefühl der Entspannung.

Die erste Nacht verbrachten wir auf dem Boden liegend, wachgehalten von lautem Schnarchen, begeisterten Mükkenschwärmen und häufigen Gängen nach draußen, denn Yanqona ist nicht zuletzt ein bekanntes Entwässerungsmittel.

2
Aufgenommen

Mai 1987

An Bord des Trawlers war plötzlich die Hölle los. Die Männer brachen in ein lautes Gejohle, Gepfeife, Geschrei und brüllendes Gelächter aus und redeten aufgeregt durcheinander. Wir fuhren ein paar Kilometer vor der Küste von Vorovoro an einem breiten Riff vorbei, auf dem eine Gruppe Fidschianer bis zur Taille im Wasser stand und etwas zurückschrie. Es sah aus, als gingen sie mitten im Meer spazieren. Das Festland war nur noch ein Streifen am Horizont. Als sich das Geschrei um mich herum gelegt hatte, fragte ich Wais, einen der Jungen aus Mali:

»Was habt ihr ihnen denn zugerufen?« Er lachte wieder.

»Sehen da das Mädchen?« fragte Wais.

»Ich sehe mehrere.«

»Mädchen in gestreiftem T-Shirt.«

»O ja.« Ich sah ein hübsches Mädchen, das ungefähr vierzehn Jahre alt und wie die anderen von Kopf bis Fuß bekleidet war. Doch ihre Kleider waren so naß, daß ihre Brüste die Blicke auf sich zogen, als wäre sie nackt.

»Ihre ... Wassermelone sein noch nicht angeschnitten. Und wir rufen, daß du das vielleicht tun wollen.«

»Dort, im Wasser?«

Wieder brüllendes Gelächter. Wassermelone anschneiden ... Der Ausdruck erschien mir passender als unser Deflorieren, das wortwörtlich »entblumen« bedeutet und die Unterstellung enthält, daß eine Frau nach der Entjungferung zu welken beginnt.

Das Wasser war dunkelblau und spiegelglatt und über dem Riff türkis und meergrün. An Bord des Trawlers waren neun Personen: Jungen, Mädchen, Frauen und Männer aus Vorovoro und Mali und ich selbst. Chris lernte unterdessen, Brot auf einem Holzfeuer zu backen. Wir waren auf dem Weg zu einer anderen Stelle am Riff, um bei Ebbe Seegurken zu sammeln. Das einzige, was diese Salzwasservettern der Schnecke mit Gurken gemeinsam haben, ist ihre Form. Diese Meereslebewesen sicherten dem Klan, dem unsere einheimischen Freunde angehörten, die Einkünfte. In Fidschi werden die zähen schwarzen Tiere nicht gegessen, sondern gekocht, geräuchert und getrocknet. Auf diese Weise schrumpft die Tagesernte von vierzig schweren großen Säcken auf zwei leichte zusammen. Das Endprodukt wird nach China exportiert, wo es als Delikatesse in Restaurants angeboten wird und wo Kräuterheilkundige einen populären Liebestrank daraus zubereiten – der übrigens sehr effektiv sein muß, wenn man bedenkt, wie viele Chinesen es gibt.

Das Wetter war herrlich, und weit in der Ferne zeichneten sich die grünen Hügel von Vanua Levu vor einem strahlend blauen Himmel ab, als handle es sich um ein Foto aus einem Reiseprospekt. Die ganze Szenerie erzeugte in mir ein vages Gefühl der Vertrautheit, wie eine halbvergessene Erinnerung. Es war, als ob dieser Ort mir in einer Sprache, die so alt wie die Welt war, erzählte, daß ich hier schon einmal gewesen war.

Fidschi ist erst seit weniger als zweihundert Jahren bekannt. Angesichts der Geschwindigkeit, mit der meine bisherigen einundvierzig Lebensjahre vorübergegangen waren, sind zweihundert Jahre nicht besonders lang. Im vorigen Jahrhundert bestand Fidschi aus Dutzenden von kleinen Königreichen. Land und Meer lieferten Nahrung im Überfluß, die meist von den Frauen gesammelt und zubereitet wurde, so daß die Männer über reichlich freie Zeit verfügten. Krieg war eine beliebte Methode gewesen, die Zeit und einander totzuschlagen, denn Rugby gibt es in Fidschi erst seit dem Jahre 1874, als die Engländer das Inselreich in Besitz nahmen und diesen Sport einführten.

Die Metzeleien zwischen den Ureinwohnern konnten eindrucksvolle Formen annehmen. Es fanden Schlachten zu Wasser und zu Lande statt, und die Siegesfeiern bestanden in kannibalistischen Festschmäusen und schamlosen Orgien als »Nachtisch«, da Menschenfleisch offenbar die Potenz fördert. So entstand eine reiche Tradition von Bräuchen und Ritualen. Für einen Krieger war es sowohl die erniedrigendste als auch die ehrenvollste Weise, sein Leben zu beenden, indem er zu Tode geknüppelt und in einem Erdofen gebacken oder einfach auf dem offenen Feuer gegrillt wurde. Es war eine Blütezeit makabren »Humors«. Manchmal wurden Kriegsgefangene gezwungen, von ihren eigenen amputierten und gerösteten Gliedern zu essen, unter schallendem Gelächter der Sieger.

Von Kriegern, die vor ihrem eigenen Tode noch niemanden getötet hatten, hieß es, sie müßten für alle Zeiten im fidschianischen Jenseits die Exkremente beseitigen – was für die Angehörigen dieses Volkes ungefähr das Schlimmste war, was sie sich vorstellen konnten. Wenn es einem Krieger nicht gelungen war, einen Soldaten zu töten, landete sein Knüppel deshalb auf einem Alten oder auf einem Kind.

Die Macht der Häuptlinge kannte keine Grenzen, und sie regierten ebenso gnadenlos wie die japanischen Shoguns. Der mächtigste Herrscher der jüngeren Geschichte war Thakombau. Er war so süchtig nach Menschenfleisch, daß er seine eigenen Untertanen von der Straße holen ließ, wenn er alle verfügbaren Gefangenen aufgegessen hatte. Ungefähr Mitte des vorigen Jahrhunderts ließ sich Thakombau aus Opportunismus zum Christentum bekehren, übergab Fidschi den Engländern und gab seine kulinarische Vorliebe auf, da diese fortan als Zeichen von Primitivität galt.

Man kann sich allerdings fragen, was primitiver ist: getötete Feinde zu rösten und zu verzehren oder lebendige mit Napalm zu braten und sie nicht aufzuessen.

Als ich mir am Nachmittag die tropfenden Ballen Seegurken nacheinander auf die Schultern lud und durch das flache Wasser zum Strand nach Vorovoro wankte, erntete ich anerkennende Rufe. Ich fühlte mich in die Gemeinschaft aufgenommen. Von diesem Augenblick an nannten mich die Einheimischen Chuck Norris. Mir war klar, daß ich das als Kompliment verstehen konnte.

Täglich fuhr ich mit dem Seegurkentrupp zum Flachwasser des Riffs hinaus. Obgleich diese Ausflüge wunderschön waren, lernte ich nur wenig dabei, und nach einiger Zeit sah ich neidisch zu, wie Chris von den Frauen eine Fertigkeit nach der anderen erlernte. Sie buk Brot, flocht eine Matte aus bearbeitetem Pandanus-Blatt, bereitete *Lolo* zu, eine Kokoscreme, in der die Fidschianer Fisch und Gemüse kochen, preßte Back- und Aromaöl aus Kokos usw. Zwischendurch nähte sie auf einer Singer-Nähmaschine mit Tretvorrichtung aus Gardinenstoff ein Moskitonetz mit einem dikken Bodentuch und einem Reißverschluß.

»Matai, Matai!« riefen die Frauen entzückt. »Sehr gut, sehr gut!«

Die Frauen waren fröhlich und offenherzig, und Chris war bald in das Familienleben integriert. Mbale führte mich durch den Gemüsegarten und zeigte mir Tapioka, Yam und Süßkartoffeln. Ich begriff, daß diese hier nicht wild wuchsen, und mir dämmerte, daß wir auf unserer eigenen Insel wahrscheinlich nur Gemüse essen konnten, das wir vorher selbst angebaut hatten.

Während Chris sich zur Freude der Frauen im Haushalt bewährte, konnte ich meine Steifheit nur schwer abschütteln. Unter anderem war mir dabei der Respekt, mit dem man mich aufgrund meiner Hautfarbe und meines Status behandelte, im Wege. Die Männer brachten mir eine Ehrerbietung entgegen, die völlig fehl am Platze war, und hielten zu mir Distanz. Ich hingegen bewunderte die beiden jungen Fidschianer, die stundenlang mit einem rostigen Metallstift und einem Gummiring Jagd auf Fische machten. Den Ring hakten sie am Ende ein, spannten ihn und schossen den Stift wie ein Katapult ab. Als sie schließlich aus dem Wasser kamen, hatten sie genug Fische für zwölf Personen gefangen, und kurze Zeit später stand das Essen schon fertig zubereitet auf dem Tisch.

Angesichts der Fertigkeit der Männer und Frauen, die hauptsächlich damit beschäftigt waren, auf eine entspannte Weise zu überleben, wurde mir meine eigene Ungeschicklichkeit immer bewußter. Kleine Kinder brachten Brennholz in die Küche, ältere halfen beim Kochen oder beteiligten sich am Tauchen nach Fischen. Elfjährige Mädchen zündeten im Handumdrehen ein Feuer an und regulierten die Flammen mit ein paar Stöckchen. Jungen in diesem Alter fertigten ihre eigenen Fischspeere aus Stöcken, Draht und Nägeln an. Vier Männer zimmerten in ein paar Tagen ein Ruderboot. Großmama flocht mit einer Zigarette im Mundwinkel eine Matte und wiegte währenddessen das kleinste Kind von Pei auf ihrem gewaltigen Schoß.

Ich bewunderte die Frauen, die Tag für Tag riesige Mengen von Essen zubereiteten, als wäre es nichts: Sie buken Cakes, Torten und Chapatis, schlachteten Hühner, schlugen in ihrer Hand mit einer Machete Kokosnüsse auf, wuschen in einem Zuber unentwegt Wäsche, versorgten Babys und hielten das Haus sauber.

Es gelang mir nicht, meine Ungeschicklichkeit zu verbergen. Wir brachten ein Faß nach Vorovoro, das Speiseöl enthalten hatte; wir wollten den Deckel entfernen, es säubern, anstreichen und später auf unserer eigenen Insel als Regentonne benutzen. Am Strand in der heißen Sonne hackte ich stümperhaft mit Hammer und Meißel auf dem Deckel herum. Ein zahnloser Alter beobachtete mich dabei. Nach einer Weile sagte er: »Give«, und schnitt den Deckel heraus, als öffne er eine Konservendose mit einem Dosenöffner.

»Danke, den Rest kann ich selbst machen«, sagte ich. Der Greis zog sich zu einem Mittagsschläfchen zurück. An den Innenwänden der Tonne klebte eine Schicht Fett. Pei lieh mir die Bürste aus, mit der sie die Wäsche wusch, nachdem ich ihr versprochen hatte, die Bürste nach getaner Arbeit auszukochen. Dann machte ich mich daran, die Tonne mit Meerwasser auszuschrubben. Als ich nach einer Weile atemlos innehielt, hatte sich die Bürste in einen einzigen Klumpen Fett verwandelt, und mein Rücken, meine Arme, mein Gesicht und meine Haare waren fettverschmiert, ohne daß an den Innenwänden des Fasses irgendeine Veränderung zu erkennen gewesen wäre. Als ich nach einer halben Stunde aus der Tonne kroch, saß Poasa daneben, rauchte und machte ein nachdenkliches Gesicht.

»Vielleicht besser Feuer?« fragte er, stellte die Tonne wieder auf und sammelte am Strand einen Haufen Brennmaterial. Kurze Zeit später brannte die Tonne wie eine Fackel. Anschließend konnte ich die Schlacke herausspülen, die Tonne abschleifen und die Innenwände anstreichen. Ich beneidete Chris, die tausendundeine Frage stellte, damit oft Anlaß zur allgemeinen Erheiterung gab und innerhalb von zwei Tagen wie eine Einheimische behandelt wurde.

»Du mußt einen Fidschimann heiraten. Fidschimänner lieb. Laß Bob Fidschimädchen suchen, sind genug da«, hörte ich die Frauen täglich kichern. Ich wünschte mir nichts sehnlicher, als meine Hölzernheit ablegen und ebensoleicht mit den Männern kommunizieren zu können, wie sie es mit den Frauen tat.

Anfangs hatte Chris nur mit der herzlichen Pei und der scheinbar tyrannischen Mbumbu zu tun gehabt, deren Gebärdensprache und Blicke keinerlei Übersetzung bedurften.

»He!« Sie setzte einen gespielt bösen Gesichtsausdruck auf und zeigte auf Chris' Rock. Diese hatte Schwierigkeiten mit dem Schneidersitz, in dem sie saß, während sie Tapioka schälte, und in dem die Frauen fast ihre ganze Arbeit verrichteten. Ihre Unterhose war zu sehen. Außerhalb des ehelichen Schlafzimmers war das nicht erlaubt.

»Nqèsa na raisi!«

»Der Reis brennt an«, was bedeutete, daß eine Unterhose zu sehen war. Der Sinn dieser Verhaltensregel ist mir nie klargeworden. Riesige Brustwarzen wurden entblößt, um Babys zu stillen. Junge Mädchen liefen herausfordernd in Blusen umher, die so zerrissen waren, daß man von allen Seiten ihre Brüste sehen konnte, aber wenn auch nur das geringste Stückchen Unterhose »blitzte«, verstieß das gegen jeden Anstand.

Später kamen Emosi und seine Frau Sèra, eine angenommene Tochter von Osea. Er war pensionierter Angestellter des öffentlichen Dienstes und Oseas »Speaker«. Ein Stammeshäuptling läßt durch einen solchen Sprecher verkünden, was er zu sagen hat, und Emosi sprach etwas Englisch.

Der alte Mann war ein *Mbète* gewesen, ein Medizinmann. Von weit her waren Patienten zu seiner einfachen Hütte in der Nähe von Lambasa gekommen.

»Und sie wurden gesund. Manchmal brauchte ich nur ein Glas Wasser eine Weile festzuhalten und es dann dem Patienten zu geben; ansonsten gab ich ihnen Kräuter.« Er hatte für seine Dienste kein Geld genommen. Ich fragte ihn, warum er diese Arbeit aufgegeben habe. Er seufzte.

»Es war nicht gut, was ich getan habe. Ein Werk des Teufels.« Offenbar war der Pfarrer bei ihm vorbeigekommen.

Wenn die Frauen abends mit dem Abwaschen und Aufräumen fertig waren, wurden Bibeln und Gesangbücher hervorgeholt, es wurde vorgelesen und gebetet, und man sang beim spärlichen Licht der Petroleumlampe mehrstimmig Psalmen. Dies war rührend anzusehen, doch ich fragte mich manchmal, ob der Stille Ozean die unerbetenen Segnungen des Christentums im letzten Jahrhundert wohl wirklich benötigt hatte. Weiße Seeleute hatten den Typhus, die Kuhpocken, die Masern, die Syphilis, die Grippe und andere Krankheiten mitgebracht, die die Bevölkerung der Inselstaaten in kurzer Zeit drastisch dezimiert hatten, weil die Menschen in diesem Naturparadies noch keine natürlichen Abwehrkräfte gegen jene europäischen Seuchen entwickelt hatten. Da die Importeure jener Krankheiten hingegen relativ immun gegen die Plagen gewesen waren, waren sie in den Augen der Einheimischen zu göttergleichen Wesen aufgestiegen. Mit der Einfuhr von Gewehren und Alkohol zu Beginn des 19. Jahrhunderts war aus dem rauhen Sport der Stammeskriege rasch blutiger Ernst geworden. Die Schamlosigkeit, mit der die Europäer und Amerikaner die Unschuld der Fidschianer in geschäftlichen Angelegenheiten mißbraucht hatten, könnte ebenso viele Bücher füllen, wie sie damals Geldbörsen gefüllt hat.

Im Kielwasser der Eroberer waren die Missionare gekommen. Außer ihrer eigenen, strengen Bibelauslegung hatten sie auch ihre Vorstellungen von Sittlichkeit, Schuldgefühlen, Sündenbewußtsein, getrennten Schlafzimmern und die Uhrzeit mitgebracht. Schließlich mußte man ja rechtzeitig zum Gottesdienst in der Kirche sein. Die Insulaner hatten das Christentum mit dem gleichen Enthusiasmus aufgenommen, mit dem sie auch ihrer eigenen schamanistischen Religion angehangen hatten.

All dies vermochte jedoch nicht zu verhindern, daß die religiösen Verrichtungen mich tief bewegten. Vielleicht war das auch der Grund dafür, daß mir das erste Gebet meines Lebens gar nicht so schwerfiel.

Emosi fragte mich: »Bob, willst du beten?« Nach dem ersten Schrecken erholte ich mich schnell wieder. Warum auch nicht? Ich durfte das Gebet auf niederländisch sprechen, und außerdem war es ziemlich dunkel, so daß niemand sehen konnte, daß mir das Blut in den Kopf stieg. Ich sprach ein Dankgebet für unsere Gastfamilie. Unwillkürlich sprach ich auch über Ratu Osea und »seine letzten Schritte auf seinem Pfad als Tui-Mali«, weil er schon so alt war. Ich wußte nicht, daß er drei Wochen nach unserer Abreise von Vorovoro einem Herzanfall erliegen und seine Reise in ein noch paradiesischeres Land antreten würde.

Die Fidschianer nickten anerkennend. Ich hatte keinen Namen vergessen.

»Es ist besser, den Richter zu kennen als das Gesetz« lautet ein Sprichwort, das ich von einem mehrjährigen Indienaufenthalt in Erinnerung behalten habe. Korruption und skrupellose Geldgier gelten dort nicht als Untugenden und werden einfach »parallele Ökonomie« genannt. Es ist die heilige Aufgabe der hinduistischen Händlerkaste, Geld zu verdienen, ganz gleich, wie dies geschieht. Solange die Geschäftsleute morgens ihre Sühnerituale durchführen, können sie noch am gleichen Tag wieder so viele Kunden übers Ohr hauen, wie sie wollen – eigentlich nichts Neues für den Westen, wo man sich den Erlaß der Sünden durch einen einmaligen Kirchgang für eine ganze Woche im voraus erkaufen kann. In Indien hat dieses Phänomen allerdings tragische Formen angenommen.

Ein normaler Fidschianer hat das Gegenteil eines Geschäftsinstinkts geerbt, und seine Einstellung zum Leben kann man aus materialistischer Sicht nur als naiv und kindlich bezeichnen. Vor ungefähr hundert Jahren gab es auf den Fidschiinseln vieles, was Seeleute und Missionare angenehm und unangenehm berührte – zum Beispiel die lokkeren Sitten. Aber daß man auf den Inseln kaum zu arbeiten brauchte, um sein Leben fristen zu können, war für Europäer in einem Zeitalter, in dem es für sie außer Gott nichts anderes als Arbeit gab, eine bestürzende Erfahrung. Bis zur Ankunft der Weißen bestand für die Fidschianer keinerlei Notwendigkeit, einen Geschäftsinstinkt zu entwickeln.

Die ersten Pioniere nutzten diese Naivität gründlich aus. Geld gab es nicht, dafür aber genügend Güter. Die Insel, auf der wir später ein Jahr verbrachten, war gegen eine Petroleumlampe eingetauscht worden. In den Augen der Menschen, die in den Tag hinein lebten und das Land nicht als persönlichen Besitz betrachteten, hatte Grund und Boden keinen Wert.

Die Fidschianer leben auch heute noch in den Tag hinein. Im engen Verband von Klans und Großfamilien sorgen in der Gemeinschaft alt und jung füreinander. Wer Hilfe benötigt, dem wird sie wie selbstverständlich gewährt – und mit Freude – in dem Maße, in dem er sie braucht, und er muß nicht einmal Dankeschön sagen. Fürsorglichkeit steht als Wert immer noch an erster Stelle und ist noch nicht durch das Verlangen nach materiellen Errungenschaften von ihrem Platz verdrängt worden.

Die Insulaner scheinen mehr Freude am Verschenken als am Empfangen zu haben. Deshalb machen Ladengeschäfte in abgelegenen fidschianischen Dörfern regelmäßig pleite. Der Kundenkreis eines Lebensmittelhändlers besteht meist aus seinen Verwandten. Keinen Kredit zu geben gehört sich nicht. Und Kredit geben (»kère-kère«) ist gleichbedeutend mit Verschenken – das weiß der Ladenbesitzer.

Weil die Fidschianer keine Händlernaturen sind, sind sie zur ärmsten Kaste ihres eigenen Landes geworden, und die Inder hatten die Möglichkeit, sich zu einer Schicht von Wohlhabenden hochzuarbeiten. Ihnen gehört alles außer dem Land, denn das Land ist nach dem fidschianischen Grundgesetz unveräußerliches Eigentum der Stämme – diese dürfen es nur verpachten. Fast hundert Prozent der Spargelder und Immobilien befinden sich in den Händen der Inder, die auch die guten beruflichen Positionen wie die der Richter und Rechtsanwälte besetzen. Die Rechtsprechung ist, vor allem wenn es sich um Landstreitigkeiten handelt, eine Anhäufung himmelschreiender Ungerechtigkeiten.

Noch nie habe ich zwei Bevölkerungsgruppen so unterschiedlichen Charakters so eng zusammenleben sehen, ohne daß es zu Mord und Totschlag oder aber zur Rassenvermischung kommt. Das muß mit der geistigen Einstellung der Fidschianer zusammenhängen, die im Gegensatz zu den Hindus kein Problem in Rassenvermischung oder einer Heirat zwischen Angehörigen unterschiedlicher Religionen und Konfessionen sehen. Hindus und Sikhs haben

Fidschi zum wohlhabendsten unter den Inselstaaten gemacht, aber ob für die Fidschianer von diesem Wohlstand mehr abfällt als die Angst, ihren angestammten Besitz, das Land, zu verlieren, ist zweifelhaft.

Die Ureinwohner von Hawaii, die heute in Elendsvierteln am Strand wohnen, sind ihnen ein warnendes Beispiel. Diese haben sich für ein paar Groschen vom Land ihrer Vorfahren verjagen lassen, auf dem jetzt turmhohe Touristikbauten ausländischer Investoren stehen, die die Einheimischen nur betreten dürfen, um dort zu arbeiten. Deshalb ist das größte Ärgernis für die auf Fidschi lebenden Hindus, daß sie kaum Land erwerben können.

Als wir am 14. Mai mit einer Ladung Seegurken nach Vorovoro zurückkehrten, stand eine Schar von Männern um ein altersschwaches Transistorradio versammelt. Eine behäbige Männerstimme verlas auf fidschianisch eine Erklärung.

»Military Take-over«, sagte Poasa. Ein Militärputsch! Ich glaubte zuerst, er würde einen Witz machen. Eine Junta in einem Land, das als das stabilste, wohlhabendste und demokratischste des Stillen Ozeans gilt! Ein Oberst mit nationalistischen Ideen hatte die gerade erst neu gewählte Regierung unter Arrest gestellt. Kurz vor unserer Ankunft war zum erstenmal seit der Unabhängigkeit des Landes eine Regierung mit einer hinduistischen Mehrheit an die Macht gekommen.

Eine Abänderung des Grundbesitzrechts hätte eine Parlamentsmehrheit erfordert, die die an einer solchen Änderung interessierten Inder nie erreicht hätten, denn dafür hatte die einheimische Bevölkerung zu viele Stimmen. Doch die Angst, ihr Land zu verlieren, war vor allem unter Fidschianern mit geringer Schulbildung sehr verbreitet, und diese waren die Mehrheit.

»Sonst die Regierung sie stiehlt all unser Land«, sagte Emosi. Mein Argument, daß Soldaten einem Land dienen sollten statt umgekehrt, stieß auf taube Ohren.

Das Land stürzte in ein Chaos wie noch nie zuvor. Das Geld verlor mehr als ein Drittel seines Werts. Die Angestellten des öffentlichen Dienstes verloren ein Viertel ihres Einkommens. Viele hinduistische Familien kratzten ihre Ersparnisse zusammen und emigrierten Hals über Kopf. In Krankenhäusern herrschte Mangel an Ärzten, in Schulen an Lehrern, und die neue Regierung schwieg sich darüber aus, was dies alles für das Land bedeutete.

Der neue Staatschef ließ bekanntmachen, daß er seine Anweisungen vom Schöpfer persönlich erhalten und deshalb kein Blut vergossen hätte. Er wurde von der Mehrheit der Stammeshäuptlinge gelobt und bejubelt. Gott beförderte den Oberst kurz darauf zum Brigadegeneral und zum Innenminister. Er gab bekannt, daß er die Hindus bekehren wolle, daß sonntags kein Handel getrieben und kein Rugby gespielt werden dürfe, und an allen Straßenecken tauchten Poster des muskulösen Soldaten in einem ärmellosen T-Shirt auf, die den Eindruck erweckten, Regieren sei gleichbedeutend mit Überlebensfähigkeit und er der Mike Tyson der Politik. Allerdings war der neue Herrscher offenbar recht belesen. Seine Position im Heer hatte er unter anderem einer Dissertation über Militärputsche zu verdanken, für die er von der Militärakademie belobigt worden war.

Ich vermutete, daß hinter dem Putsch mehr steckte als die gegenwärtige Situation, daß er der Ausdruck all der Spannung war, die sich im Laufe eines Jahrhunderts zwischen Bevölkerungsgruppen aufgebaut hatte, die nicht mehr miteinander gemeinsam hatten als die Hautfarbe. Ich befürwortete den Coup nicht, doch mein Herz schlug für die Fidschianer.

Was hatte das alles mit uns zu tun? Ich hegte die Befürchtung, daß wir, nachdem wir drei Viertel unseres Geldes ausgegeben hatten, von paranoiden Soldaten des Landes verwiesen werden würden, die wenig Sympathie für Journalisten, geschweige denn für ausländische, aufbrachten, ganz gleich, wie unpolitisch unser Auftrag sein mochte. Unsere Vorbereitungen gerieten ins Stocken, denn der Roko-tui reiste in die Hauptstadt. Er hatte zur Zeit andere Sorgen, als für uns Sonderlinge eine unbewohnte Insel zu suchen.

Als wir schon drei Wochen auf Vorovoro waren, fuhren wir eines Morgens nicht aufs Meer hinaus, sondern statt dessen zog ein Trupp Männer in den Urwald hinter der Plantage, um Holz zu fällen. Ich schloß mich ihnen an, ohne zu wissen, was mich erwartete. Schon bald merkte ich, daß Poasa und seine Männer in der Nähe des Strandes eine *Mbure* bauen wollten, um mich in diese Kunst einzuweisen. Nachdem das Grundgerüst der Hütte fertig war, mußten Hunderte von Palmenblättern für das Dach verflochten werden. Am fünften Tag feierten wir die Einweihung des Gebäudes mit Yanqona und Bier. Ich rechnete aus, daß wir auf unserer Insel wahrscheinlich einen Monat dafür brauchen würden – ich glaubte, die Bauzeit unter Berücksichtigung unserer Unerfahrenheit großzügig berechnet zu haben. Die Männer lachten.

»Zwei Monate. Mindestens«, sagte Poasa.

Es sah so aus, als ob wir endlich würden abreisen können. Ich war etwa fünfmal erfolglos nach Lambasa gereist, um den Roko-tui zu sprechen, doch dieser blieb in Suva, und seine Mitarbeiter wußten von nichts. Schließlich traf ich ihn an einem Donnerstag mittag in seinem kleinen Büro an der Hauptstraße an. Er rieb sich nachdenklich über das Kinn.

Ob es nicht klüger wäre, eine Insel zu wählen, auf der noch ein paar andere Menschen wohnten? Er wüßte eine wundervolle Insel, auf der eine einzige Familie wohne.

Ich erklärte ihm noch einmal meinen Auftrag und fragte ihn eindringlich, ob es denn in seinem Bezirk keine für unser Vorhaben geeignete Insel gäbe. Er beriet sich mit einem Untergebenen, der abwesend in Papieren herumblätterte. Der Chef erklärte ihm, was wir beabsichtigten, und fragte ihn, ob er eine dafür geeignete Insel wüßte. Die Namen Tutu und Ata fielen, und mir wurde gesagt, ich solle Montag noch einmal zurückkommen.

Am besagten Montag war der Roko-tui schon wieder zur Hauptstadt abgereist. Inzwischen wurden auf Vorovoro jedoch die Vor- und Nachteile von Tutu und Ata bereits eifrig diskutiert. Mbumbu kannte Tutu.

»Kein Wasser. Bei Ebbe kann man dort hinlaufen. Das tun viele Inder, um zu fischen.« Damit verlor Tutu für uns jeden Reiz. Also blieb nur Ata übrig. Über diese Insel wußte niemand etwas zu sagen, bis sich herausstellte, daß Emosi und sein Bruder Inosi in einem Dorf des Distrikts Dongotuki geboren waren, zu dem Ata gehörte.

»Wunderschöne Insel«, sagte Emosi. »Als Kinder waren wir dort manchmal fischen. Palmen und rundherum Strand. Ziemlich klein, kein Wasser.«

»Sehr schön«, sagte Inosi später. »Viele Palmen, schöner Strand, sehr viel Fisch, genug Süßwasser.«

Obwohl noch immer keine definitive Entscheidung gefällt war, setzte ich nun meine ganze Hoffnung auf Ata. Wasser war von grundlegender Bedeutung, und die Insel war erfreulich abgelegen: ungefähr hundert Kilometer von Vorovoro entfernt in einem Gebiet, in dem nur Fidschianer wohnten und das so weit von der Küste von Vanua entfernt war, daß nur selten Fischer aus den Küstensiedlungen dort auftauchten.

Wir waren schon fast einen ganzen Monat auf Vorovoro, und ich reiste in der letzten Woche unseres Aufenthalts täglich nach Lambasa. Eines Donnerstagnachmittags war der Roko-tui zurück. Er bewohnte einen im westlichen Stil eingerichteten Bungalow mit einem Videogerät und Charles-Bronson-Videos auf einem Tischchen.

Kurze Zeit später verabschiedete ich mich, ausgestattet mit einem Empfehlungsschreiben für den Häuptling der Nachbarinsel, der auch Ata verwaltete. Der Roko versicherte mir, auf Ata gebe es genügend Wasser für zwei Personen. Wäre es um den Kaufvertrag für die Insel gegangen, ich hätte kaum begeisterter sein können.

Am letzten Abend auf Vorovoro strömte der Yanqona reichlich, und es erklangen traurige Lieder, mit denen unsere Gastgeber mehrstimmig den bevorstehenden Abschied besangen. Die Jungen von Mali hatten ihre Instrumente mitgebracht. Der *Mbilo* machte die Runde, und die Stimmen der Männer nahmen einen immer weiblicheren Klang an, während die der kartenspielenden und rauchenden Frauen immer rauher und härter wurden. Tief in der Nacht fielen alle stockbetrunken um, doch eine Stunde später waren wir schon wieder auf den Beinen, denn wir hatten eine siebenstündige Reise nach Ata vor uns, und wir mußten die aufkommende Flut nutzen. Weder Emosi noch Inosi begleitete uns, und nur Joe von Mali, der in seiner Wehrdienstzeit in die Nähe von Ata gekommen war, wußte, wie die Insel aussah. Er wollte uns dorthin lotsen, und seine Freunde fuhren mit.

Wir nahmen auf die von mir bevorzugte Art Abschied: mitten in der Nacht, sang- und klanglos – kein unbeholfenes Gestammel, denn fast alle schliefen noch. Nur Sèra, die sanftmütige Frau von Emosi, stand am Strand und stotterte in ihrem gebrochenen Englisch Abschiedsworte, die uns die Tränen in die Augen trieben. Sie drückte mir einen ihrer Röcke in die Hand, weil ich keinen *Sulu* besaß, also nichts Passendes zum Anziehen hatte für unser Vorstellungsgespräch bei dem fremden Häuptling. Kurze Zeit später verschwand der Schatten von Vorovoro hinter uns, und wir fuhren in die Richtung, in der der Himmel schon heller wurde.

TEIL 2

Sprung

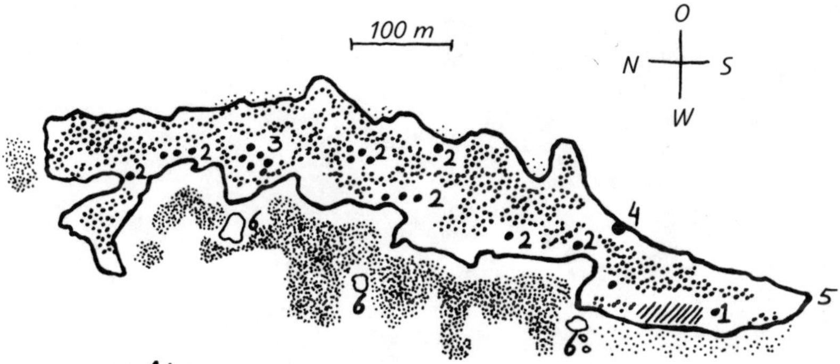

Ata

⁙	*Strand*	*1 Hütte*
	Mangroven	*2 Mangobäume*
	Urwald	*3 Brotfruchtbäume*
	Gemüsegarten	*4 Quelle*
		5 Kap der Guten Hoffnung
		6 Felsen

1
Illusionen

Januar 1988

Ich höre Rufe aus dem Küchenanbau hinter mir. Chris hat eine Landkrabbe entdeckt, die unter großem Getöse mit ihrem Panzer am Eisenblech der Küchenwand entlangschabt. Ich reagiere nicht, denn ich tippe gerade diese erste Seite. Soll sie die Krabbe doch selbst fangen! Sie packt sie mit der Feuerzange und fängt zu lachen an, nachdem sie das lebende Fossil in einen Topf gesteckt und diesen schnell mit einem Deckel verschlossen hat. »Wie stark diese Tiere sind«, sagt sie zu unserem Mittagssnack.

Wie lange habe ich mich wohl nicht mehr so mißmutig gefühlt wie jetzt! Der Urlaub ist vorbei. Es wird Zeit, den Ober zu bezahlen, der uns diesen Tropencocktail serviert hat. Die Arbeit steht vor der Tür. Schreiben über das Leben auf unserer unbewohnten Insel auf dem hundertachtzigsten Längengrad im Stillen Ozean. Ich habe noch keine einzige Idee. Ein Anflug von Streß befällt mich. Ich kenne das von meiner Arbeit in den Niederlanden. Ich muß schon jetzt mit dem Schreiben anfangen. Aber wie? Von Anfang an und der Reihe nach? Das ist langweilig! In Form von Tagebuchfragmenten, von Tagebuch- und Briefepisoden? Ich selbst hätte Schwierigkeiten, so etwas zu lesen.

Die Spannung, die mich umgibt, ist fast greifbar. Ich

hatte geglaubt, sie hinter mir zu lassen, als wir in das Flugzeug nach Fidschi eingestiegen waren. Plötzlich habe ich wieder Streit mit Chris. Auch das ist schon lange nicht mehr passiert. Ich brumme vor mich hin, daß es Zeit wird, wieder einmal etwas im Gemüsegarten zu tun – eine Aufgabe, die sie übernommen hat. In letzter Zeit hat sie ihn ziemlich vernachlässigt. Sie fühlt sich angegriffen, faßt es als Vorwurf auf, sie tue nicht genug, und schleudert einen Topf mit Essen und den letzten Chapati in den Garten. Unter großem Getöse stürzen sich der Hund, die Katzen und die Hühner auf die Köstlichkeiten.

Streß und Streit sind Fremde auf Ata, unserem tropischen Pflanzenkübel, der nicht einmal einen Quadratkilometer umfaßt. Der Himmel ist wolkenverhangen und grau, und unter der dichten Wolkendecke ist es warm und feucht. Hinter mir ertönt die Musik des Urwalds: die rauhen Schreie der Eisvögel und die exotischen Rufe der moosgrünen Nektarvögel; direkt vor uns rauscht und zischt das Meer, das sich träge zurückzieht wie Badewasser, das langsam aus der Wanne läuft. Es weht nur ein leichter Wind, und es ist so still, daß wir die Brandung des Great-Sea-Riffs hören können, das ungefähr fünf Kilometer weiter nördlich liegt und an dem sich die Meereswogen in riesigen Wellen brechen – ein fernes und monotones Donnern, nur hörbar, wenn der Wind in unsere Richtung weht. Zwischen Ata und dem Riff gleicht das Meer einem großen Aquarium.

Ich muß zunächst einmal etwas über die Illusionen schreiben, denen wir uns vor unserer Abreise hingegeben hatten. Gemessen an diesen törichten Phantasien ist die Wirklichkeit hier viel romantischer, denn das Leben auf einer unbewohnten Insel ist schlicht paradiesisch – nur völlig anders, als wir es uns vorgestellt hatten. Es fällt mir schwer, mir die Bilder wieder vor Augen zu führen, die mich nachts vor unserer Abreise wachgehalten hatten. Die Wirklichkeit verjagt derartige falsche Vorstellungen, die man sich vor der Begegnung mit der realen Situation gemacht hat, so wie man sich kaum noch an die eigenen Vorstellungen über ein neues Feriendomizil zu erinnern vermag, wenn man bereits drei Wochen dort ist.

Chris raspelt Kokos für das Abendessen. Sie preßt das feingeriebene Fruchtfleisch in einer Schüssel mit ein paar Bechern Wasser aus. Was übrigbleibt, ist Lolo, in dem sie den Fisch kocht. Die ausgepreßten Kokosraspeln wirft sie in den Garten, wo die Schar der Hühner schon ungeduldig wartet. Als das weiße Zeug wie Schnee in den Garten fliegt, stürzen sie sich unter lautem Gegakker darauf. Die Spannung zwischen uns ist verflogen wie Rauch, den der Wind fortgeweht hat.

Die erste Illusion, die wie eine Seifenblase zerplatzte, war die Vorstellung, in völliger Einsamkeit leben zu können. Vielleicht irre ich mich, aber es erscheint mir unmöglich, im Pazifik auf einer erreichbaren unbewohnten Insel zu leben, ohne von Nachbarn besucht zu werden, für die Neugierde ein fester Bestandteil ihres Lebens ist. Ata liegt im äußersten Nordosten des Fidschiarchipels, ungefähr zwölf Kilometer von der Küste der dünn besiedelten Insel Undu entfernt, zweitausend Seemeilen näher am Sonnenaufgang als Queensland. Die wenigen Siedlungen auf Undu sind durch Fußwege miteinander verbunden. Elektrizität gibt es nicht, und im Umkreis von zwanzig Kilometern existiert ein einziges Funktelefon. Besuch von weißen Fremden ist ein aufregendes Ereignis, das nur einmal in zehn Jahren vorkommt – und dies auch nur, weil Ata einem Amerikaner gehört, der in großen Abständen hin und wieder in diese Gegend kommt.

Zu Anfang fühlten wir uns wie in einem Zoo im Dschungel. Besuch wurde zu unserem größten Ärgernis und trieb uns zur Verzweiflung. In den ersten Wochen verging fast kein Tag, an dem nicht ein Boot mit neugierigen Einheimischen anlegte. Schließlich wurden wir grob. Doch ein paar Monate später, während der Trockenheit, sollten sich die Besuche als unsere Rettung erweisen. Zu diesem Zeitpunkt hatte sich auch die Neugierde weitgehend gelegt, und wir waren zum erstenmal allein.

Die wirkliche Prüfung begann jedoch erst Ende August, als unerwartet das erste von vier amerikanischen Paaren auf Ata aufkreuzte. Der amerikanische Besitzer hatte die Insel kurz vor unserer Ankunft zum Verkauf angeboten, aber das wußten wir nicht. So mußten wir uns zähneknirschend mit diesen exzentrischen Reichen herumschlagen. Später akzeptierten wir dann, daß man offenbar an den wenigsten Orten auf der Welt ein Jahr allein sein kann, und wir ordneten die ungebetenen Gäste – mittlerweile etwas gelassener geworden – in die Rubrik »angeschwemmte Kuriosa« ein. Tatsächlich verbrachten wir ebenso groteske wie schöne Zeiten mit ihnen.

Ich höre verdächtige Laute in der Küche. Chris ist nirgendwo zu sehen. Es sind die Hühner, und ich kann einen Entsetzensschrei nicht unterdrücken, als ich sehe, was sie – im wahrsten Sinne des Wortes – »ausfressen«. Der Fisch, den wir gestern geräuchert haben, muß heute noch einmal über der Glut trocknen. Die Hühner können an den Fisch herankommen. In der Zeit, in der ich mich auf die vorliegende Seite des Manuskripts konzentrierte, haben sie einen der größten Fische auf dem Rost halb aufgefressen. Brüllend jage ich sie aus der Küche und werfe ihnen alles hinterher, was mir unter die Hände kommt. Doch das nützt wenig. Den Fisch haben sie fast aufgefressen, und eine Viertelstunde später rennen sie schon wieder durch die Küche, als sei nichts geschehen, und lassen zum Dank ein paar Andenken auf der Fußmatte zurück.

Damit bin ich auch schon bei meiner zweiten Illusion: daß ich mich mit der Natur anfreunden würde. Ich hatte mir vorgestellt, daß sich die Papageien auf meine Schultern setzen und Vögel und andere Tiere unbekümmert in unsere Nähe kommen würden in der Gewißheit, daß wir ihnen nichts zuleide tun. Zu den Hühnern, der Familie eines Hahns und einer Henne, die man uns auf Vorovoro geschenkt hatte, habe ich höchstens eine Liebe-Haß-Beziehung entwickelt. Haien schlage ich gefühllos den Kopf ab. Hatte ich mich zu Anfang bei den noch lebenden Fischen in aller Form entschuldigt, bevor sie unter mein Messer kamen, so vergesse ich inzwischen sogar, auch nur ein kurzes »Sorry« zu sagen. Eisvögel, Mangrovenreiher, weiße Eulen, Nektarvögel, Papageien, Schwalben, Fregattvögel und Seeschwalben bleiben auf Distanz. Eine Krabbe von der Größe eines Suppentellers, die den Fisch aus unserem Netz frißt, werfen wir ohne Pardon in kochendes Wasser.

Auch mit den zahllosen Insekten stehe ich nicht auf gutem Fuß. Ein paar giftige amphibische Schlangen, denen wir manchmal auf der anderen Seite der Insel begegnen, habe ich anfänglich gnadenlos mit der Machete enthauptet, aber das tut mir nun leid. Die Schlangen sind so »aggressiv« wie ein Baby. Selbst als ich einmal im Dschungel aus Versehen auf ein handgelenkdickes Exemplar trat, nahm das Tier nur erschrocken Reißaus. Ein Biß der Schlange hätte mich innerhalb von einer Stunde ins Jenseits befördert.

Wir sind der Natur hier zwar wesentlich näher, aber »dicke Freunde« sind wir deshalb noch lange nicht geworden.

Der Himmel hat sich zugezogen und schüttet regelrechte Wassermassen senkrecht auf uns nieder. Die Insel Tilangitha im Südosten ist in Nebelschwaden gehüllt. Vanua im Osten sieht wunderschön aus: Von den grünen Bergen sind nur Teile zwischen den mit Wasser schwer beladenen Wolken zu sehen, die einem Schwamm gleich an ihnen vorüberziehen. Zur Abwechslung ist es einmal kühl, und der Regen spült den Schweiß der Nacht von mir ab. Kühle und von Süßwasser übergossen zu werden sind hier seltene Genüsse. Ich vollführe vor Freude Luftsprünge und renne über den nun trockenen Ebbestrand.

Die Illusion Nummer drei hegte ich wider besseres Wissen: ein Leben paradiesischen Müßiggangs, ganz im Sinne meines faulen Naturells, aufgrund dessen ich lieber auf das Meer schaue und nichts tue, als diese Zeilen zu tippen, einmal ganz zu schweigen vom Verrichten körperlicher Arbeit. Ich hatte mir ausgemalt, wie ich mich auf den Wellen treiben ließ und mich bei der ersten Regung meines Magens unter einen Baum legte, wo die frischen Früchte mir direkt in den Mund fielen, wie ich hin und wieder ein wenig Unkraut jätete und ab und zu einen Vogel fing.

Schon in den ersten Wochen auf Ata mußten wir feststellen, daß das Paradies harte Arbeit bedeutete.

Ich hatte mich auch den geheimen Phantasien eines Vierzigjährigen hingegeben, über bildschöne Frauen in Doppelrumpfkanus von benachbarten Inseln, die in völliger Unschuld und frei von jeder Scham aufgewachsen waren. Doppelrumpfkanus sind schon in den dreißiger Jahren durch Ruderboote mit oder ohne Außenbordmotoren sowie durch Schnellboote und Fischtrawler ersetzt worden. Und dank der Missionierung durch das Christentum haben die Insulaner ihrem Körper gegenüber ein viktorianisch anmutendes Schamgefühl entwickelt. Wenn hin und wieder Frauen nach Ata kommen, um zu fischen, stehen sie völlig bekleidet im Wasser der flachen Lagune. Meine einfache Badehose und mein rosa Nacken bringen sie zum Lachen. Sogar in entlegenen Gegenden waschen sich Männer und Frauen getrennt und tragen selbst dabei noch Lendentücher. Jene halbnackten Schönheiten, die auf Schriftsteller der rosafarbenen Rasse fliegen, existieren offenbar nur in der Phantasie von James Michener.

Bis auf einige wenige Ausnahmen hatten alle unsere Freunde, Bekannten und Verwandten mit einer geradezu morbiden Wollust Gefahren ersonnen und ausgemalt, doch das Leben auf Ata ist bis zu diesem Zeitpunkt nicht riskanter gewesen als der neunmonatige Aufenthalt in der Gebärmutter. *Wir* essen Hai, nicht umgekehrt. Wir sind gesünder als je zuvor, denn wir haben immer genug zu essen, andererseits aber nichts von all dem ungesunden Zeug, das die Zivilisation uns gewöhnlich beschert, und außerdem viel Sonne auf der Haut, frische Luft, viel körperliche Bewegung und ein Leben ohne Konflikte. Das ist völlig neu.

Ich hatte geglaubt, daß ich durch den Inselaufenthalt an handwerklicher Geschicklichkeit gewinnen würde, doch darin wurde ich enttäuscht. Allerdings war ich so stolz wie ein Spanier auf die Hütte, die wir innerhalb von drei Monaten erbauten. Angesichts der Tatsache, daß es früher für mich schon ein schier unlösbares Problem gewesen war, einen Turm aus Legosteinen zu bauen, kam ich aus dem Staunen darüber, was ich alles konnte, wenn ich mir nur die Zeit dafür nahm, gar nicht mehr heraus. Doch Geschicklichkeit ist etwas anderes.

Insgeheim hoffte ich, erleuchtet zu werden. Darüber redete ich nicht, denn ich weiß nicht einmal, was das ist. Wie oder was es auch sein mag, es ist nicht eingetreten. Wir haben Zeit für alles, wofür wir Zeit haben wollen, und es herrscht eine Harmonie, wie ich sie niemals für möglich gehalten hätte. Ist *das* vielleicht Erleuchtung? In Harmonie zu leben und sich auf jeden neuen Tag zu freuen, weil sich die Problematik des Lebens auf eine überschaubare Einfachheit reduziert hat?

Die größte Seifenblase meiner Phantasie platzte geräuschlos an dem Tag, an dem Chris und ich gemeinsam das Dach aus Palmenblättern flochten und an dem Gerüst der Hütte festbanden.

Die Illusion handelte von Mord und Totschlag, davon, daß jeder von uns seine eigene Hütte hatte, möglichst weit von der des anderen entfernt, und wir die mitgebrachten Dinge untereinander aufgeteilt hatten; von Guerillaoperationen wegen umstrittener Grenzen und Kokosnüsse; von Wegerecht, Ausleihen von Werkzeug, Hühner- und Bananenraub und vom Konkurrieren um die Gunst der einzigen uns noch verbliebenen Gesellschaft – Katzen und Hund –, um dem Tod durch Vereinsamung zu entgehen. Nachts würde ich ihr Fischnetz leeren, weil sie sich im Dunkeln nicht ins Wasser traute.

Diese Phantasien waren gar nicht so weit hergeholt. Die ersten zwei bis drei Monate kamen sie der Realität sehr nahe, auch wenn wir die Neigung zu physischer Gewalt durch harte körperliche Arbeit und eisige Kälte sublimierten. Wir haßten einander wie die Pest, und dies nahezu ununterbrochen, aber wir blieben trotzdem höflich.

An dieser Stelle möchte ich eine Warnung für die Leser aussprechen, die ein *Happy-End* nicht ertragen können. Sie sollten besser nicht weiterlesen, denn mit dem Abschluß unserer Arbeit an dem borstigen Dach der Hütte war plötzlich auch die Beziehung auf magische Weise »unter Dach und Fach«. Wir entdeckten unsere Liebe zueinander neu, und dies in einer Weise, die zwanzig Folgen eines Liebesromans nicht zufriedenstellend beschreiben könnten. Unsere eigene Ungläubigkeit hielt Schritt mit der aufsteigenden Tendenz unseres Eheglücks, und wir entdeckten beide eine viel liebenswertere Person hinter dem Menschen, den wir im anderen gesehen und verabscheut hatten. Das größte Geschenk, das Ata uns machte, war ein kurzes Jahr der Harmonie, sonniger Fröhlichkeit und sprühender Energie, in dem wir uns nichts anderes mehr wünschten, als unser Zusammenleben auf ewig fortzusetzen.

Jetzt fühle ich mich frei, zum Anfang zurückzukehren.

2

Das Mana tanzt

Ende Mai 1987

Wenn das *Mana* wie ein auflodderndes Flämmchen über das Seil tanzt, das sich über dem Boden zum Sitzplatz des Häuptlings hinschlängelt, geben die Ahnen durch die Zungen der Alten Geschichtsunterricht. Man darf nicht mit den Händen über das Seil greifen. Wer in früheren Zeiten auf diese Weise den Geist der *Tanoa* – des Manitou der indianischen Brüder – störte, konnte durch einen tödlichen Schlag niedergestreckt werden. Auf der einen Seite der Tanoa, der hölzernen Yanqona-Schale, liegt ein aufgerolltes Ende eines grob geflochtenen Kokosseils. Am Ende der Schale läuft es durch fünf weiße, glänzende Muscheln, die wie mißgebildete Gänseeier aussehen und das Mana-in-Ruhe beherbergen.

Die Männer saßen zu beiden Seiten der Tanoa und ihres heiligen Seils. Der Chef lehnte entspannt an einem Pfahl der Mbure. Neben ihm saßen die Gäste: ein blaßrosafarbener Journalist aus den Niederlanden und seine Frau ... keine Europäerin, sondern, um es in der Sprache der Einheimischen auszudrücken, ein »Fruchtsalat« – eine indische Holländerin, ein Mensch gemischten Blutes. Diejenigen, die nun noch eintraten, taten dies mit gesenktem Kopf, gingen mit der Entschuldigung »Tilo« nach hinten und setzten sich schweigend im Schneidersitz hin. Solange die Gebete zum Geist der Tanoa und zu Gott aufstiegen, saßen alle still und schweigsam da.

Yanqona wurde vor dem Ersten Weltkrieg ausschließlich

von den Häuptlingen und Stammesältesten getrunken, die in der zentralen Mbure zusammenkamen, die erhöht in der Mitte des Dorfes stand. In einem weiten Kreis um die Älteren lagen die Jungen im Halbdunkel und hörten zu. Sie lernten die Geschichte ihrer Vorfahren automatisch auswendig durch die wunderschönen Erzählungen der Geschichtenerzähler, die immer mehr in Fahrt kamen, je feuriger das Mana tanzte und je reichlicher Yanqona floß. Dann wurden die Geschichten über die Könige der Vergangenheit erzählt, über Krieger, Bauern, Fischer und Bootsbauer, über Genesis, Exodus, Immigration, Kriege, Höhe- und Tiefpunkte einer Geschichte, in der Doppelrumpfkanus und Auslegerboote aus Afrika und Peru den Stillen Ozean durchquert hatten auf der Suche nach einer neuen Heimat, auf der Flucht vor Hunger oder Unterdrückung.

Yanqona inspiriert zum Geschichtenerzählen, so wie dies bei uns manchmal Cannabis tut. Und Yanqona inspiriert auch zum Musizieren: Männer greifen zur Gitarre und singen mit androgyn klingenden Stimmen mehrstimmige Lieder über Liebe und Tod oder über den Geist eines Verstorbenen, der, auf seiner Reise ins Jenseits, bei einem einheimischen Baum am Meer anlegt, um sicherzustellen, daß er in seinem neuen Leben am gleichen Ort wiedergeboren wird.

Apisai Lailai improvisierte ein dem Anlaß entsprechendes Gebet. Er betete in leisem Konversationston, als wäre Gott sein Kompagnon in einer delikaten Angelegenheit. Dumpfes Händeklatschen unterstrich die Bitte um Unterstützung für unser Abenteuer. Er legte seine rechte Hand auf das Yanqona-Bündel, das vor ihm auf dem Boden lag. Es war, als hörte die ganze Gesellschaft zu reden und zu denken auf und als richte sie ihre ganze Aufmerksamkeit auf die gräulichen Wurzeln in dem Zeitungspapier. Die Stimme des Betenden klang leise und heiser.

Ich nehme den Sevusevu an
von dem Paar aus Niederland.
Möge Gott euren Aufenthalt hier segnen;
möge euer Ziel hier verwirklicht werden;
möge Gott in unserem Land wohlfahren …

Begleitet von Händeklatschen skandierte der Chor:

Möge dies sich bewahrheiten!

Der Mbilo machte die Runde. Zuerst war ich an der Reihe, der weiße Schriftsteller aus Europa, der fernen Wiege ihrer Religion. Ich fühlte mich unwohl. Mir war, als ob die Gesellschaft mich als einen päpstlichen Gesandten ansähe, doch ich leerte den Becher in einem Zuge. Anschließend trank Chris, dann Poasa und schließlich Apisai selbst, der Häuptling eines kleinen Stammes auf Undu. Der Verwalter von Ata las meinen Empfehlungsbrief vom Roko-tui.

»Du wirst ihn bestimmt mögen«, hatte dieser gesagt, »und du kannst mit ihm reden, er hat eine Schule besucht und spricht gut Englisch.«

Mögen? Bei Apisai Lailai und seiner Familie war es Liebe auf den ersten Blick. Apisai war der offizielle Repräsentant der Halbinsel im Provinzialrat, ein dunkelbrauner Mann im Alter von sechsundvierzig Jahren, der den Körperbau eines sechsundzwanzigjährigen Athleten hatte. Er kam schweißbedeckt aus der Plantage, bekleidet mit einer offenen, ärmellosen Weste aus Jeansstoff und einer kurzen Hose. Er hatte nackte Füße und hielt eine Machete in der Hand. Sein breites Lächeln entblößte strahlend weiße Zähne, und seine Augen … schauten verwirrend lange in die meinen, als ob sie den Raum dahinter erforschten. Er war in Suva aufgewachsen und hatte dort eine britische Mittelschule besucht. Nach drei Jahren im öffentlichen Dienst war er auf das Brachland seiner Vorfahren gezogen, um Bauer zu werden. Er hätte sich kaum einen Ort suchen können, der weiter von der Hauptstadt entfernt lag, und er hielt seinen Umzug auf diese entlegene Insel nach wie vor für die beste Entscheidung seines Lebens.

Apisai war mit einer Halbchinesin aus Undu verheiratet, und damit hatten wir sofort eine Gemeinsamkeit. Bevor Rosi und Chris Busenfreundinnen wurden, hatten sie einander überrascht und neugierig gemustert: die Halbchinesin, Halbfidschianerin, die mich an meine Schwiegermutter erinnerte, und mein Cocktail mit chinesischem Augenaufschlag. Apisai und Rosi hatten neun Kinder, von denen die eine Hälfte krauses und die andere glattes schwarzes Haar hatte. Leuchtende Kinderaugen spähten durch die Fenster und Ritzen in der Tür, um einen Blick auf die seltsamen Gäste zu erhaschen.

Es bedurfte vieler Mbilos, bis die Delegation aus Vorovoro ihre Schüchternheit verlor: Apisai war nicht nur Stammeshäuptling, sondern es stand auch ein Bücherschrank in seinem gepflegten Haus, das dem eines Kolonisten ähnelte: bequeme Sessel, einheimischer und westlicher Wandschmuck, Muscheln und Schildkrötenpanzer und ein Radiokassettenrekorder, der Batterien fraß, weil seine Töchter im Teenageralter nach der Musik von Michael Jackson, Bob Marley und . . . George Baker tanzten.

Apisai stammte aus einer Familie von *Mbètes* – Heilern und geistigen Ratgebern. Er besaß ein natürliches Charisma, das auf einer Mischung aus neugieriger Intelligenz, Schaffensdrang und unprätentiöser Weisheit beruhte. Letztere scheint man als Gratisbeigabe zu bekommen, wenn man von der Natur und in enger Verbundenheit mit ihr lebt. Außerdem war Apisai eindeutig der attraktivste Fidschianer, den wir je kennengelernt hatten, da mußte ich Chris Recht geben. Schon bald erkannten wir in ihm einen

Menschen, der tiefen Einblick in menschliche Beziehungen und in das Leben in engem Kontakt mit Mutter Erde hatte.

Die Reise von Vorovoro zu Apisais winzigem Urwalddorf hatte sieben Stunden gedauert. Wir waren an einer eigenwilligen Ansammlung von Inseln, Landzungen und winzigen Inselchen vorübergefahren, die sich wie eine Kreuzung zwischen Grünkohl und Riesenpilz aus dem Meer erhoben. Die vulkanischen Auswüchse werden an der Wasserlinie entlang von Flut und Algen angefressen, so daß sie wie Köpfe aussehen, die sich gerade noch über Wasser halten können. Manche von diesen Köpfen, die mit Gras, Sträuchern und kleinen Bäumen bewachsen waren, waren nicht größer als ein großer Sonnenschirm.

Wir fuhren an vereinzelten Fischern in kleinen Booten vorbei und passierten an der Küste von Vanua in immer größeren Abständen kleine Küstensiedlungen, die zunehmend urtümlicher wirkten. Schließlich bestanden sie nur noch aus Mbures mit dicken Strohdächern und biegsamen Wänden aus geflochtenem Bambus, welche inmitten von Palmenplantagen um eine rotweiße Kirche gruppiert waren. Um etwas Schlaf nachzuholen, legten wir uns abwechselnd in den Raum am Vorderdeck, der zur Hälfte mit unserer Ausrüstung angefüllt war. Da ich nicht einschlafen konnte, schaute ich mir durch das Bullauge die vorübergleitende grüne Küste und die Fische an, die in den Bugwellen aus dem Wasser sprangen. Es waren vor allem fliegende Fische, die wie äußerst geschickte Surfer die Antriebskraft einer Welle nutzten, um Dutzende von Metern wie Libellen über das Wasser zu segeln. Trotz meiner Müdigkeit hatte mich eine leichte Aufregung ergriffen, wie ich sie früher als kleiner Junge bei Schulausflügen verspürt hatte. Dort, wo wir hinfuhren, war Fidschi sich selbst noch treu geblieben.

Ata war ein unansehnlicher Strich am Horizont, zwölf Kilometer von der Küste von Undu entfernt. Im Westen und im Norden erstreckte sich der Ozean nahezu ohne Unterbrechung über Tausende von Seemeilen, durchzogen von bis zu zehn Kilometer langen Meeresgräben. Der einzige feste Punkt auf dieser Seite war das Great-Sea-Riff in einer Entfernung von ungefähr fünf Kilometern sowohl in westlicher als auch in nördlicher Richtung. Im Osten lagen die hohen grünen Berge von Undu, so daß es von ferne aussah, als wäre die niedrige Insel Ata eine Halbinsel. Im Nebel hinter dem Horizont lag noch eine weitere Insel, aber damit hörte Fidschi in diesem Teil des Ozeans auch schon auf.

Weder Chris noch ich waren sonderlich beeindruckt von dem, was wir sahen; eine flache Scheibe Land, verloren in dem unermeßlichen Blau. Der Anblick, der sich uns bot, stimmte ganz und gar nicht mit meiner Vorstellung überein. Zumindest hatte ich einen hohen Felsen erwartet, umgeben von Urwald, mit einer bizarren Küstenlinie, tiefen Buchten, Riffen und viel Strand. Dort vor uns lag Ata, und dieser Pfannkuchen sollte nun zwölf Monate lang der Mittelpunkt unseres Universums sein. Viel größer als Rottum[3] war dieses Inselchen nicht.

Als wir näher kamen, legte sich die Enttäuschung jedoch schnell wieder. Wir sahen überall üppiges Grün, Palmen,

3 kleine friesische Insel, Anm. d. Übers.

die einen kleinen goldenen Strand überragten, schöne Felsen, Mangrovenwald und das dunkelblaue Meer, das zum Strand hin immer heller wurde, mit durchsichtig türkisfarbenen Flecken an den flachen sandigen Stellen und dunkleren Flecken dort, wo Algen, Felsen und Korallen waren. An der Windschattenseite gab es sogar eine echte Lagune!

Wir fuhren an Ata vorbei und nahmen Kurs auf die Küste von Undu, um Apisai Lailai unsere Aufwartung zu machen. Ein Fischer lotste uns in den natürlichen Hafen von Thawaro, einer winzigen Siedlung, die aus fünfzehn Hütten und der Bezirksschule bestand. Wir fuhren zwischen zwei riesigen runden Felsen hindurch, die aussahen wie Köpfe von Monstern. Da immer noch Ebbe war, gingen wir in der Mitte der kleinen Bucht vor Anker. Barfuß wateten wir durch den Schlamm zum Ufer. Das Dorf lag ungefähr zwanzig Meter höher auf einem Hügel zwischen Gemüse- und Obstplantagen. Eine kleine Menschenansammlung beobachtete überrascht unsere Ankunft.

»*Valangi! Kai valangi!*« riefen sie aufgeregt. »Fremde! Ausländer!«

Mehr als *mbula* – »hallo« – konnten wir nicht herausbringen. Dunkle Fäustchen ergriffen unsere Hände und Arme, und wir wurden von einer Horde kleiner Krausköpfe mit breitem Lachen, weißen Zähnen und strahlenden Augen umzingelt. Sie machten einen äußerst munteren Eindruck. Die Kinder wurden mit gespielter Strenge zur Ordnung gerufen, nur um von ihren Müttern abgelöst zu werden, die nun ihrerseits unsere Hände ergriffen und uns mit einem fidschianischen Wortschwall überfielen. Poasa erklärte ihnen das Ziel unserer Reise. Apisai wohnte hinter dem Hügel. Wir marschierten zu neunt zum Dorf. Fünfzehn riesige Mbures standen zu beiden Seiten eines weißroten Kirchleins, alle auf einem makellosen Rasen. In kleinen Beeten rund um die Hütten blühte roter Hibiskus. Frauen füllten an der öffentlichen Dusche ihre Wassereimer in einem Wasserbecken aus Beton. Das Wasser war sauber und kam aus Sammelbecken in einem kleinen Wasserlauf oben auf dem Berg, wo niemand wohnte. Es war still, kühl und sonnig. Vom Rasen aus sahen wir Ata am Horizont liegen.

Wir kletterten zwischen Bäumen und Sträuchern den steil ansteigenden Hügel hinter dem Dorf hinauf. Rechts von uns lugte das Blau des Ozeans durch Lücken im Urwald. Von oben bot sich uns ein Ausblick auf ein märchenhaftes Tal, durch das ein kleiner Wasserlauf floß. Zu unseren Füßen erstreckten sich Plantagen bis zu dessen Ufer, während sich auf der anderen Seite Wälder über den Hügel bis zum nächsten Berg hinzogen.

Aus dem Tal drangen die Geräusche des Urwalds und das Krähen eines Hahns zu uns herauf. Ein Hund bellte. Zikaden zirpten. Metalleimer schepperten. Ein Kind quietschte vor Lachen. Über einem Meer von Blumen tanzten Scharen von Schmetterlingen im Blütenduft. Ein paar Insekten zogen summend ihre Kreise. Trotz all dieser Geräusche lag eine Stille über der ganzen Szenerie. Wir schauten direkt auf das Wellblechdach von Apisais westlich wirkendem Haus, das auf Pfählen auf einem steilen Hang erbaut worden war. Vierzig Meter tiefer, am Ufer des Wasserlaufs, stand ein runder Mbure. Eine lange Leine mit sauberer Wäsche verlief vom Haus bis nach unten. Es war einer der schönsten Fleckchen, die ich jemals gesehen habe. Im Bruchteil einer Sekunde sah ich vor meinem geistigen Auge, wie ich hier mein restliches Leben verbrachte. Ich kann mir immer noch nichts Schöneres vorstellen.

Die sonst so ausgelassenen Menschen aus Vorovoro standen still vor dem Haus, zogen die Hosen hoch, kämmten sich mit den Fingern durchs Haar, räusperten sich und verfielen in eine tiefe Versunkenheit. Ein kaffeebrauner kleiner Junge mit glattem Haar rannte in die Plantage, um seinen Vater zu benachrichtigen.

Dieser hatte schon von unserer bevorstehenden Ankunft gehört, denn in Fidschi kommen Nachrichten über Reisende schneller an als diese selbst. Apisais jüngerer Bruder Franci war am gleichen Tag in Lambasa gewesen, hatte mit dem Roko-tui gesprochen und uns auf seiner Rückreise in einem schnelleren Boot überholt.

Es ist Herbst. Die Blätter fallen von dem Mangobaum hinter dem Haus. Manche der Bäume, die jetzt ihre Blätter verlieren, bekommen sofort wieder frische grüne Triebe. Es gibt aber auch Bäume, die ihre Blätter ganz abwerfen, so wie der Indische Korallenbaum. Dieser entfaltet seine blutrote Blütenpracht, bevor er im August neue Blätter bekommt. In seiner Blütezeit wimmelt es in und um diesen pockennarbigen Waldriesen von grellfarbigen Papageien und Nektarvögeln. Die Papageien suchen sich dort ihre Nahrung in allen möglichen Stellungen; sie kleben horizontal und vertikal an dem Baum oder hängen mit dem Kopf nach unten. Sie machen einen ohrenbetäubenden Lärm, und sie können die Nektarvögel nicht ausstehen. Auf einen Schrei des Leitvogels hin steigen die Papageien explosionsartig auf und jagen in östlicher Richtung über das Meer nach Undu davon.

Am Abend, als die Sonne in den Niederlanden gerade über den Horizont stieg und die hohen Berge von Undu eine ganze Stunde lang in den Farben eines unwirklich anmutenden Reklamespots dalagen, war wieder Flut, und für die Besuchergruppe aus Vorovoro war die Zeit der Heimreise gekommen. In ungefähr vierzig Stunden hatten die Gäste höchstens zwei Stunden geschlafen, aber gemäß fidschianischem Brauch hatten sie sich über ihre Müdigkeit hinweggesetzt, um den ganzen Mittag lang um die Yanqona-Schale versammelt miteinander zu reden. Chris und ich hielten unterdessen eine Siesta im ehelichen Schlafzimmer. Durch das offene Fenster drangen noch kurz Tierrufe wie in einem Zoo, zufriedenes Glucken von Hühnern und Gesprächsfetzen von Yanqona-Trinkern an unser Ohr, bevor wir in einen traumlosen Schlaf versanken.

Zwei Jungen geleiteten die ganze Gesellschaft am späten Nachmittag zum Boot, das einsam in der Bucht vor der Küste vor Anker lag. Das versteckte kleine Tal von Wai Levu (»Genug Wasser«) ist mit der Bucht durch einen kleinen Wasserlauf verbunden, der sich zunächst ein Stück durch den Wald schlängelt, um dann in eine Art »Zufahrtsstraße« einzumünden, die einen halben Kilometer lang durch Mangrovenwald führt und nur bei Flut mit dem Boot befahren werden kann.

Die Ufer waren felsig und dicht mit Farn, Gestrüpp und Bäumen bewachsen. Dicke Wurzeln senkten sich überall in das Wasser hinab, und hinter der ersten Kurve fuhren wir an einem schmalen Wasserfall vorbei, der irgendwo über dem geschlossenen Blätterdach des Waldes begann. Das einzige hörbare Geräusch war das Scheuern der Staken auf dem Holz des Boots und der Ruf eines späten Vogels.

Poasa war unruhig. In einer halben Stunde würde es dunkel sein. Die Männer von Mali hatten eine so weite Reise noch nie zuvor unternommen. Obgleich sie im Dunkeln mehr sehen konnten als ich, fuhren auch sie nicht gerne nachts zwischen unbekannten Riffen umher. Ein falsches Manöver, und die Korallen schlitzten den Boden des Boots auf oder zertrümmerten die Schraube. Wir luden das Gepäck schnell um, und unter heftigem Winken und lautem Rufen der Insassen verschwand das Boot. Für den Rest des Wochenendes waren wir bei Apisai zu Gast, der uns am Montag morgen in einem schnellen Boot nach Ata bringen wollte.

Einen der Jungen, die uns begleitet hatten, sahen wir am nächsten Morgen auf der Kanzel der kleinen Kirche wieder, im Anzug und mit glänzend gewienerten Schuhen. Jack war Hilfsprediger. Zu Ehren unseres Besuchs versuchte er, die Pfingstgeschichte auf englisch zu erzählen – allerdings war sein Englisch nicht viel besser als unser Fidschianisch. Uns saß ein Kloß im Hals, als wir dies hörten. Er hatte uns auch schon in Gegenwart seiner Gemeinde, deren Mitglieder uns alle zugleich breit angelacht hatten, auf Englisch willkommen geheißen. Nach dem Gottesdienst entschuldigte sich Jack verlegen wegen seiner unvollkommenen Englischkenntnisse. Ich versicherte ihm, er hätte seine Sache ganz ausgezeichnet gemacht. Da hellte sich sein Gesicht auf wie das eines Kindes, das unerwartet ein Bonbon bekommt. Draußen vor der Kirche ergriffen wieder Dutzende von Händen die unseren.

Thawaro ist eine der kleinen Häuseransammlungen, wie man sie in den äußersten Winkeln des Archipels findet und die sich in Hunderten von Jahren kaum verändern. Durch den kühlen Seewind, der in dieser Höhe durch meine Haare strich, spürte ich die Hitze der Sonne kaum. Im Schatten der Kirche stand ein Grüppchen von Honoratioren in Sonntagskleidung und unterhielt sich. Unter dem indischen Jasmin saßen Frauen in Kleidern mit leuchtenden Farben zusammen, und die Kinder rannten nach Hause, um ihre Spielkleider anzuziehen. Mitten auf dem Rasen lag ein schlafender Hund, und in einer blühenden Bougainvillea an einer der Hütten gurrte, flötete und kreischte ein munterer Beo. Unter uns lag die Bucht mit ein paar Booten und einer Handvoll grüner Inseln. Über den Horizont zog sich ein langer Streifen grell beleuchteter Wolken. Der Stille Ozean lag glatt und dunstig da.

Am Stamm einer der Palmen neben der Hütte kleben in einer Kerbe zwei weiße Kügelchen vom Durchmesser eines halben Zentimeters brüderlich nebeneinander. Neugierig zupfe ich sie vom Stamm. Es sind zarte winzige Eier. Eines zerbricht, weil ich es mit meinen groben Fingern zu fest halte. Als ich es dicht vor meine Augen halte, sehe ich einen mikroskopisch winzigen Gecko. Geckos haben einen Minikrokodilkopf und laufen wie lebendiges Gummi müheloser mit dem Kopf nach unten herum, als ich aufrecht laufen kann. Der kleine Geist ist schon unterwegs in ein besseres Leben. Mit dem Gefühl, mich des Totschlags schuldig gemacht zu haben, deponiere ich das Zwillingsei in eine mit Watte ausgelegte Dose. Im Haus machen Geckos Jagd auf Insekten. Ab und zu lassen sie von einem Firstbalken einen nassen Klecks Kot auf meine Schulter fallen. Im dichten Blätterdach der Hütte unterhalten sie sich mit schnalzenden Lauten.

Zwischen Kirche und Haus pflückte Apisai Blätter von Bäumen und Sträuchern, gab sie uns zum Riechen und Kauen und erzählte über ihre Heilkraft. Auf diesem kurzen Stück wuchsen Kräuter zur Erhaltung der Gesundheit, Kräuter für frischen Atem, Kräuter, die die Schmerzen eines Rochenstichs linderten, und Kräuter gegen Gicht. Auf Undu gab es keinen Arzt, aber Krankheit war ohnehin eine Ausnahme. Mittags gingen wir zum Dorf zurück, um an einer Versammlung in der Gemeinschaftshütte teilzunehmen. Apisai legte in unserem Namen ein Bündel seines eigenen Yanqona neben die Tanoa, stellte mich der Gemeinschaft vor, erklärte, was wir hier wollten, und vereinbarte mit uns ein Signal, das wir im Falle einer Gefahr geben sollten: Falls wir auf Ata in eine Notsituation gerieten, sollte ich ein großes Feuer anzünden. Damit man es tagsüber vom Dorf aus sehen könne, müßte ich für starke Rauchentwicklung sorgen, doch nachts sei ein Feuer weithin sichtbar. Der Plan wurde mit allgemeiner Zustimmung begrüßt. Die Männer rauchten Zigaretten und Tabakblätter, die sie auf schwelenden Kokosfasern trockneten, zerbröselten und in Zeitungspapier zu dünnen Zigaretten drehten.

Als wir wieder im Haus unseres Gastgebers waren, sprach Apisai in der rasch einbrechenden Dunkelheit von Seegurken, die sich zwei Wochen vor einem Orkan in Felsspalten verbergen, so daß man sie nicht mehr herausziehen kann; von Hähnen, die den Gezeitenwechsel spüren und deshalb lange vor Sonnenaufgang krähen; darüber, daß Fisch im Mondlicht verdirbt, wenn man ihn nicht abdeckt; über magische Methoden, mit deren Hilfe man unfruchtbare Obstbäume dazu bringen kann, daß sie Früchte tragen. Er versicherte uns außerdem, daß wir die Fische, die wir in unserem Netz fangen würden, ohne Bedenken essen könnten. Der einzige giftige Fisch in den Gewässern von Ata sei ein Exemplar, das sich zu einem Ballon aufblase, wenn ihm etwas nicht gefalle. Er war ehrlich überrascht darüber, daß wir Angst vor Haien hatten. Er und seine

Männer tauchten manchmal und sähen dabei nur sehr selten einen Hai, und dieser hätte dann mehr Angst vor ihnen als sie vor ihm. »Haie sind Tiefseefische«, erklärte er. In seiner ganzen Zeit auf Undu war es nur ein einziges Mal vorgekommen, daß jemand von einem Hai gebissen worden war, und dies war hinter dem Riff, auf offener See geschehen. Außerdem war die Sache gut ausgegangen. »Wenn man keine Angst vor Haien hat, greifen sie auch nicht an.«

Seine *Matanqali,* seine Großfamilie, arbeitete mit der Leichtigkeit eines Bienenvolkes, das hauptsächlich Sonne und Blumen kennt. Außer seiner eigenen elfköpfigen Familie wohnten noch sein jüngerer Bruder Franci und sein behinderter Vater bei ihm im Haus. Die Kinder gingen zu Bett, ohne daß man sie dazu hätte auffordern müssen, und die Großen halfen den Kleinen. Kinder im Kindergartenalter trösteten die noch kleineren, wenn diese heulten. Mädchen im Alter von zwölf Jahren kümmerten sich um den Haushalt, wenn Papa und Mama fort waren. Streitigkeiten zwischen den Kindern, die bei uns als normal gelten, erlebten wir dort nie. Die Kinder trugen an jedem Schultag saubere Kleider, und das Haus war tagsüber stets aufgeräumt. Die Stimme wurde nur erhoben, um jemanden zu rufen. In der Betriebsamkeit der frühen Morgenstunden half Apisai seiner Frau beim Schälen von Tapioka und beim Schlachten von Hühnern, bevor er an seine eigene Arbeit ging.

Ich schenke mir eine Tasse Tee ein und kehre wieder zu meiner Schreibmaschine zurück. Ich will die Kokostasse auf den Tisch stellen und sehe, daß ein Skorpion daneben sitzt. Als er mich sieht, krümmt er seinen Körper, und es sieht so aus, als bereite er sich mit seinen großen Vorderbeinen auf einen Sprung vor, doch bevor ich etwas tun kann, ist er schon in einer Spalte zwischen den Brettern verschwunden. Ich stochere noch eine Weile in den Ritzen herum, aber er läßt sich nicht mehr blicken. Einen Moment lang fühle ich mich etwas unwohl mit meiner nackten Haut auf der Bank und am Tisch, doch dies geht bald vorüber. Ich muß nur daran denken, gut aufzupassen und ein paarmal kräftig auf den Tisch zu schlagen, bevor ich mich hinsetze.

3
Fuß fassen

Juni 1987

Mir stockte der Atem. Ich stand neben dem Treibnetz bis zu den Hüften im Wasser. Im Licht meiner Taschenlampe sah ich, daß es sich ein Stück weiter vorn verheddert hatte. Mit einer Mischung aus Neugierde und Angst fragte ich mich, was wohl die Ursache dafür sein mochte. Es war eine mondlose Nacht, und der Himmel war mit einer dünnen Wolkendecke überzogen. Außerhalb des Lichtkreises der Lampe sah ich nichts. Das Meer um mich herum war schwarz, glatt und bedrohlich. An der Stelle, wo sich das Netz verheddert hatte, entdeckte ich eine große, dunkle Form.

Der Schatten im Netz bewegte sich plötzlich wellenförmig, und ich schrak zurück. Als sich das Wasser wieder geglättet hatte und ich das Licht auf das Ding richtete, sah ich, daß es ein Rochen war, so groß wie ein Wagenrad und so dick wie ein Brot. Das Ungeheuer hatte einen meterlangen Schwanz, der sich in ein paar Maschen des Netzes verstrickt hatte. Er lag flach und regungslos im Netz auf dem Boden und sah aus wie eine fliegende Untertasse mit zwei Scheinwerfern, die dicht nebeneinander saßen: Die oben aufliegenden gelben Augen mit ihrer vertikalen Iris schauten böse unter dicken Augenlidern zu mir auf. Er hatte einen rauhen, dunkelgrauen Rücken mit harten Noppen, die an stumpfe Reiszwecken erinnerten. An seinem aufgerauhten Schwanz befand sich jedoch kein Widerhaken, also konnte es sich nicht um den gefürchteten Stechrochen handeln. Mit einem Seufzer der Erleichterung stieß ich den Speer neben mir in den Sand und versuchte, das Monster hochzuheben, indem ich das Netz an beiden Seiten hochzog. An die 35 Kilo protestierten heftig, indem sie wild hin und her schlugen. Er mußte sich verirrt haben. In der Lagune schwammen gewöhnlich nur Stechrochen von der Größe einer Schallplatte. Auf meinen nächtlichen Ausflügen hatte ich schon ein paarmal einen von diesen harpuniert.

Das Netz trieb ein Stück ins Meer hinaus. Der Unterschied zwischen Ebbe und Flut betrug hier fast drei Meter, und der Boden senkte sich allmählich zu tieferem Gewässer ab. Wenn ich bis zum nächsten Morgen wartete, würde der größte Teil der Fische im Netz verderben, weil es durch die Ebbe auf dem Trockenen liegen würde. Ich mußte nachts aufstehen, bevor das Wasser seinen niedrigsten Stand erreicht hatte, den Fang einholen, ausnehmen und kochen. Das Meer war diesseits des Riffs ziemlich ungefährlich; nur vor den Stechrochen hatte man uns eindringlich gewarnt.

»Nicht tot«, hatte Poasa gesagt. Er war einmal auf dem Riff auf einen Rochen getreten, der sich halb in den Sand eingegraben hatte. »Viel, viel Schmerz. Ich heulen von Schmerz, wirklich. Drei Wochen Bett.« Ich konnte ihn mir nicht heulend vorstellen, aber ich hatte mir vorgenommen, auf der Hut zu sein.

Was sollte ich jetzt mit diesem Monster anfangen? Wie sollte ich es aus dem Wasser herausbekommen? Ich watete aufgeregt zurück zum Strand.

»Im Netz ist ein Monster!« rief ich. Chris kam aus dem Moskitonetz heraus. Ich eilte wieder zurück. Ich wollte den Rochen töten und dann an meinem Speer aufgespießt aus dem Wasser ziehen. Ich klemmte mir die Taschenlampe unter den Arm, aber sosehr ich auch zustieß, es gelang mir nicht, das schwere Tauchermesser durch den Panzer auf seinem Rücken zu stoßen. Ich drehte den Rochen um. Er hatte einen weißen, samtweichen Bauch. Plötzlich empfand ich Mitleid für diese Tiefsee-Untertasse. Vorne an der Unterseite hatte er einen menschlich wirkenden Mund mit dicken Lippen, und er wehrte sich nicht. Ich schluckte und stieß den Dolch ein paarmal bis zum Schaft in den weichen Bauch, dorthin, wo ich sein Herz vermutete. Rauchwolken ähnlich quoll das Blut rhythmisch aus der Wunde. Ich mußte mich beeilen. Haie würden es noch in einiger Entfernung wittern, und außerdem setzte die Flut wieder ein; das Wasser stand mir schon bis zur Taille. Nach ungefähr vier Minuten strömte kein Blut mehr aus dem Körper des urweltlichen Tiers heraus, das jetzt schlaff im Wasser hing. Ich holte es aus dem Netz. Dann stieß ich den Speer in den Körper und schleppte ihn zum Strand.

Als Chris die Beute sah, stieß sie einen überraschten Schrei aus und führte unter Lachen und Rufen spontan einen Indianertanz auf, mit dem der Geist des Verstorbenen zufrieden sein konnte. Ich hingegen trug die gespielte Gleichgültigkeit eines erfahrenen Jägers zur Schau.

»Ich habe gedacht, du hättest wieder einmal übertrieben!«

Wir waren beide sehr aufgeregt. Was für ein Fang! Wenn wir das Fleisch räucherten, hätten wir eine Woche lang genug zu essen. Als wir den Rochen endlich mit der Machete in einen Haufen küchenfertiger Stücke zerschnitten hatten, umspülte uns schon das Wasser der einsetzenden Flut.

Khan, der Hahn, krähte auf seinem Baum im Urwald, die ersten Vögel ließen ihre Rufe ertönen, und der Himmel im Osten färbte sich hellrosa, als wir den letzten Topf Rochenfleisch gekocht hatten und uns in unser Moskitonetz zurückzogen. Wir wachten wieder auf, als die Sonne das Wellblechhäuschen auf Ofentemperatur erhitzt hatte.

Als wir dann mittags den ersten Bissen probierten, begriffen wir, weshalb Snuki, der Hund, seinen Anteil mit so wenig Begeisterung beschnüffelt hatte. Chris hatte schon ein paar Stücke widerwillig heruntergeschluckt. Man hatte ihr als Kind beigebracht, dem Essen die ihm gebührende Achtung entgegenzubringen. Das Rochenfleisch schmeckte nach einer Mischung aus Terpentin und Tran, und wir warfen es angewidert ins Meer, wobei wir uns dafür entschuldigten, daß wir das Tier umsonst getötet hatten. Die Überreste wurden in Windeseile von einem Schwarm von Tigerbarschen verschlungen. Der Rochen erinnerte mich daran, daß es im Ozean von bizarren Geschöpfen nur so wimmelte und daß diese bei Flut bis auf einen halben Meter an unsere Behausung herankommen konnten, während wir selig schlummerten.

Es regnet jetzt mit einer eintägigen Unterbrechung schon seit einer Woche. Es ist kalt und feucht, ein äußerst unangenehmes Klima. Wir erlauben dem Huhn Hip und seinen drei übriggebliebenen Küken, in die Hütte zu kommen. Sie sind völlig durchnäßt. Zwei Brüderchen oder Schwesterchen haben in der feuchten Kälte schon ihr Leben gelassen. Auch die drei Küken von Ko Hen sind tot. Das überrascht mich nicht, denn wenn es regnet und der Wind weht, ist es bis zu 30 Grad kälter als an den wolkenlosen Sommertagen. Wenn Hühner nachts von solch einem Regenguß überfallen werden, suchen sie nicht etwa einen Unterschlupf auf, sondern sterben stumpfsinnig an Ort und Stelle, hypnotisiert von der Dunkelheit. Der Wind weht mit Stärke 8 oder 9. Die geflochtenen Jalousien sind geschlossen, doch auf meine Schreib-

maschine fallen immer mehr Tropfen, die vom Meer her direkt durch die Ritzen geblasen werden. Ich muß für heute aufhören zu schreiben.

Dieser erste Monat war, abgesehen von sensationellen Fischfängen, eine Zeit ungewöhnlicher Entdeckungen, nächtlicher Explosionen, individueller Ekstase, der Paranoia, der Erinnerungen an die Urzeit, schwerer Arbeit und einer immer katastrophaler werdenden Beziehung.

Apisai hatte uns an jenem denkwürdigen 1. Juni 1987 in einem Polyesterboot mit einer Kajüte und einem schweren Außenbordmotor zur Insel gefahren. Die Ostküste von Ata war felsig. Hier und dort waren Buchten mit sauberen, gelben Sandstränden zu erkennen, und höher auf der Brustwehr der schwarzen Felsen sahen wir Sträucher, Bäume und ein Meer von Palmen. Der Passat blies mit voller Kraft, und vor Oktober würde er kaum seine Richtung ändern. Es wehte ein scharfer Südostwind von durchschnittlicher Windstärke 6, doch an der Westküste der Insel würden wir davon relativ unbehelligt bleiben.

Wir fuhren in einem Bogen um die Insel herum. An der Südwestseite lag ein Strand, der zum Wasser hin allmählich abfiel: eine Hunderte von Metern lange Lagune. Das Wasser an der Leeseite war ruhig. Das Boot war mit unserem Gepäck und unseren Vorräten, acht Menschen und drei Tieren schwer beladen. »Ihr braucht einen Hund. Es gibt dort verwilderte Ziegen, die euch sonst euren Gemüsegarten kahlfressen«, hatte Apisai gesagt. Er hatte uns Snuki mitgegeben, eine schwarzbraune Promenadenmischung, die sich von Essensresten ernährte. Außerdem hatten wir einen stattlichen schwarzen Hahn und eine wackere braune

Henne: Dschingis Khan und Ko Hen wurden die Stammeltern unseres Hühnervolks.

An Bord waren außerdem Ditonga und Pè, die beiden ältesten Töchter von Apisai, Rupeni, sein unzertrennlicher Gefährte aus Thawaro, und Andoni, ein Fischer, den wir noch häufiger sehen sollten. Wir gingen an Land. Vielleicht weil ich mir diesen Augenblick schon so oft vorgestellt hatte, stellte sich das wunderbare Glücksgefühl aus meiner Phantasie nicht ein. Das Wasser der Lagune war lauwarm und sauber und der Sand warm. Snuki machte sich sofort daran, Krabben zu jagen, die kleinen, geschwinden Mondfahrzeugen gleich stelzbeinig über den Strand liefen und links und rechts eilends davonstoben. Sie liefen so schnell, daß sie anspülenden Wellen mühelos vorauseilen konnten, und schlugen Haken, ohne dabei an Geschwindigkeit zu verlieren.

Hinter dem Strand lag ein langgestrecktes und dicht bewachsenes Stück Flachland. Dahinter erhob sich der eigentliche Dschungel. Auf einer kleinen Lichtung an der Sandgrenze stand eine Eisenblechhütte mit geschlossener Rückseite, die dem Wind zugekehrt war, und mit offener Vorderseite. Andoni hatte sie irgendwann einmal gebaut, um während eines Fischfangmarathons auf der Insel übernachten zu können. Sie lag näher an den Fischgründen als sein Heimatdörfchen auf Undu. Die Frauen machten sich sogleich an die Arbeit, um die Hütte zu säubern, die Vorräte einzuräumen und eine Feuerstelle aus großen flachen Steinen anzulegen.

Wir Männer zogen unsere T-Shirts aus und rodeten mit unseren Buschmessern die Wildnis neben der Hütte. Wir ruhten erst, als wir ungefähr zweihundert Quadratmeter für den Garten freigeschlagen hatten. Aus dem Gestrüpp fertigten wir einen Schutzwall an, der das junge Grün vor dem salzigen Meereswind schützen sollte. Auf den Felsblöcken hinten im Garten, im Schatten eines alten Mangobaumes, aßen wir Kassave und Fisch, den Pè in der Lagune mit einer um eine leere Flasche gewickelten Schnur gefangen hatte. Das Wasser hatte jetzt seinen niedrigsten Stand erreicht. Ohne daß wir es bemerkt hatten, war der Strand vor unserer Tür ungefähr dreihundert Meter breiter geworden, so daß das Boot nun auf dem Trockenen lag.

Während wir mit Apisai einen Rundgang um die Insel machten, zeigte dieser uns zuerst die Quelle, ein Wasserloch mit klarem Wasser zwischen Felsen, das sich direkt oberhalb des Strandes an der Ostküste und nur drei Minuten von unserem Lager entfernt befand. Die Quelle floß zuerst in ein kleines und dann in ein großes Becken, die man treppenförmig in die Felsen gehauen hatte, als Ata noch bewohnt gewesen war. Rupeni zeigte mir einen Krabbenunterschlupf unter einer Platte aus Vulkangestein, die durch das Absinken des Wasserspiegels trocken lag. Auf Zehenspitzen schlich er näher und spießte mit seinem Speer eine Krabbe von der Größe eines Frisbees auf.

Der höchste Punkt der Insel lag etwa zehn Meter über dem Meeresspiegel und hatte ungefähr die Form einer Sichel, deren Öffnung gen Sonnenuntergang wies. Auf ihrer Rückseite fielen die Felsen steil zum Meeresboden ab, weshalb wir nur bei Ebbe dort entlanglaufen konnten. Die Insel hatte drei Buchten mit Sandstränden. Ungefähr vier Meter über uns war dichtes Gestrüpp, und es standen Hunderte von Palmen dort, die das ganze Jahr über Früchte trugen. Über die Insel verstreut wuchsen ungefähr zwanzig riesige Mango- und ebenso viele Brotfruchtbäume mit Blättern, die an überdimensionale Gänsefüße erinnerten. Die Ernte würde noch ein halbes Jahr auf sich warten lassen.

Die Insel war nicht größer als fünfzig Fußballfelder. Auf der Nordseite wuchsen Mangroven, die wie ein Haarschopf aus dem Wasser ragten, ein Stück ins Meer hinein. Ein natürlicher Pier aus erstarrter Lava erstreckte sich wie ein Zeigefinger nach Norden. An seiner äußersten Spitze stand ein grauer Reiher und fischte. Entlang dem größten Teil der windstillen Westseite wuchsen noch mehr Mangroven zwischen nun trockenen Felsplateaus. Der feuchte Wald hallte wider von den Klick-und-Klock-Lauten der Muschel- und Schalentiere und vom heiseren Lachen der Eisvögel. Am Ende des Mangrovenwalds lag eine Bucht, und zwei riesige Felsblöcke bildeten dort die Grenze zu unserem eigenen Strand. Wir erkundeten noch ein Stückchen des heißen Inlandes, doch die Insel hatte meine Sympathie schon lange gewonnen.

Die Aussicht darauf, mit Chris allein zu sein, erregte mich. Als ob Apisai meine Gedanken gelesen hätte, machte sich die Gesellschaft zum Aufbruch bereit, verabschiedete sich herzlich von uns und verschwand im Boot hinter dem Südkap aus unserem Blickfeld.

Nach zehn Monaten auf Ata haben sich meine romantischen Gefühle gegenüber dem Ozean direkt vor unserer Haustür verflüchtigt. Ich finde ihn immer noch wunderschön, vor allem jetzt, wo der Regen für einen Augenblick aufgehört hat und sich wieder ein breiter Streifen Sonnenlicht darin spiegelt. Die Unterwasserwelt ist atemberaubend, und vor allem am Riff fühle ich mich wie in einem psychedelischen Märchengarten, der sich jedem Vergleich mit dem Leben an Land entzieht. Ich halte, wie immer, meinen Atem an, als ich am Horizont einen Hai mit unglaublicher Geschwindigkeit einen weißen Streifen durch das Wasser ziehen sehe. Es ist ein imposanter Anblick, aber ich möchte kein Meerestier sein. Der Ozean ist ein Ort der Paranoia, wo jeder von jedem gejagt wird – von den Tigerbarschen bis hin zum Tigerhai. Selbst der König des Meeres ist nicht sicher vor Jägern, in diesem Fall den Menschen. Alles, was in dem grünen Algendschungel lebt, ist ständig auf der Hut.

Die Tropennacht brach früh und schnell an. Wir hängten das Moskitonetz auf, und als wir unsere Kleider ausgezogen hatten, war es halb sechs und dunkel. Der Sonnenuntergang hatte den Himmel im Westen in die phantastischsten Farben getaucht, doch das prachtvolle Schauspiel war nach zehn Minuten schon wieder vorüber. Es fiel uns schwer, einzuschlafen. Von allen Seiten drangen unbekannte Geräusche auf uns ein. Das Wasser stieg wieder an und spielte gurgelnd um die Felsen des Südkaps. Manchmal ähnelte das Geräusch menschlichen Stimmen, die sich näherten. Hinter uns im Urwald erhob sich ein Schimpfen. Überall um uns herum ertönte das hypnotische Schrillen von Zikaden. Im Garten hörten wir Nagegeräusche und auf dem Dach das Trippeln kleiner Pfoten. Dann das Scheppern eines harten Gegenstands gegen die Wände aus Eisenblech. Lautes Platschen im Meer nahe bei uns, als ob ein Dinosaurier seine Runde drehte. Der Wind erhob sich, und die Hütte ächzte, quietschte und knarrte. Snuki fing in der Dunkelheit plötzlich wild zu bellen an. Nachdem wir endlich eingeschlafen waren, wurden wir kurz darauf von einem lauten Krachen wieder aus dem Schlaf gerissen. Erschrocken schossen wir hoch. Das Adrenalin jagte durch unsere Körper, um jeden Muskel fluchtbereit zu machen.

Eine Kokosnuß war mit einem solchen Knall auf das

Wellblechdach gefallen, als hätte jemand einen Silvesterkracher in einem Hohlraum direkt neben unserem Kopf explodieren lassen. Der Erbauer unserer Unterkunft hatte eine Wand der Hütte an einer Palme festgenagelt. Folglich bewegte sich die ganze Hütte jedesmal, wenn der Baum im Wind hin und her schaukelte, jammernd mit. Der harte Gegenstand, der am Eisenblech entlangkratzte, war eine Landkrabbe, die wie ein Nachtwächter neugierig ihre Runde drehte. Snuki bellte nachts Strandkrabben an, die er nicht fangen konnte. Für das Platschen im Meer waren große Fische verantwortlich, die für einen kurzen Augenblick ihr Element verließen, um nach Mücken zu schnappen. Das Trippeln auf dem Dach und das zunehmende Nagen im Garten wurden von einer schnell größer werdenden Kolonie von Palmratten verursacht, die von allen Seiten auf unserem Kap zusammenströmten, weil sie auf eine exotische Abwechslung in ihrer Ernährung hofften. Das schrille Schimpfen in den Baumwipfeln stammte von Flughunden.

Ein alter Wunsch von mir ging in Erfüllung: Ich wurde zum erstenmal in meinem Leben zu einem Morgenmenschen. In den Niederlanden fing für mich der Abend gewöhnlich erst um ungefähr zehn Uhr an, und die Nächte, in denen wir vor zwei Uhr im Bett waren, konnte man an den Fingern abzählen. Unser Leben dort war geprägt von Reibereien, die letztlich alle damit zusammenhingen, daß Chris früh zur Arbeit gehen mußte, während ich ausschlief, da ich zu Hause arbeitete.

Hier war das anders. Die vielen blutrünstigen Moskitos, das Fehlen von Elektrizität und der frühe Sonnenuntergang sorgten dafür, daß wir zeitig aufwachten. Bei Einbruch der Dämmerung lagen wir im Moskitonetz und schrieben oder lasen. Wir hatten ein billiges Transistorradio mitgenommen, um über heranziehende Orkane informiert zu sein.

Um sieben Uhr abends hörten wir die Nachrichten, und danach schliefen wir ein.

Am frühen Morgen war es windstill. Aus dem Urwald hinter der Hütte schallten exotische Rufe, und nicht weit von unserem Lager entfernt krähte Dschingis-Khan. Die Luft hatte eine Frische, wie ich sie nur von holländischen Frühlingen her kenne. Das machte das Aufstehen leicht. Ich reckte mich und setzte mich auf einen umgefallenen Baum auf den Strand vor dem Schuppen. Der Horizont leuchtete weiß auf: Auf der Brandung am Great-Sea-Riff glitzerten die ersten Strahlen der Sonne, die hinter mir aufging. Im Südosten leuchtete die Insel Tilangitha moosgrün. Ein Eisvogel flog im Sturzflug zur Wasseroberfläche und kehrte wie ein ferngesteuertes Projektil auf seinen Zweig zurück. In seinem großen Schnabel zappelte ein Fisch.

Unser Jahr auf der Insel war erst einen Tag alt, aber es erschien mir schon jetzt zu kurz.

Die dicke Nylonoberleine des Netzes ist durchgebissen, und das Netz hat ein Loch, durch das zwei Männer nebeneinander hindurchschwimmen könnten. Solche Löcher habe ich schon mehrere Male gefunden. Riesige Fische müssen dafür verantwortlich sein. Der größte Hai, den ich bisher im Netz gefunden habe, ging mir bis zu den Schultern, und er war wie betäubt, als ich ihn fand. Dennoch war keine Masche beschädigt, als ob er jeden Fluchtversuch sofort aufgegeben hätte. Ungefähr alle zwei Monate finde ich einen Hai im Netz, dem ich nicht gerne in der Freiheit begegnen würde, und jedesmal ist das Netz unbeschädigt. Was für Monster mögen es sein, die diese riesigen Löcher in das Netz reißen?

»Ob so etwas passiert, ist eine Frage der Beute«, erklärt Apisai später. »Wenn ein Hai einfach in ein Netz schwimmt, gibt er sofort auf. Kommt er aber wegen Fisch, dann kämpft er sich entweder frei, oder er kämpft sich zu Tode.«

In den ersten Tagen waren wir voller Energie und guter Dinge. Chris hatte ebenso große Schwierigkeiten, einzuschlafen wie wach zu werden. Deshalb schlief sie aus, während ich das Frühstück aus Reis und Lolo zubereitete. Ich arbeitete mit zunehmender Freude im Garten, eine Arbeit, der ich in den Niederlanden nie mehr nachgegangen war, seit mein Vater mich nicht mehr dazu gezwungen hatte. Doch dieser Gemüsegarten hier hatte den Vorrang vor allem anderen. Es würde ein paar Wochen dauern, bis wir unser erstes eigenes Gemüse würden essen können.

Schwitzen und sich die Hände schmutzig machen, graben, Wurzeln ausziehen und Steine wegschaffen, Tapioka und Süßkartoffeln pflanzen, Kohl, Bohnen, Melonen und Kürbis sähen. Urwald roden, im Meer schwimmen, mit kaltem Quellwasser duschen und in der wärmsten Tageszeit eine Siesta in der Hängematte zwischen hohen Bäumen hinten im Garten halten. Kaum hatten wir die erste Tasse Tee des Tages getrunken, zogen wir uns schon wieder zur Nachtruhe zurück.

Die Hühner kamen behutsam aus dem Dschungel und verbrachten täglich mehr Zeit in der Nähe unserer Unterkunft. Snuki war ein lieber, aber strohdummer Hund. Wenn ich ihn freundlich rief, klemmte er den Schwanz zwischen die Beine und machte sich aus dem Staub. Schickte ich ihn barsch fort, dann schlang er schwanzwedelnd seine Vorderpfoten um mein Bein und versuchte, mit diesem zu kopulieren. Er lebte von Mahlzeit zu Mahlzeit und war demjenigen treu, der ihn fütterte.

Unser Appetit wurde täglich größer. Meistens war genug Fisch da. Die Mahlzeiten waren nicht gerade abwechslungsreich, aber die Seeluft und die körperliche Arbeit sorgten dafür, daß wir schon lange vor der Essenszeit einen gesunden Appetit entwickelten, der sich dann fast zu echtem Hunger ausgewachsen hatte, wenn wir endlich am Tisch saßen. Selbst der unansehnlichste Brei schmeckte uns köstlich.

Manchmal schlug ich eine Kokosnuß auf, um etwas Kokosfleisch zu essen, aber davon hatten wir bald genug. Wir kochten Reis und Fisch in dickem Lolo. Unsere Därme hatten große Mühe, sich an das viele Fett zu gewöhnen. Unsere Haut erlebte eine zweite Pubertät. Nach kurzer Zeit entwickelten sich zahlreiche Pickel, die mit Kokosfett gefüllt waren. Snacks gab es nicht. Appetit konnte nie sofort befriedigt werden, eine Situation, die für uns beide sehr ungewohnt war. Die Zubereitung der Mahlzeiten dauerte zwei Stunden.

Um einen Liter Öl zu gewinnen, brauchten wir dreißig Kokosnüsse. Es lagen genug herum. Doch wenn wir sie aufschlugen, enthielten die meisten einen braunen Brei, der wie der Windelinhalt eines kranken Säuglings roch und in dem es von Maden nur so wimmelte. Die Hühner erfreuten sich an den Maden und Snuki an dem braunen Brei. Es dauerte nicht lange, bis wir frische Nüsse erkennen konnten: Sie waren glänzend hellbraun oder grün und gluckerten leicht, wenn wir sie schüttelten.

Fast alles, was wir in diesen ersten Tagen taten, sahen, hörten, fühlten und schmeckten, und fast alles, was geschah, war für uns neu, und wir teilten all unsere Verwunderung. Der Gang zum Netz war tagsüber schon spannend genug und erinnerte mich an die Aufregung, die ich als Kind beim Ostereiersuchen verspürt hatte. Ich watete ins Wasser, ausgerüstet mit einem Gürtel, an dem ein Dolch und ein Ring aus Eisendraht hingen; in der einen Hand trug ich einen Fischspeer und bei Dunkelheit in der anderen eine Taschenlampe. Vorsichtig tastete ich den Boden vor meinen Füßen ab. Stechrochen kreuzten des öfteren meinen Weg, da sie von dem Licht angezogen wurden. Als ich das erste Mal einen von ihnen mit einem Triumphschrei aufspießte, wurde in mir ein Jagdinstinkt geweckt, den ich seit meiner Pubertät nicht mehr empfunden und dessen Vorhandensein ich völlig vergessen hatte.

Waren in den ersten Tagen nur Zwergmakrelen und Meeräschen im Netz, so hatten wir am dritten Tag einen Sandhai von der Größe eines Baguettebrots und einen stattlichen Gotteslachs gefangen. Ich hatte noch nie einen Hai aus der Nähe gesehen. Die Körperform, die Flossen, die Turbokiemen – alles war auf Schnelligkeit ausgelegt, wie von einem Meisterkarosseriebauer entworfen. Das Maul enthielt eine Doppelreihe kleiner Zähne, die so scharf wie Rasierklingen waren. Zunge, Kehle und Gaumen des Räubers waren schneeweiß, und er hatte gelbe Katzenaugen. Strich man über seine Haut, so fühlte sie sich wie weiches Leder an, gegen den Strich jedoch wie Schmirgelpapier. Das Fleisch verbreitete einen eigenartigen, Übelkeit erregenden Geruch, den ich nie mehr vergessen werde.

Ich war mit der Vorstellung von Haien als Hauptdarstellern in Horrorgeschichten aufgewachsen. Hier verkörperten die Haie für viele Familien ein allgemein respektiertes Tabu. Sie glaubten, daß die Geister ihrer Ahnen in diesen Tieren wohnten. Beispielsweise galt dies für die Familie von Apisais Frau, deren Mitglieder niemals einen Hai getötet hätten. Aus Respekt vor dieser Überzeugung taten Apisai und die Kinder, die ihrerseits einen anderen Tabufisch hatten, dies ebenfalls nicht. Lange vor der Ankunft der Missionare hatten die Priester des Klans die Tabus festgelegt.

An jenem Tag hatten wir, der Hund und die Hühner genug zu essen. Zum Frühstück gab es Scheiben von gebratenem Hai; der Goldlachs war für das Mittag- und Abendessen reserviert.

Endlich ist nach der längsten Regenperiode, die wir bisher erlebt haben, die Sonne wieder durch die Wolkendecke gebrochen. Kleider flattern zum Trocknen an der Leine, die Hühner dösen zufrieden im trockenen Sand, Snuki liegt an seinem Stammplatz im Schatten unter einem Strauch, der fast den ganzen Strand überragt. Durchnäßtes Brennholz wird wieder trocken. Auf dem Hof neben der Hintertür liegt ein Eidechsenei von der Größe einer Mottenkugel. Ich will es in die Metalldose legen, in der wir zerbrechliche Kleinode aufbewahren; aber als ich den Deckel öffne, springt etwas heraus und fällt auf den Boden. Das winzige Gecko-Ei, das ich schon vorher dort aufbewahrt habe, hat ein kleines Loch. Ich lasse mich schnell auf die Knie nieder, und tatsächlich! Dort auf dem Boden sitzt der kleinste Gecko, den ich jemals zu Gesicht bekommen habe. Ich hebe ihn auf und setze ihn auf meine Hand. Trotz seiner anderthalb Zentimeter hat er keine Angst. Chris' Nase liegt schon fast auf meiner Hand, und sie stößt leise Ausrufe des Entzückens aus. Ich setze den kleinen Gecko auf die geflochtene Wand, wo er Jagd auf Insektenlarven machen kann.

Unser Einschlafen und Aufwachen wurde von Naturmusik begleitet: vom Brodeln und Murmeln des an- und absteigenden Wassers, vom Rascheln des Windes in den Bäumen, vom leisen Glucksen der Hühner, die neben dem Schuppen scharrten, und von den Rufen der Vögel; manchmal auch vom Prasseln eines Regenschauers auf dem Wellblechdach und, wenn der Wind einmal aus einer anderen Richtung blies, vom entfernten Brausen riesiger Wogen, die auf das Riff schlugen. Es dauerte eine Weile, bis ich mich an ein Meer ohne Brandung und an Ebbe und Flut, die sich geheimnisvoll und geräuschlos an- und wieder davonschlichen, gewöhnt hatte.

Der Fischfang und die Arbeit im Garten waren für mich eine Offenbarung. All diese körperliche Arbeit versetzte mich in ein Hochgefühl. Es dauerte einen ganzen Morgen, acht Quadratmeter Boden für die Aussaat vorzubereiten. Man mußte das Unkraut jäten und ein Labyrinth aus Wurzeln entfernen. Jede Wurzel, die wir herausrissen, zog andere Quertreiber mit aus dem Boden. Unsere Hände wurden rissig und schwielig. Ich schlief abends sofort ein und versank in einen tiefen Schlaf bis zum frühen Morgen.

War Fisch für uns einst ein langweiliger Ersatz für Fleisch gewesen und hatten wir höchstens einmal Hering und Schellfischfilet am Fischstand gegessen, so gewann Fisch jetzt eine völlig andere Bedeutung für uns: Er war unser Hauptnahrungsmittel. Schon bald hatte ich eine gewisse Routine darin entwickelt, lebende Fische aus dem Netz herauszuholen und zu töten, auch wenn ich jedesmal dem Geist des Fischs eine Entschuldigung zumurmelte: »Tut mir leid, Kamerad, du bist wunderschön, aber wir brauchen dich. Ich mache es so kurz wie möglich« oder etwas ähnliches. Einmal traf ich Chris heulend am Schlachtblock an, weil eine frische Meeräsche noch lebte und sie es nicht über sich brachte, sie zu enthaupten. »Sie sieht so rührend aus«, schluchzte sie. Ich mußte ihr zustimmen. Das Tier hatte ein liebes Gesicht, aber irgendwo mußte schließlich eine Grenze gezogen werden, sonst würde man es eines Tages nicht einmal mehr über sich bringen, einen Kopfsalat zu essen.

Chris wagte sich nur selten weit ins Meer hinaus, und nachts ging sie überhaupt nicht ins Wasser. Doch sie entdeckte in sich hausfrauliche Qualitäten, die sie nie vermutet hätte. In Holland hatte sie immer einen zeitgemäßen Widerwillen gegen Staubwischen und Kochen an den Tag gelegt. Für mich war die Aufregung der Jagd neu. Meine Augen gewöhnten sich schnell daran, auf dem Grund der Lagune tote und lebendige Formen zu unterscheiden. Und auch wenn Rochen eine raffinierte Tarnfarbe haben, so verrieten sie sich doch durch ihre Form, die der eines Drachens mit einem langen dünnen Schwanz ähnelte. Sie glitten durch das Wasser wie Möwen, die den Auftrieb des Windes nutzen. Jedesmal, wenn ich eines dieser Tiere entdeckte und an meinem Speer aufspießte, wurde ich von einer wilden Freude gepackt. Ich hatte noch nicht gänzlich verlernt, schnell zu reagieren.

Meeräschen, Krokodilhechte, Barrakudas, Rochen, Haie, Wolfsheringe, Zwergmakrelen, Schnapper, Zacken-, Tiger- und Sägebarsche, Gotteslachse und viele andere Arten von Fischen landeten auf unserem Teller. Fisch zu essen wurde uns nie langweilig. Wir entwickelten allerdings bestimmte Vorlieben und entdeckten, daß jeder Fisch anders schmeckt. Noch später fanden wir heraus, daß sogar dieselbe Sorte zu verschiedenen Jahreszeiten einen unterschiedlichen Geschmack hat. Selbst die Fischer von Undu, die nach dem Fang noch einen langen Weg unter der brennenden Sonne vor sich hatten, aßen die Fische nicht frischer als wir.

So wurden unsere Rollen auf traditionelle Weise verteilt:

Chris sollte sich im großen und ganzen um den Haushalt kümmern, während ich das Jagen und Schlachten übernahm. Erstaunlicherweise waren wir beide mit dieser Aufgabenverteilung sehr zufrieden.

Auf den Palmenblättern, mit denen ich die Außenwände der Küche verkleidet habe, um das häßliche Eisenblech zu verbergen, sitzt eine Anzahl winziger Miniaturkrüglein. Sie sind zwei Zentimeter lang, hohl und haben einen schlanken Hals. Die Öffnung ist so klein, daß gerade eine dicke Nadel durch sie hindurchpaßt. Die kleinen Krüge sind mit dem gleichen Material an den Palmenblättern festgeklebt, aus denen auch die Zwergenbehälter bestehen, die eine starke Ähnlichkeit mit Wasserkrügen haben. Da muß ein künstlerisch begabtes Insekt an der Arbeit gewesen sein. Ich blättere in den Büchern, die wir mitgebracht haben, und tatsächlich: Es gibt eine Lehmwespenart: ein metallisch blaues Insekt mit einer haarfeinen Taille, die für jedes Ei einen kleinen Krug aus Ton und Speichel töpfert. Was war zuerst da, der Krug oder die Wespe?

Uns war klar, daß ein Unfall oder eine akute Krankheit für uns fatal sein konnte. Doch das war nichts Ungewöhnliches, denn dies galt auch für das Leben in Holland, wo ein Nießanfall hinter dem Steuer ebenfalls den sofortigen Tod zur Folge haben konnte. Aber dennoch ... Die hier war anders, auch wenn der Unterschied möglicherweise nur darin lag, daß wir die Gefahren hier nicht kannten und daß der nächste Arzt eine siebenstündige Reise von uns entfernt war – vorausgesetzt, wir hatten gerade ein Boot zur Verfügung. Wir verloren nicht viele Worte darüber, doch die Angst äußerte sich in stillen Befürchtungen.

Eines Nachts holte ich eine Makrele aus dem Netz, aus der emsige Meereslarven schon große Löcher herausgefressen hatten. Als ich den Fisch aus dem Wasser hob, krochen die Tierchen überrascht aus den Schuppen heraus, und eines wand sich sogar aus einem Auge des Fischs. Sie ließen sich leicht abspülen, und der Rest des Fischs sah noch gut aus. Doch nachdem wir die Makrele aufgegessen hatten, hatte ich abends im Bett Phantasien darüber, wie solch ein Tier aus einem meiner Pickel herauskroch und ich mit einem quälenden Jucken im Auge aufwachte und Chris bat, sich das Auge einmal anzuschauen. Mit einem Entsetzensschrei sah sie dann eine von diesen Larven aus meinem Auge kriechen. Ich erinnerte mich an eine Geschichte einer surinamischen Bekannten, die in ihrem Geburtsland wegen eines schwarzen Auswuchses auf ihrem Arm zum Arzt gegangen war. Der Arzt hatte den Auswuchs aufgeschnitten, und plötzlich hatte es auf ihrem Arm von kleinen schwarzen Spinnen gewimmelt.

Einen Aal hielt ich im Licht meiner Taschenlampe für eine Seeschlange. Giftschlangen gab es hier genug, aber diese scheuten jede unnötige Anstrengung. An der felsigen Ostküste schliefen sie aufgerollt in Nischen, am liebsten neben der Quelle. Ich behielt meinen Respekt vor den Schlangen, aber meine Angst vor ihnen legte sich schon bald.

Die Angst packte mich noch einmal, als ich eines Tages auf einen dicken rostigen Nagel trat. Wir hatten Holz von den Überresten eines Hauses geholt, das einmal im Dschungel über unserem Gemüsegarten gestanden hatte.

Es bestand nur noch aus ein paar Pfosten mit halb abgelösten Brettern. Das Holz war größtenteils von Schlingpflanzen überwuchert, und was noch davon übrig war, hatte eine Termitenkolonie angefressen. Wir schleppten die brauchbaren Teile durch das dichte Gestrüpp zu unserer Hütte. Dabei trat ich auf einen Nagel in einem der Bretter, der tief in meinen Fuß eindrang.

Nachts im Bett spürte ich, wie die Wunde zu pochen begann. Es war so, als wäre eine dicke Injektionsnadel im Fuß abgebrochen. Er war angeschwollen, und die Lymphdrüsen in meinen Leisten waren so dick wie Ziegenkot. Mir brach der Schweiß aus. Als ich noch ein kleines Kind gewesen war, wäre meine Mutter einmal fast an Blutvergiftung gestorben, nachdem sie in eine Reißzwecke getreten war. Ich hatte dies schon lange vergessen, aber in jener Nacht stand mir der Vorfall plötzlich wieder klar vor Augen, einschließlich der Sorge und der Furcht, die damals – während meine Mutter im Krankenhaus gelegen hatte – wie ein Spuk durch das Haus meiner Eltern gegeistert waren.

In meiner Einbildung lag ich schon im Sterben, keine drei Wochen nachdem wir hier an Land gegangen waren. Meine Drüsen würden überfordert sein, das Gift würde sich in meinem Körper verbreiten, und ich würde im Fieberdelirium in den Armen von Chris sterben.

Das Verrückte daran war, daß diese Vorstellung sogar einen gewissen Reiz für mich hatte.

Würde sie dann endlich einmal etwas freundlicher zu mir sein? Mich anflehen, am Leben zu bleiben? Unter einer Sturzflut von Tränen bekennen, daß sie mich aus tiefster Seele liebte, und sich in Schuldgefühlen darüber verzehren, daß sie mich in der letzten Zeit so fürchterlich behandelt hatte? Mich um Vergebung bitten, die ich ihr mit brechender Stimme geben würde?

Mit unserer Beziehung stand es nicht zum besten, seit die

Aufregung, die uns in den ersten Tagen noch einmal zusammengebracht hatte, abgeklungen war. Auf Vorovoro hatte sich eine erträgliche Art des Zusammenlebens zwischen uns entwickelt, weil Chris sich die meiste Zeit bei den Frauen und ich mich bei den Männern aufgehalten hatte. Wir hatten Seite an Seite in einem Zelt unter einem großen Baum am Strand geschlafen und nicht oft miteinander gestritten, aber damit ist auch schon alles Positive über unser Zusammenleben dort gesagt. Außerdem hatten wir uns im Beisein von Menschen, die Streit gar nicht zu kennen schienen, keine Blöße geben wollen.

Diese Art des Zusammenseins setzte sich nun fort, und eigentlich war schon allein das eine Veränderung. War ich früher explodiert, wenn mir etwas nicht paßte, so machte ich hier die Entdeckung, daß Ignorieren und Schweigen viel wirkungsvoller sein konnten. Natürlich traf mich selbst keinerlei Schuld. Schließlich ließ ich sie ja ausschlafen und brachte ihr auch noch Tee und Frühstück ans Bett! Wenn sie dann endlich aufstand, war sie wie von einer schwarzen Wolke umhüllt. Sie schaute schlecht gelaunt drein und machte sich fluchend ans Feuermachen.

Es war eine kalte Nacht gewesen. Ich hätte nie gedacht, daß wir uns auf einer tropischen Insel mit Kleidern ins Bett legen würden. Der Wind hatte sich ausnahmsweise einmal gedreht und blies direkt in unsere Hütte hinein. In der Nacht hatte ich wegen des Regens meine eigene Hand nicht vor den Augen sehen können, als ich zum Netz gegangen war. Es war leer gewesen. Der Regen drang durch alle Ritzen in die Hütte ein, und wir mußten sehen, wie wir das Gepäck und uns selbst vor den Rinnsalen schützen konnten. Wir hatten unseren Wellblechschuppen gründlich satt, und deshalb hatte ich angefangen, auf dem Platz hinter dem Schuppen, unter den Zweigen des alten Mangobaumes, eine dauerhafte Unterkunft zu erbauen.

Eines Morgens hackte ich ein tiefes Loch für einen Pfahl in die fast fossile Erde und fragte: »Was hältst du von einer Tasse Tee?«

»Was hältst *du* davon?« In ihrer Stimme schwang das Mißtrauen einer emanzipierten Frau mit, die glaubt, den Befehl eines Mannes zu hören. Ich sagte nichts mehr und nahm meine Arbeit wieder auf. Zu meiner Überraschung war sie kurze Zeit später leise schimpfend damit beschäftigt, das Feuer unter dem Teekessel anzuzünden.

Wir tauchten beide in unsere eigene Welt ein, und ich fühlte mich darin zufrieden, ja sogar einigermaßen glücklich. Nur wenn ich Chris sah, sank meine Laune noch tiefer in den Keller als die ihre. Ich war froh, daß es viel zu tun gab. Die Feuerstelle hinter der Hütte mußte gegen den Wind abgeschirmt werden, ich bastelte einen Tisch in Standhöhe zusammen und räumte den Müll weg, den Menschen vor zwanzig Jahren auf Ata zurückgelassen hatten – ein paar hundert leere Bierflaschen, halb verfaultes Holz, Glasscherben, und dies alles von Unkraut mit scharfen Dornen überwuchert, deren Blättchen sich sofort schlossen, wenn man sie berührte; ich watete jeden Tag zum Netz und schlug im Urwald dreißig Stämme und ein paar Stapel dicke, gerade Äste, bereitete ein Beet für den Gemüsegarten vor und grub Pfosten von der alten Hütte auf dem Hügel aus.

Abends im Bett redeten wir nur das Allernötigste, schrieben etwas in unsere Tagebücher und schliefen mit einander zugewandten Rücken rasch ein.

Ich kannte diese schwarze Wolke, die Chris umgab. Dieses Leiden hieß PMS oder Prämenstruelles Syndrom: Anschnauzen, Schmollen, Mäkeln, Kopf- und Kreuzschmerzen, körperliche Überempfindlichkeit (»Faß mich nicht an!«) und psychische Allergie (»Scher dich zum Teufel!«); der Drang, die Koffer zu packen und mich zu verlassen. Ich war inzwischen selbst allergisch gegen diesen allmonatlichen Müllcontainer voller Ungemach, der über mir ausgeleert wurde, und schon bei den ersten Anzeichen davon bekam ich mein eigenes PMS: Mir sträubten sich alle Haare, es juckte mich in den Fingern, ich wurde sarkastisch und übellaunig. Doch hier entdeckte ich eine neue Geheimwaffe: ihr so viel wie möglich aus dem Wege zu gehen und zu schweigen. Ihre Antwort darauf war noch ausgiebigeres Schweigen.

Ich ließ in meiner Arbeit Dampf ab. Aggressiv oder wütend fühlte ich mich fast nie, nicht einmal, als sie keinerlei Mitleid für meinen entzündeten Fuß zeigte, der wieder schmerzhaft angeschwollen war.

»Ich kann nicht mehr gehen«, sagte ich eines Tages auf dem Weg zur Quelle.

»Und so was will ein Mann sein!« antwortete sie ungerührt.

Ich hoffte vergeblich, daß sie sich mit der Machete ins Bein hacken würde.

Aber dann kam plötzlich der Tag, an dem das Blut zu fließen begann und die Sonne wieder durch die Wolken brach. Sie lachte, sang und pfiff. Auch meine eigene Mißmutigkeit verschwand. Eine Woche später war die Stimmung allerdings schon wieder auf dem Nullpunkt, weil ich wegen der Entzündung an meinem Fuß in der Hängematte bleiben mußte. Ich schluckte Penicillintabletten. Chris war sauer. Aufsässig bemerkte sie, sie hätte nicht vor, statt meiner zum Netz zu gehen. Also ging ich selbst; Salzwasser war wahrscheinlich gut gegen die Entzündung. Als ich nachts den Fisch an Land gebracht hatte und noch etwas aufblieb, fuhr sie mich an:

»Wenn du sowieso nicht schlafen willst, sehe ich nicht ein, warum ich aufstehen mußte.«

Erst später merkte ich, daß ich ihr ebensowenig Zuneigung entgegenbrachte wie sie mir. In unseren besten Augenblicken waren wir lediglich höflich. Aber in meinem Herzen fand ich sie ebenso gräßlich wie sie mich und bereute es, sie mitgenommen zu haben. Ich ging keinen Schritt mehr auf sie zu, das hatte ich früher schon zu oft getan. Ich knallte ihr das Frühstück mit einem Gesichtsausdruck hin, der mir jede Freundlichkeit ihrerseits von vorneherein verscherzte.

Ich machte mir vor, die Stille gefiele mir, und war fest davon überzeugt, daß ich auf Ata auch sehr gut alleine zurechtkommen könnte. Sie war nervös und reizbar: wütend, als ich auf den Strand vor den Schuppen pinkelte, und verärgert, weil ich kein Tuch unter meinen Teller legte, so daß die Krümel auf die Matte fielen. Mit ihrem selbstgebastelten Besen fegte sie diese zornig weg und stieß dabei absichtlich gegen meine Beine.

»Bist du glücklich hier?« fragte ich sie überflüssigerweise.

»Mußt du mich das gerade jetzt fragen!« fuhr sie mich bissig an.

Als wir einander kennengelernt hatten, wollte ich sie in meiner Verliebtheit zu einer unbewohnten Insel mitnehmen. Seitdem murksten wir im Brackwasser unseres geistigen Sumpfes herum: in dem Gebiet, in dem wir uns ununterbrochen über die Unvollkommenheiten des anderen, über sein Anderssein, seine Machtspielchen und über all die unausgesprochenen Dinge ärgerten. Wir waren psychisch patt.

In meinem Unmut schlug ich beim Holzfällen so wild drauflos, daß sich ein Baum mit einem harten rechten Haken rächte. Auf einem steil ansteigenden Stück der Ostküste hatte ich ein gutes Exemplar für die neue Hütte entdeckt. Ich hackte auf den Baum ein, und nach ein paar Minuten fiel er in die Arme eines Nachbarn. Wie ein Berserker drosch ich nun auf die Äste ein, in die er gefallen war. Der Ast, den ich bearbeitete, war unter dem Gewicht so weit zurückgebogen, daß er fast brach. Mit einem Sausen befreite er sich und schlug gegen mein Gesicht.

Als ich wieder zu mir kam, lag ich auf dem Boden, und das Blut floß über mein Kinn. Zwei Zähne hatten meine Lippe durchbohrt. Ich hastete zurück zur Hütte, und siehe da! Chris tupfte mir das Blut vom Kinn und schimpfte mich wie eine erschrockene Mutter aus:

»Du Dussel! Warum paßt du denn nicht auf!« Für ihre Verhältnisse klang das geradezu liebevoll. Eine Woche lang sah meine Unterlippe wie ein aufgeplatztes Würstchen aus, und ich hatte Zahnschmerzen, die sich durch meinen ganzen Kiefer zogen. Heiße Speisen und Getränke versuchte ich vorsichtig an der wunden Stelle vorbeizuleiten, und manchmal fühlte es sich an, als äße ich mein eigenes Fleisch.

Eines Sonntagmorgens explodierte dann die Bombe. Wir wollten früh in den Wald gehen, um die schweren Pfosten der alten Hütte zu holen, aber als ich mit dem Frühstück fertig war, war es zu warm, um noch in den feuchtheißen Wald hineinzugehen. Chris fauchte mich wütend an, daß ich sie umsonst geweckt hätte. Meine Wut kochte über.

»Du mußt von hier verschwinden, du Zicke!« schrie ich. »Ich wußte, daß das hier nichts für dich ist!« Sie sagte, sie hätte schon lange beschlossen abzureisen. Drei Tage vergingen, doch es kam kein Fischer vorbei, der sie hätte mitnehmen können. Eines Abends sprachen wir uns über unseren Ärger aus, ohne sofort wieder in Wut auszubrechen. Ich redete über ihren schulmeisterlichen Ton und ihr ständiges Klagen, das mich zur Weißglut trieb; sie sprach über meine verbissene Negativität. Damit hatte sie recht. Lag es an meinem Alter? Die Quelle füllte sich langsamer als gewöhnlich, und ich dachte: »Bald haben wir kein Wasser mehr.« Eines Samstags kamen Leute aus Undu zum Fischen, und ich dachte: »Diese Insel taugt nichts.« Ko Hen ließ sich ein paar Tage lang nicht mehr in Khans Gesellschaft blicken, und ich dachte: »Sie ist bestimmt von den Fischern gestohlen worden, die vor kurzem hier waren.« In einer dunklen Nacht konnte ich das Netz im Meer einmal nicht finden, und ich vermutete sofort, es sei gestohlen worden.

Versauerte ich allmählich? Ich hatte das Älterwerden lange Zeit als etwas angesehen, das nur andere betraf. Zu Hause war ich der Jüngste gewesen, und unbewußt mußte ich sehr lange gedacht haben, daß die Jüngsten nicht alt werden können. Bis mich dann zu meiner Überraschung junge Erwachsene mit »Herr« angesprochen hatten und mir schockartig bewußt geworden war, daß diese nicht einmal die Beatles gekannt hatten; bis der Zahnarzt mir eine Brücke eingesetzt hatte, ich ernsthaft darüber nachzudenken begann, mit dem Rauchen aufzuhören und kein fettes Fleisch mehr zu essen, und dazu überging, lustlos durch den Wald zu joggen und mich mißmutig im Spiegel zu betrachten – die Linien in meinem Gesicht, die Zornfalte zwischen den Augenbrauen, die weißen Haare im Schnurrbart und den eingebauten Rettungsring rund um meine Hüften.

Gefahr sendet offenbar Warnzeichen aus. Auf dem Weg zum Netz im Meer geschieht etwas Merkwürdiges. Ich spüre eine Empfindung an den Wurzeln meiner Nackenhaare, die blitzschnell in »Rochen« übersetzt wird. Bevor ich daran zweifeln kann, sehe ich in einer Entfernung von ungefähr zwei Metern vor mir die Rautenform auf dem Meeresgrund. Sie löst sich aus dem Sand und verschwindet im Bruchteil einer Sekunde. Solche Eingebungen habe ich nicht häufig, aber hier auf der Insel sind sie weniger selten als in der Hektik des Alltagslebens in Holland. Als ob das Fehlen der alltäglichen Spannungen die Empfänglichkeit für Zeichen aus der Natur erhöht und als ob drohende Gefahr ein Warnzeichen voraussendet, das man auffängt, wenn man nicht mit den Gedanken woanders ist.

Der zweite Donnerstag des Monats begann vielversprechend. Chris war fröhlich, die Sonne schien, eine kühle Brise wehte aus dem Osten, und ich versuchte, bei Ebbe das Netz zu reparieren. Später am Tag kürzte ich dicke Stämme auf Maß und werkelte im Gemüsegarten herum.

»Boote!« hörte ich Chris rufen. Zwei offene Boote schossen auf Ata zu. »Polizei«, dachte ich erschrocken, während wir uns hastig anzogen. Wir hatten gerade unsere Kleider an, als schon die ersten Männer mit Gewehren an Land stapften. »Noch schlimmer, Soldaten«, murmelte ich.

Der Trupp bestand aus Polizisten und Soldaten. Ihr Anführer war Kommissar Langilangi (was im Fidschianischen »Jenseits« bedeutet), Chef der Fremdenpolizei in Lambasa. Die Soldaten verschwanden im Gestrüpp, um einen kurzen Rundgang über die Insel zu machen – auf der Suche nach Marihuana, wie sie uns später verrieten.

Langilangi war nicht so freundlich wie seine Untergebenen, aber nachdem ich den Chef als »Herr Oberbefehlshaber« begrüßt hatte – eine sehr wirksame Taktik, die ich in Indien gelernt hatte –, taute auch er auf. Er hatte meine Papiere gesehen und schien meine Erklärung zu akzeptieren, daß unser Visum in den Händen seiner Vorgesetzten in der Hauptstadt sei. Von Isimeli Bainimara hatten wir nichts mehr gehört. Der Polizeichef bot uns eine Zigarette an, die ich ablehnte, obwohl ich nach Tabak lechzte, wohingegen Chris sie zu meiner Verärgerung dankend annahm. Beim Abschied bat er mich mit betretenem Gesicht, in meinem Bericht nicht zu erwähnen, daß die Soldaten die Insel mit den Gewehren im Anschlag gestürmt hatten.

Der darauffolgende Samstag begann ebenso vielversprechend. Das Wetter war herrlich, und wir arbeiteten vormittags im Garten. Mittags lagen wir noch nicht richtig in unseren Hängematten, als ein Dröhnen vom Meer her ein Boot ankündigte. Wieder war es Langilangi, diesmal in Freizeitkleidung und von einem indischen Fahrer begleitet. Er war an seinem freien Tag gekommen, um uns einen Ausweisungsbefehl auszuhändigen; wir sollten das Land sofort verlassen, weil wir kein Visum hätten.

In Suva arbeiteten offenbar die verschiedenen Beamten aneinander vorbei. Ich zeigte Langilangi die Quittung für das Visum, das wir beantragt hatten. Ich versprach ihm, daß er Anfang der kommenden Woche den Nachweis erhalten würde, daß alles seine Richtigkeit hätte. Wie ich dies schaffen sollte, war mir allerdings selbst noch nicht klar.

An diesem Mittag winkten wir einen der Fischer aus Thawaro heran, der mit seinem Boot in der Nähe vor Anker lag, und ich gab ihm eine Nachricht für Apisai mit. Sonntagmorgen in aller Frühe tauchte dieser bei uns auf und nahm mich mit nach Undu. Er gab seinem Bruder Franci den Auftrag, mich nach Langi zu bringen, das zwanzig Kilometer weiter südlich an der Küste von Vanua lag und der einzige Ort war, in dem es ein Funktelefon gab. Dort konnte ich versuchen, den Chef des Fremdenverkehrsamts in der Hauptstadt zu kontaktieren.

Wir waren ungefähr vierhundert Kilometer von Suva

entfernt. Doch schon bald hatten wir den Eindruck, daß der Archipel nicht mehr als ein weitverstreutes Dorf war, in dem die Fidschianer alle miteinander verwandt oder befreundet zu sein schienen. Apisai hatte in der gleichen Klasse gesessen wie Isimeli Bainimara. Das beruhigte mich. Meine Sorgen wurden endgültig zerstreut, als ich nach ein paar Tagen endlich mit dem Chef des Visitors Office gesprochen hatte. Bainimara sagte mir, daß unser Visumsantrag beim höchsten Beamten der Fremdenpolizei läge, einem alten Klassenkameraden von ihm und ... Apisai. Über das Funktelefon gelang es diesem, den Polizeichef bezüglich unseres Aufenthalts zu beruhigen, auch wenn wir unser Visum erst ein Jahr später bei unserer Abreise von Fidschi erhalten sollten.

Eine der Aktivitäten, bei denen Zeit und Routine mir nicht das Vergnügen an der Sache nehmen können, ist mein täglicher Gang zum Netz, jetzt mit Riffschuhen ausgestattet, nachdem ich Bekanntschaft mit dem »Mata ndena i langi« (wörtlich übersetzt: »mit dem Hinterteil gen Himmel«) gemacht habe. Dieses Schalentierchen verbirgt sich in Algenfeldern und bewegt sich mit seinem Hinterteil nach oben fort. Dort hat es einen harten Stachel, mit dem es die Hornhaut des Fußes durchdringen kann. Als ich einmal erschrocken mein Bein aus dem Wasser zog, hing das Tierchen an meinem Fuß, und ich mußte es vorsichtig entfernen, damit seine kleine Lanze nicht darin steckenblieb.

Es muß etwas im Menschen geben, das sich nur zu gerne wieder in die Urzeit zurückversetzt, sobald es die Chance dazu erhält. Die letzten Reste von Zivilisation blätterten von uns ab. Die Diät war und blieb reich an Stärke und Kokosfett. Die Körpergase, die wir innerhalb eines Monats produzierten, hätten ausgereicht, um einen Zeppelin aufsteigen zu lassen. An Tagen, an denen wir guter Dinge waren, fauchten, grunzten und knurrten wir aus purem Vergnügen in barbarischen Kehllauten, und ab und zu schrien wir uns spaßeshalber die entzückendsten Grobheiten zu. Bei Tageslicht machten wir einmal schwitzend wie Urmenschen in unserer offenen Etage Liebe. Feuermachen war oft ebenso irritierend wie faszinierend. Wir sogen mit Wohlbehagen den Geruch des brennenden Holzes ein und lernten, zwischen Holzarten, die gut, schnell, langsam und schlecht brennen, zu unterscheiden. Totes Holz im Dschungel hacken, es bündeln und nach Hause tragen und in der Höhle hinten im Garten stapeln; auf einem Stein neben dem Feuer sitzen und sich in den Flammen verlieren ... es hatte etwas ... wie soll man es ausdrücken? Etwas, das mir stimmiger erschien als das Drehen eines Schalters am Gasherd.

Mit beiden Händen stopften wir uns Speisen in den Mund, die ich in Holland nicht einmal einem Hund gegeben hätte. Wir aßen, schmatzten und schlürften und unterhielten uns später bis ins Detail über unseren Stuhlgang. Nichts ging in unserem Minibiotop verloren, im Gegenteil. Sogar das, was wir ausschieden, wurde meist von unserem Vierfüßler »recycled«, der an der Art, wie wir zum Rand des Wassers liefen, erkennen konnte, was wir dort zu tun gedachten, und erwartungsvoll ausharrte, bis wir fertig waren. Snuki zerkaute auch die kompliziertesten Fischgräten, ohne sich zu verschlucken. Die Hühner verschlangen die Fischdärme.

Wie unter der Wirkung der letzten Reste eines langsam sich abbauenden Gifts machte ich mir manchmal noch Sorgen oder war in Eile. Wenn zwei Tage lang kein Fisch ins Netz gegangen war, befürchtete ich, daß uns das Essen ausgehen würde. Doch diese Sorgen zerstreuten sich schnell, denn obwohl wir Ata noch nicht völlig erkundet hatten, entwickelte sich in uns allmählich die Gewißheit, daß wir wenig Anlaß zur Sorge hatten.

Dies war der Anfang eines echten inneren Wandels. Schließlich waren wir – ich noch stärker als Chris – Bürger eines Volkes, das Besorgtheit als eine Grundeigenschaft von Generation zu Generation weitervererbte. Unser Leben auf der Insel ähnelte einer Entziehungskur.

Heute hole ich ein Monster aus dem Netz, auch wenn es nur ein kleines ist. Es sieht aus wie eine Schachtel. An der Vorderseite sitzt eine Art Pferdekopf mit zwei zugespitzten Hörnern, die senkrecht nach vorne weisen. Es fühlt sich hart an. Die Schwanzflosse sieht aus, als wäre sie erst im nachhinein angeklebt worden. Unten an seinem Hinterteil befinden sich zwei Stacheln. Seine Schuppen sind sechseckig und glänzend dunkelgrün, und sein flacher Bauch ist knallgelb. Der Mund sitzt vorne am Bauch wie die Düse eines Staubsaugers aus »Alice im Wunderland«. Seine Lippen bewegen sich, während das Wesen mich aus seinen Augenwinkeln anschaut. Ich muß unwillkürlich lachen. »Ich tue dir nichts, ich möchte dich nur jemandem zeigen.« Aufgeregt renne ich zum Haus. Das kleine Wesen macht Eindruck. »Das ist im wahrsten Sinne des Wortes eine Kre-a-tur«, sagt Chris. Ich haste zurück zum Wasser, um das Wesen wieder freizulassen, bevor der Geist aus der Dose entflieht. Einen Augenblick lang treibt das Tier wie betäubt auf dem Wasser, doch dann setzt sich eine kleine Flosse auf seinem Rücken rasend schnell in Bewegung, und das kleine Ungeheuer zieht langsam unter der Wasseroberfläche von dannen, wie ein Spielzeugtierchen in einer Kinderbadewanne. Später stellt sich heraus, daß dieses Meereswesen Kofferfisch heißt.

Der Reiz des Neuen hatte sich nach ein paar Wochen unseres Aufenthalts verflüchtigt. Doch an der Schnelligkeit, mit der ich morgens um sechs Uhr aus meinem Bett rollte, merkte ich, daß die nackte Wirklichkeit mir ausgezeichnet gefiel, auch wenn sich ein paar Frustrationen abzuzeichnen begannen.

In unserem Garten war die erste Saat aufgegangen. Ich hätte nie gedacht, daß ich aufkeimendem Grün jemals mütterliche Gefühle entgegenbringen würde. Sorgfältig entfernten wir die abgefallenen Blätter um die Keimlinge herum und zogen Unkraut aus. Wenn kein Regen fiel, gossen wir sie mit etwas Wasser aus der Tonne.

Es gab jedoch auch Samen, die nicht keimten, und an der Stelle, wo wir diese in den Boden gesteckt hatten, gruben Palmratten sie wieder aus. Doch nicht nur Ratten bedrohten das junge Grün. Jeden Morgen fanden wir hier und da die Überreste junger Keimlinge. Zähneknirschend mußten wir zuschauen, wie fast alles, was wir gesät hatten, ausgegraben, zerbissen oder aufgefressen wurde. Wir hatten keine Ahnung, welches Tier außer den Ratten für dieses »Säuglingssterben« verantwortlich war. Schließlich stellte sich heraus, daß es sich um ein Komplott zwischen Waldratten, großen Ameisen, Hühnern und Einsiedlerkrebsen handelte. Eines Tages entdeckte ich, wie Ko und Khan das junge Grün anpickten und ausrissen. Wir bauten eine Umzäunung aus alten Fischnetzen. Nachts zogen Heere von Einsiedlerkrebsen durch den Garten. Sie bewegten sich ruckartig fort, kletterten in Bäume und Sträucher, und gegen Morgen marschierten sie wieder zurück zum Rande des Wassers. Wir konnten nichts gegen sie unternehmen.

Tagsüber bedrohten Fidschianer von benachbarten Inseln unsere Existenz. In den ersten Wochen verging fast kein Tag, ohne daß ein Boot anlegte und eine Gesellschaft johlender Fischer sich unserer Hütte näherte. Daß sie neugierig waren, konnten wir ja noch verstehen. Weiße in der Nähe von Undu waren ebenso selten wie Inkas in einer großen Einkaufsstraße in Amsterdam. Die meisten der Besucher sprachen kein Englisch. Sie setzten sich im Kreis um uns herum, um alle unsere Tätigkeiten zu verfolgen und zu kommentieren, unsere Taschen zu öffnen und sich über unser Getue totzulachen.

Chris begrüßte die Passagiere des soundsovielten Bootes schon mit einem giftigen »Lebewohl!«, bevor sie uns überhaupt begrüßen konnten. Die Fischer setzten fröhlich ihren Weg fort, aber wir selbst kamen uns hinterher sehr ungastlich und neurotisch vor.

Das Netz im Meer erfüllte seine Funktion bestens. Ich mußte nicht nur Fisch herausholen, sondern auch Treibholz, große Büschel Seegras und Algen, die an den Maschen festklebten. Außerdem bekam es von Tag zu Tag mehr Löcher von Fischen, die das Nylon zerrissen, als handle es sich um ein Spinnennetz.

Die nächtlichen Ausflüge forderten allmählich ihren Tribut in Form von Müdigkeit und Unausgeschlafenheit während des Tages. Manchmal hatte ich das zweifelhafte Glück, daß nichts im Netz war. Dann konnte ich wieder ins Bett und hatte nur eine Dreiviertelstunde Schlaf verloren.

Doch meist waren Fische im Netz, die verarbeitet werden mußten, und das kostete Zeit. Manchmal regnete und stürmte es. Dann hatte ich Schwierigkeiten, das Netz zu finden und mich im Wasser auf den Füßen zu halten. Chris hatte ihre liebe Mühe damit, ein Feuer zu entfachen, oder aber die Flammen wehten in alle Richtungen. Zu anderen Zeiten war es windstill, und im Licht der Sturmlampe flogen Tausende von Nachtfliegen umher, die Nase, Ohren, Augen und Mund verstopften. Wir wurden von unzähligen Mücken zerstochen. Meist konnten wir danach nur schwer einschlafen und lauschten dem Seufzen und Stöhnen unseres rostigen Eisenblechhäuschens oder dem Nagen und Trippeln von Armeen dahineilender Ratten.

Ich verletzte mich jeden Tag an irgendwelchen scharfen Stacheln auf Fischrücken, an spitzen Muscheln im Sand und beim Ausziehen von Unkraut und Wurzeln. Die kleinen Wunden auf Händen und Füßen eiterten, heilten aber auch schnell wieder. Wir waren also noch gesund, auch wenn wir kaum Vitamin C bekamen. Zwei Apfelsinen, die der Polizeichef aus Lambasa mitgebracht hatte, schmeckten uns so köstlich wie noch nie zuvor.

Manchmal, wenn der Wind sich legte, waren die nächtlichen Ausflüge wunderschön. Unter einem klaren Sternenhimmel watete ich ins Meer, badete und spießte ab und zu einen Rochen auf, der vom Licht meiner Laterne hypnotisiert worden war. Die Kohlpflänzchen in dem umzäunten Garten wuchsen wider Erwarten. Wir duschten an der Quelle und schwammen in dem klaren Wasser.

Die Schönheit von Ata ergriff nur langsam Besitz von uns, denn wir waren meist zu beschäftigt, um sie bewußt wahrzunehmen. Doch in der Stille, wenn das weittragende Dröhnen eines Schiffsmotors einmal ausblieb, wenn nur die Geräusche von Insekten zu hören waren und die Zikaden ihren schrillen Gesang anstimmten, wenn die Sonne sich einen Augenblick hinter einer Wolkendecke versteckte und es etwas kühler wurde, wenn Chris und ich einander anlachten und wir kurz innehalten konnten, um all das Blau und das Grün in uns aufzunehmen ... dann war das Jahr wieder voller Verheißungen, und ich wünschte mir, daß jener Augenblick ewig dauern würde. Nur wenige Sorgen waren übriggeblieben, die in mir wühlten wie ein Maulwurf, dessen Familie schon lange fortgezogen war, und eine davon betraf die versiegende Quelle.

Das Wasser floß immer spärlicher. Am Ende des ersten Monats dauerte es einen ganzen Tag, bis das Bassin halbvoll getropft war, während dies anfangs nur eine Minute gedauert hatte. Wir gingen sparsamer mit dem Wasser um. Mit dem gebrauchten Wasser gossen wir die Pflanzen. Das Wasser vom Zähneputzen gossen wir in Snukis Trinknapf. Wir badeten im Meer und wuschen uns mit einem Lappen, der mit Salzwasser getränkt war. Wir kochten soviel wie möglich mit Meerwasser, waren aber nicht ernstlich beunruhigt; ein paar Regenschauer, dann würde die Quelle wieder wie gewöhnlich fließen.

Abends führte Snuki im Licht der letzten Sonnenstrahlen seinen verrückten Tanz hinter den Strandkrabben her auf, die immer geübter darin wurden, ihrem neuen Feind auszuweichen. Das Geschnatter der Flughunde in den Bäumen setzte ein, und die Hühner flatterten auf ihre Schlafzweige. Wir zogen den Reißverschluß des Moskitonetzes zu und betrachteten noch eine Weile den rosagrünviolettorangeblauen graugelbrotgoldsilbertürkisen Abendhimmel, der kurz aufleuchtete, um dann innerhalb kürzester Zeit von der Schwärze der Tropennacht verschluckt zu werden.

Manchmal, so wie heute, ist es windstill. Beim Abwaschen zwischen den Felsen sehe ich, wie kleine Insekten auf dem Wasser schlittschuhfahren, wie lebende Stifte, die unermüdlich schön geschwungene, aber unsichtbare Unterschriften auf die glatte Oberfläche setzen. Deshalb nennt man sie in Holland Schreiberlinge![4] Ich erinnere mich an diese Schreiberlinge von den Kanälen bei Kijkduin her. Als Kind schaute ich ihnen gerne zu, wie sie über das Wasser strichen. Wegen der Oberflächenspannung des Wassers sinken sie nicht. Ungefähr Anfang der sechziger Jahre verschwanden sie aus den Niederlanden, die ersten Todesboten der allgemeinen Wasserverschmutzung. Phosphate in Waschmitteln zerstören die Oberflächenspannung des Wassers, was zur Folge hat, daß die Wasserläufer ertrinken.

4 deutsch: Wasserläufer, Anm. d. Übers.

4
Hundstage

Juli 1987

In dem Buschwerk auf dem Hügel hinter der Hütte war plötzlich ein Tumult: eine aufgeregte Männerstimme, Getrappel und das Brechen von Zweigen waren zu hören. Eine Ziege stürmte den Hügel herab, verfolgt von einem schreienden Wilden, der nur mit einem Lendentuch bekleidet war. Ziege und Mann stürmten durch unseren Gemüsegarten, jagten über den Strand und verschwanden wieder im Urwald.

Wir vermuteten, daß es der Besitzer der Ziegen war, auf der Jagd nach seinem Abendessen. Der Mann wohnte irgendwo auf Undu. An diesem Tag sahen wir zwar keinen Menschen mehr, wohl aber einen schwarzen, abgemagerten Hund, der sich vom Strand her unserer Unterkunft näherte. Als ich eine Augenbraue hochzog, rannte er mit dem Schwanz zwischen den Beinen fort. Snuki, der zweimal so groß wie er war, versteckte sich winselnd vor Angst hinter meinen Beinen.

Zwei Nächte später wurden wir von einem Schmatzen und Schlürfen geweckt, und ich kam gerade rechtzeitig, um Snuki dabei zu erwischen, wie er sich an dem Topf mit frisch gekochtem Fisch zu schaffen machte. Früher am Abend hatte er gejault. Er war den Hügel hinaufgerannt, und ich war ihm nachgegangen. Oben hatte ich gerade noch einen kurzen Blick auf ein weißes Tier werfen können, das im Gestrüpp verschwand. Wir vermuteten, daß ein anderer Hund den Topfdeckel heruntergeschoben hatte.

Am nächsten Morgen lag der schwarze Hund, den wir ein paar Tage zuvor gesehen hatten, hinter der Hütte und schlief. Wie viele Hunde liefen sonst noch auf der Insel herum? Snuki schaute aus sicherem Abstand zu, als ich dem räudigen Köter einen Klaps gab, um ihn aus der Küche zu vertreiben. Das tat mir jedoch sofort wieder leid. Der kleine Hund schleppte sich ein Stückchen auf seinen Vorderpfoten weiter und ließ sich zitternd fallen. Er konnte seinen Hinterleib nicht mehr bewegen und sah übel zugerichtet aus: Sein Fell wies große kahle Stellen auf, und in dem, was davon übriggeblieben war, wimmelte es nur so von Flöhen. Als ich näher kam, urinierte das ausgezehrte Tierchen vor Angst und schaute mich mit flehentlichem Blick aus seinen hellbraunen Augen an.

»Nur ruhig, Kleiner, ich tue dir nichts mehr«, sagte ich besänftigend. Er versuchte ein Schwanzwedeln. Aber was sollten wir mit ihm anfangen? Wir hatten gerade genug zu essen für uns selbst, und Medikamente waren Mangelware. Ihn zu töten wäre die barmherzigste Lösung, aber so etwas hatte ich noch nie zuvor getan.

Während Chris sich die Ohren zuhielt, die Augen zukniff und laut summte, gab ich dem Hund einen Nackenschlag mit der Machete. Dann schleppte ich seinen Körper ins tiefe Wasser, wo sofort ein Schwarm von Fischen darüber herfiel. Seine Überreste wurden vom Sog der Ebbe fortgetrieben. Bevor er die offene See erreichte, würden seine Knochen schon abgenagt sein. Leichen, Exkremente, Abfall – das Meer wandelte alles in Fisch um.

Später bestätigte sich meine Vermutung. Es war noch eine weißgefleckte Hündin auf der Insel, genauso räudig und ausgezehrt wie der schwarze Hund. Plötzlich lag sie neben der Hütte. Als ich mich ihr mit einem Strick und den gleichen verräterischen Lockrufen näherte, machte sie sich aus dem Staub und wagte sich nicht mehr in unsere Nähe.

In der Stille der darauffolgenden Nächte hörten wir tief im Urwald ein verzweifeltes Heulen. Die Quelle war ausgetrocknet, und es gab nichts zu fressen. Die Knochen des Tiers fanden wir nie.

Der Ziegenjäger, der die kranken Hunde zurückgelassen hatte, war nach dem, was die Fischer sagten, ein Wildjäger von Undu. Er hatte eine Ziege und ihr Junges mitgenommen, doch beide waren während der Überfahrt am Schock gestorben.

Die Fänge sind mager. Offensichtlich ist der Herbst eine schlechte Jahreszeit für den Fischfang, doch immer noch erwarten mich im Netz manchmal Überraschungen. Heute entdecke ich einen gelbschwarzen Lappen darin, doch aus der Nähe betrachtet erweist er sich als ein gestreifter platter Fisch mit absurd langen Flossen an Rücken und Bauch. Sein Körper ist kleiner als eine Untertasse, und er schwimmt senkrecht. Seine Flossen sind ungefähr dreißig Zentimeter lang. Ich ziehe ihn mitsamt dem Netz aus dem Wasser. Als ich ihn befreie, sieht es aus, als treibe ein Stückchen Tang, das sich hin- und herbewegt, unter der Wasseroberfläche, und vielleicht ist dies ja auch der Sinn seines ungewöhnlichen Aussehens.

Wie erwartet wuchs auf der Insel wenig Eßbares wild. Die ungestüme Pracht des Dschungels entschädigte uns jedoch zum Teil für diesen Mangel. Es gab eine unglaubliche Vielfalt an Sträuchern, Pflanzen und Bäumen. Wir mußten uns mit der Machete einen Weg durch dichtes Gestrüpp, dornige Vegetation und Aleng-aleng bahnen. Überall lagen vom Sturm gefällte tote und lebende Bäume, die von Schlingpflanzen überwuchert, mit Farnen und dicken Schwämmen bewachsen und hier und dort von höckrigen Termitennestern überdeckt waren. Dies waren phantastische Konstruktionen, die wie riesige Findlinge aussahen. Wenn man nur leicht dagegenschlug, entstand sofort ein faustgroßes Loch, das ein Labyrinth von skurrilen Gängen und Kammern bloßlegte. Am Rand der Wunde tauchte dann sofort eine dichte Reihe von Arbeitern auf, die sich mit Schleim und Lehm umgehend an die Reparaturarbeiten machten. Eine Stunde später war das Loch wieder zu.

Dutzende von Eidechsen huschten vor unseren Füßen davon, und wir mußten uns mit einem Stock einen Weg durch unzählige Spinnweben bahnen. Darin hingen gelb und schwarz gestreifte Monster, die aussahen, als ob sie Fußballerhemden anhätten. Ihre Netze waren so zäh, daß ich meinen Wanderstock darauflegen konnte, ohne daß die Fäden zerrissen. Es war heiß und drückend.

Nach unserer ersten Safari war uns klar, daß wir nicht zu unserem Vergnügen in diesem Urwald spazierengehen würden. Wir waren froh, als wir in die Kühle des Strandes am »Kap der Guten Hoffnung« zurückgekehrt waren, von uns so benannt, weil wir uns dort »erleichterten«. Wir ließen uns ins Meer fallen und im kühlen Wasser der Lagune treiben. Die Sonne warf ein hin und her schwankendes Netz von Wellenschatten auf den Sandboden, und es schossen Fische umher, für die Aquariumliebhaber viel Geld bezahlt hätten.

Die Arbeit am Haus hatte etwas überaus Befriedigendes. Das, was ich fertiggestellt hatte, stand am nächsten Tag noch da. Hier entstand noch keine zehn Tage nach dem

Hacken des ersten Pfostenlochs das Grundgerüst einer stabilen Hütte. Solch ein Loch zu hacken dauerte einen ganzen Vormittag. Zeit hatten wir genug, und die Arbeit am Haus diente unserem eigenen Wohl. Also hackte ich weiter und schöpfte die gelockerte Erde mit einer halben Kokosnuß aus dem Loch, bis es armtief war. Noch keine fünf Generationen früher waren Arbeiter zusammen mit den Eckpfosten wichtiger neuer Mbures aus rituellen Gründen lebendig begraben worden. Ich arbeitete nur ein paar Stunden pro Tag an der Hütte. Es gab noch andere wichtige Dinge zu tun wie Nahrungsbeschaffung, Gartenarbeit und Brennholzsammeln. Ich fühlte mich Tag für Tag besser. Morgens stand ich mit dem ersten Tageslicht auf und ging in den Dschungel, bevor es zu heiß wurde, um Bäume zu fällen. Ich schleppte Stämme, schwamm im Meer und aß wie ein Wolf. Innerhalb von vier Tagen würde es regnen, sagte Andoni. »Hoffe ich«, fügte er vielsagend hinzu. Chris schenkte ihm zwei Körbe voll Schalentiere, die wir am Tag zuvor bei Ebbe zwischen den Felsen gesammelt hatten. Mir schmeckten sie zu sehr nach den Folgeerscheinungen einer Erkältung, aber die Fidschianer waren verrückt danach.

Als wir uns bei der Quelle waschen, schießen zwei Vögel laut kreischend aus einem Baum und jagen zankend hintereinander her. Im letzten Sonnenlicht des Tages erkenne ich die leuchtenden Farben des kleinen Papageis: blutrot, smaragdgrün und eine dunkelblaue Haube. Früher waren die roten Federn dieser Tiere ein Zahlungsmittel. Mit ihnen wurde die Kleidung von Würdenträgern geschmückt. Seit ich die Vögel in ihrer natürlichen Umgebung gesehen habe, würde ich nie mehr einen von ihnen im

Käfig halten wollen. Der Unterschied zwischen einem wilden und einem zahmen Papagei ist größer als der zwischen einem zahmen und einem ausgestopften.

Ich lag wach in meinem Bett und lauschte dem Rauschen des Wassers, das gegen die Felsen schlug. Ein Wind vom Meer her sorgte für einen regelmäßigen Wellenschlag. Der Halbmond warf ein kühles Licht auf die Kronen der Palmen um unsere Hütte. Hinter mir ertönte das bekannte Nagegeräusch. Neben dem Moskitonetz hob Thakombau den Kopf und spitzte die Ohren. Lautlos erhob er sich aus seiner Schlafposition und lauschte. Er nutzte das Rauschen einer Welle aus, um sich zur Türschwelle zu schleichen. Seine regungslose schwarze Silhouette zeichnete sich im Mondlicht ab. Nur sein Kopf bewegte sich in Richtung des Nagens. Als wieder eine Welle gegen die Felsen rollte, verschmolz er mit den Schatten neben der Hütte.

Kurze Zeit darauf hörten wir den langgezogenen Todesschrei des Nagetiers. Dies sollten wir noch öfter hören, wenn auch in immer größeren Abständen, und es klang wie Musik in unseren Ohren, denn die Ratten schnüffelten an den Kisten und fraßen sich durch Vorräte und Saatgut. Sie jagten einander auf dem Wellblechdach und lieferten sich manchmal regelrechte Schlachten.

Bis Thakombau auf der Bildfläche erschien. Die Plage nahm ab, und die Ratten, die nicht zwischen seinen Kiefern zermalmt wurden, beschlossen, rasch zum anderen Ende unseres Landes umzuziehen. Ich hatte diesen mageren, geschmeidigen Kater aus Undu sofort in mein Herz geschlossen. Auch dies war neu, denn ich hatte Katzen vorher nie gemocht. Doch dieser graue Kater mit schwarzen Streifen und Flecken, weißen Stiefeln und weißer Schnauze hatte sofort meine Zuneigung erobert, als er an Land gesprungen und sich vor Snuki in Sicherheit gebracht hatte. Der Hund hatte zu jaulen angefangen und vor lauter Aufregung gepinkelt. Ich hatte ihn an seinem Nackenfell festhalten müssen.

Den Kater hatte Franci Lailai mitgebracht, ein schüchterner Junge mit großen braunen Augen, der athletischen Figur seines älteren Bruders und einem goldenen Herzen. Er reiste in großen Abständen nach Lambasa, um für die Familie Einkäufe zu erledigen, und auf dem Rückweg kam er manchmal bei uns vorbei. Ohne ein Wort zu verlieren, stellte er uns dann ein Körbchen mit etwas Obst und Kohl hin. Wir wollten dies eigentlich nicht annehmen, aber er grinste und sagte:

»In Fidschi Brauch.«

Dieser Brauch kam uns überaus gelegen. Gemüse oder Obst bekamen wir fast nie, abgesehen von einer Handvoll Beeren, wenn wir in den Dschungel gingen, um Kokosnüsse zu suchen. Die Beeren wurden infolge der Trockenheit jedoch immer spärlicher. Franci wußte, daß wir eine Katze brauchten; deshalb brachte er uns, ohne daß wir darum gebeten hatten, eines Tages einen Kater mit. Nach einer Weile hatte ich diesen mit einem Fischkopf bis auf wenige Meter herangelockt, und nachdem er diesen knurrend hinuntergeschlungen hatte, waren wir Freunde. Wir tauften ihn Thakombau, nach dem schrecklichen Kannibalenkönig.

Ich wollte die Katze vorsichtig mit dem Hund bekannt machen. Ich dachte, ich müßte dem Kater helfen, seine Angst vor dem Hund zu überwinden. Doch es war genau umgekehrt. Verdächtige Bewegungen von Snuki beantwortete Thakombau mit behenden Schlägen seiner krallenbewehrten Pfoten. Die Tiere gingen sich ein paar Tage lang aus dem Weg, schlossen aber dann schnell Freundschaft. In der Dämmerung schlich sich die Katze an den Hund heran, der so tat, als schliefe er noch, jedoch schnell eine Technik entwickelte, um im richtigen Augenblick loszuspurten, während der Kater ihm auf den Fersen folgte.

Von Zeit zu Zeit lief der Kater brünstig miauend umher. Er verschwand dann im Urwald und suchte ein paar Tage lang vergeblich nach einer interessierten Katze, während er sich von Ratten ernährte. Irgendwann kehrte er mitten in der Nacht zurück. In der dunklen Küche strich er plötzlich an meinen Beinen vorbei und ließ sich ausgiebig liebkosen. Ich freute mich jedesmal, ihn wiederzusehen.

Das Transistorradio berichtet, der Irak sei im Krieg gegen den Iran zu einem Waffenstillstand bereit, vorausgesetzt, er dürfe die letzte Rakete abfeuern. Wir müssen beide lachen. Ich hatte zunächst geglaubt, auf die Neuigkeiten aus der restlichen Welt verzichten zu können, doch die spärlichen Informationen, die uns abends kurz vor dem Einschlafen erreichen, bestärken uns immer wieder darin, uns an unseren fünfundzwanzig Hektar Frieden zu erfreuen. Unsere eigene Kriegsbemalung haben wir schon vor langer Zeit abgeschminkt, doch der Frieden von Ata würde ohne jene absurden Berichte aus anderen Gesellschaften zu selbstverständlich werden. »Fehlt dir die intellektuelle Anregung nicht?« fragt ein Familienmitglied in einem Brief. Damit war offenbar jener deprimierende Strom von Informationen der Tages- und Wochenblätter und des Fernsehens gemeint. Nein, der fehlt uns wirklich nicht. Das einzige, was manchmal einen dunklen Schatten über unser Dasein wirft, ist das Wissen, daß wir Ata in einiger Zeit verlassen müssen und daß das Leben, das wir hier leben, dann nur noch ein ausgeträumter Traum sein wird.

Im Juli 1987 konnten wir uns noch mit den Kriegsberichten von jenem anderen Planeten identifizieren. Zwischen uns herrschte eine Art Waffenstillstand, aber wir griffen ebenso heißblütig wieder nach unseren Halftern, wie die Moslems in den Ländern des Alten Testaments dies im Augenblick taten.

Ich hatte genug davon, stundenlang vor ihr aufzustehen, das Netz zu leeren und zu säubern, Fisch zuzubereiten, Frühstück zu machen, Bäume zu fällen und zu schleppen, an der Hütte und im Garten zu arbeiten, nur um dann zusehen zu müssen, wie sie um neun Uhr mürrisch und verschlafen den Tag begann und nicht viel mehr tat, als eine Mahlzeit zu kochen, abzuwaschen und in der Hängematte zu liegen. Sie war eine Fremde. Ich beschwerte mich darüber, doch angeblich war alles meine Schuld; ich hätte ja vorher etwas sagen können.

Der soundsovielte Tag mißgelaunter Stille! Doch seit jener Auseinandersetzung standen wir gleichzeitig auf. Die Arbeit an der Mbure ging zweimal so schnell vorwärts wie vorher. Die Atmosphäre verbesserte sich. Doch zwei Wochen später brach das PMS wieder aus. Es geschah etwas Undefinierbares mit ihrer Haltung, ihrem Gesichtsausdruck und ihrem Gang. Ihre Stimme klang, als sei ihr eine Laus über die Leber gelaufen, und ihre Kommunikation bestand darin, an allem herumzumäkeln.

Dieser Unfrieden hatte einen großen Vorteil: Ich arbeitete um so härter, und ich fragte mich, wie viele Männer wohl Überstunden machten, weil sie es mit ihren Frauen nicht aushielten. Die Umrisse der Hütte waren eben erst sichtbar geworden, doch das, was zu sehen war, erfüllte mich mit einem ungekannten Stolz. Zwischen dem mittleren Pfeiler und der rechten Seitenwand der Hütte lagen drei schwere Querbalken, auf denen Chris den Lattenrost und die Matratze aus getrockneten Palmenblättern befestigen sollte.

Die Arbeit nahm dreimal soviel Zeit in Anspruch, wie wir gedacht hatten.

Schien uns die Tierwelt auf der Insel in den ersten Wochen nicht sehr vielfältig zu sein, so merkten wir bald, daß der Ozean für diesen Mangel an Abwechslung reichlich entschädigte. Er beherbergte eine schier grenzenlose Zahl von bizarren, furchteinflößenden und wunderlichen Wesen, darunter zahllosen Kreaturen, die ich nicht für echt gehalten hätte, hätte ich sie nicht mit eigenen Augen durchs Wasser schwimmen, gleiten und sich schlängeln sehen. Bis zum Ende unseres Aufenthalts konnte ich mich nicht sattsehen an den immer neuen Varianten aus dieser Büchse der Pandora.

Ich hielt sie anfänglich für braune Büschel Seetang unten im Netz, doch als ich dieses bei einem meiner nächtlichen Ausflüge hochzog, sah ich zwei suppentellergroße Krabben mit Scheren, die sich zu ihrem Leib wie die Schaufel zum Bulldozer verhielten. Sie streckten mir diese drohend mit geöffneten Zangen entgegen. Da mich einmal eine viel kleinere Krabbe schmerzhaft gezwickt hatte, hatte ich keinerlei Zweifel daran, daß diese hier zu Amputationen fähig waren. Auf ihren Beinen befanden sich harte Borsten und auf dem Panzer Widerhaken, ausstülpbare Augen, Klappen und Luken, die den Tieren das Aussehen von Außerirdischen verliehen. Wir brachten das Wasser zum Kochen, bevor wir die Krabben hineingleiten ließen. Beim erstenmal hatten wir beklommen und schwitzend dem hilflosen Todeskampf einer Krabbe zuhören müssen, die zunehmend in Panik geriet, während das Wasser um sie herum immer heißer wurde.

An der Wasserlinie, vor allem in der Nähe der Mangroven, lebten »Tindis«, Schlammspringer von nur ein paar Zentimetern Länge, die wie ein Mittelding zwischen Fisch und Frosch aussahen. Auf dem Froschkopf saßen zwei große Augen, deren Rückseiten einander zugewandt waren. Hinter dem Kopf saßen seitliche Gliedmaßen, eine Art Kompromiß zwischen Flossen und Vorderbeinen. Der Rest des Wesens war einfach Fisch. Mit seinen Vorderflossen hüpfte es sowohl über das Land wie auch über die Wasseroberfläche, aber am liebsten saß es regungslos auf dem Trockenen.

Das erste Wesen dieser Art entdeckte ich, als ich auf dem Kap meine Notdurft verrichtete. Es saß auf einem Stein und schaute mir schamlos zu, und als ich meine Hand nach ihm ausstreckte, hüpfte es ein Stück weiter, von wo aus es ebenfalls eine gute Aussicht auf meine in seinen Augen vermutlich monströse Tätigkeit hatte. Als ich bei Flut an dem Mangrovenwald entlanglief, hüpften ganze Scharen dieser Wesen synchron davon.

Von vielen Meerestieren lernten wir niemals die Namen kennen, dafür aber um so besser ihre Eigenschaften. Ich ging bald dazu über, den Abwasch nicht mehr direkt am Wasserrand zu machen, denn mit den kleinen Wellen, die meine Fersen umspülten, schwammen flinke Schalentierchen heran, die vom Aussehen her zwischen einer Garnele und einer Mauerassel lagen. Sie hängten sich an mein Gemächte und schlugen sofort ihre Zähnchen hinein. Als ich das erste Mal erschrocken an die schmerzende Stelle faßte, entdeckte ich, daß eines dieser unansehnlichen

Wesen dort saß. Zur Strafe zerquetschte ich es zwischen Daumen und Zeigefinger. Ich taufte sie auf den Namen »Skrotophagen«.

Die meisten all dieser wunderlichen Geschöpfe bekam ich jedoch in unserem Fangnetz zu Gesicht: orangegelbe Ziegenfische mit rührenden Gesichtern und zwei weichen Fühlern, die wie ein langer Schnurrbart aussahen; lange, flache Wolfsheringe mit einer Haut wie aus dünner Silberfolie und mit gemeinen Fangzähnen; ab und zu einen kräftigen Halbschnäbler, der viereckig wie eine Mundharmonikadose war. Sein Unterkiefer ähnelte einem Miniatur-Surfbrett, und mit diesem sauste er, wenn er verfolgt wurde, in schwindelerregendem Tempo über die Wasseroberfläche. Nachts sprangen junge Exemplare gegen meine Beine, was sich anfühlte, als griffe jemand aus dem Wasser nach mir. Das erste Mal bekam ich bei diesem Anlaß Herzklopfen.

Ab und zu kamen Fischer vorbei, um von uns Wunden behandeln zu lassen oder um uns einen besonderen Fang zu zeigen. Andoni legte mit einer riesigen Schildkröte und einem ebenso großen »Vai ndomono vunu«, einem »Rochen, der mit einer Schildkröte befreundet ist«, an: Sie werden oft zusammen gesehen. Wenn einer von den beiden gefangen wird, geschieht es häufig, daß der andere sich opfert. Verglichen mit diesem war das Exemplar, das ich vor einem Monat im Netz gefunden hatte, winzig gewesen. Dieser Rochen nahm die ganze Vorderseite des Bootes ein. Sein Schwanzstachel maß an die zwanzig Zentimeter, aber diesen hatten die Fischer schon am Riff abgehackt. Ungefähr ein Jahr vorher hatte ein junger Fischer aus Undu bei seiner nächtlichen Kontrollfahrt geglaubt, in seinem Netz am Riff eine Riesenschildkröte zu sehen. Als er nach der dunklen Form getaucht war, hatte ein tödlicher Schlag seine Brust getroffen, bevor er gemerkt hatte, daß er es mit einem Rochen zu tun hatte. Die Riesenschildkröte lag im hinteren Teil des Bootes auf dem Rücken, atmete schwer und zappelte mit den Schwimmfüßen. Sie hatte einen Papageienschnabel, in den meine Hand hineingepaßt hätte, und aus ihren Augen strömte Tränenflüssigkeit, als wäre sie zutiefst traurig.

Im Mangrovenwald hingen violette Lappen von der Größe einer Schallplatte in Bodenhöhe; sie sahen wie ein Zwischenglied zwischen Pflanzen- und Tierwelt aus. Merkwürdige Meeresschwämme, die sanft auf dem Strom pulsierten. Bei Berührung verschwanden die Lappen so schnell und spurlos im Sandboden, daß man daran zu zweifeln begann, ob sie überhaupt dagewesen waren. An anderen Orten wuchsen ähnliche Blumentiere, doch diese verschwanden nicht. Mit ihrer Oberfläche, die sich wie Klettband anfühlte, verschlangen sie offensichtlich Meereslebewesen.

Nach all diesen Monaten staune ich immer noch über die Schnelligkeit des Kreislaufs von Leben und Tod: Auf dem Schlachtbrett liegt ein Zackenbarsch vor mir, eine Delikatesse, für die Restaurants viel Geld bezahlen. Thakombau wartet sehnsüchtig auf seinem angestammten Platz neben dem Brett auf dem umgefallenen Baum und versucht nervös, sich einzuschmeicheln. Ich entschuppe den Fisch, und mit einem kräftigen Schnitt ist der Kopf abgetrennt. Die Katze hat ihn im Handumdrehen verschlungen. Kurze Zeit später ist der Fisch Bestandteil unserer Mahlzeit, vermischt mit frischen Kürbistrieben, Lolo, Reis und Tapioka. Snuki zerkaut die Gräten und die Reste, die Hühner haben sich die Eingeweide einverleibt, und was schließlich noch übrig bleibt, landet am nächsten Tag im Meer, wo eine Schar von kleinen Raubfischen sich darauf stürzt.

Snuki meldete die Ankunft von Fischern. Seit der Schuldirektor von Thawaro Chris eines Tages nackt an der Quelle angetroffen hatte, als er zum Fischen kam, hatten die Fischer die Angewohnheit entwickelt, ganz plötzlich bei uns aufzutauchen. Der Schuldirektor war bei Chris' Anblick ziemlich nervös geworden. Wir liefen am liebsten ohne Kleider herum. Wochentags spitzten wir ständig die Ohren, um die Geräusche sich nähernder Boote zu hören. Doch manchmal blies der Wind aus einer anderen Richtung, und die Fischer legten lautlos an der anderen Seite der Insel an. Wenn sie dann das Kap umrundeten, kündigte Snuki ihr Kommen schon von weitem an, und sie sahen uns dann lediglich in umgebundenen Tüchern. Sonntags brauchten wir uns keine Sorgen über unerwartete Besuche zu machen, denn ihre strenge Form des Christentums verbot ihnen an diesem Tag jegliche Aktivität. Ata war dann eine Oase der Ruhe. Wir faulenzten in der Hängematte, lasen oder schwammen in der Lagune und liefen in der Sonne und im Schatten dieses stillen Paradieses umher.

Chris verfärbte sich in wenigen Wochen von hell- zu dunkelbraun, ohne daß sie etwas dafür hätte tun müssen. Wir hielten uns nie lange in der heißen Sonne auf. Das Braun ihrer Haut war glänzender als die stumpfe Farbe, die die meine annahm. Sie sah wie ein reizendes Kuscheltier aus, sinnlich und exotisch, und in der ersten Zeit mußte ich manchmal die plötzlich in mir aufwallende Versuchung unterdrücken, sie anzufassen.

Sexualität war weitgehend in die Rumpelkammer unserer Beziehung verdrängt worden, und diese wurde erst aufgeräumt, als wir wieder intim wurden. Sogar in unseren friedlichsten Augenblicken lief Chris nackt umher, ohne sich ihrer Anziehungskraft bewußt zu sein.

Das sexuelle Problem war Hindernis Nummer eins. Manchmal glaubte ich, mit einer Frau verheiratet zu sein, die einige frühere Leben als Nonne oder als deren genaues Gegenteil verbracht hatte. Dann wiederum war ich davon überzeugt, daß die Wagenladung schlechter Laune, die sie jeden Monat mit sich brachte, bei einem Leben mit etwas mehr Leidenschaft wie Schnee in der Sonne schmelzen würde, obwohl ich wußte, daß ich diese Ladung durch meine eigenen allergischen Reaktionen noch vergrößerte.

Ich werde es von nun an »das Problem« nennen. Es hatte schon vor Jahren eine ganze Skala menschlicher Emotionen in mir wachgerufen: Erstaunen, Wut, Verzweiflung, Trauer, Schmerz, Ablehnung – manchmal trat plötzlich Impotenz auf, wenn ich keine Aversion entwickelte – und Angst. Angst, daß sie zwar meine Partnerin war, ich jedoch nicht ihr Partner. Begehrt fühlte ich mich von ihr jedenfalls nicht.

Das Problem existierte schon lange und hatte sich schon entwickelt, kurz nachdem wir einander kennengelernt hatten. Davor, in jenen glorreichen Wochen erster Verliebtheit, hatte Chris manchmal aufgeseufzt: »Du darfst es nicht meinen Freundinnen verraten, aber ich finde es *himmmmlisch,* ein . . . Lustobjekt zu sein.«

Mit »ihren Freundinnen« meinte sie die Mitglieder einer »FORT«-Gruppe, an der sie einmal teilgenommen hatte, einer Gruppe für feministische radikale Therapie. Diese Einsicht war damals wie ein gutartiges Monster von Loch Ness aufgetaucht, jedoch leider ebensoschnell wieder verschwunden. In den darauffolgenden Jahren hatte ich alle möglichen Expeditionen unternommen, um noch einmal einen Blick davon erhaschen zu können. Wir machten nur sehr selten Liebe – und wenn, dann nur auf meinen Vorschlag hin und ohne jede Leidenschaft. Nessy ließ sich nicht mehr blicken.

Ich hatte gehofft, daß die Panzer des Lustobjekts unter der Tropensonne dahinschmelzen würden. Weil dies nicht geschah, kam es in den ersten Wochen ein paarmal zu erbitterten Zusammenstößen zwischen uns. Ich wurde grob, doch das vergrößerte nur die Kluft zu dem Objekt meiner allmählich erlöschenden Begierde. Im Grunde verübelte ich ihr, wie sie sich verhielt, weil ich glaubte, sie hielte mich an der langen Leine. Früher, in unseren entspanntesten Gesprächen über »das Problem«, hatte sie mir gesagt, ich müsse mich in Geduld üben. Das war meiner Meinung nach eine erstrebenswerte Eigenschaft, die ich hatte entwickeln wollen. Jahrelang war ich nägelkauend geduldig gewesen.

Vor allem war ich wütend über mich selbst. Leidenschaft war etwas zu Wichtiges, als daß man sie einfach aus dem Leben ausklammern konnte. Unsere Beziehung hatte das Potential einer guten Freundschaft, und sogar dieses Potential hatten wir mittlerweile vertan. Eines Tages würde sie ihren wahren Geliebten treffen, und dann würde ich noch wütender werden, weil ich dies all die Jahre schon gewußt hatte, ohne den Mut zu finden zu gehen.

Warum hatte ich nicht viel früher einen Schlußstrich unter diese ganze sinnlose Geschichte gesetzt? Warum tat ich es jetzt nicht? War es die Angst, daß der Zug für mich abgefahren sei, jetzt, wo ich älter geworden war und die zunehmenden Falten in meinem Gesicht und die grauen Haare dies unwiderlegbar bezeugten? Oder war noch etwas anderes zwischen uns da? Schließlich waren wir einmal verliebt gewesen. Manchmal, wenn ich gerade einmal nicht dachte und sie im letzten Lichtstrahl der untergehenden Sonne, die alles in ein Glühen tauchte, lachen sah, konnte ich jenes dünne Fädchen sehen, das noch von meinem Herzen zu dem ihren verlief und sich mit der Spannung unserer Differenzen endlos in die Länge zog.

Ich konnte nicht darauf seiltanzen, um die Kluft zu überbrücken und sie in die Arme zu schließen, die Vergangenheit abzuschütteln und neu anzufangen. Vorläufig mußte ich mich auf Backgammon-Spielchen beschränken und ganz von vorne anfangen; zu lernen, nicht giftig zu werden, wenn ich zum unzähligsten Male verlor.

Zu den Haustieren hingegen hatte ich eine Beziehung. Gegen Ende Juli war Ko im Urwald verschwunden, und wir nahmen an, daß sie irgendwo ein Nest mit Eiern haben mußte. Wie lange dauerte solch eine Brutzeit? Daß sie auf Eiern saß, war so gut wie sicher, denn in der letzten Zeit hatte sich das unterwürfige braune Huhn in auffälliger Weise verändert. Es war plötzlich ... erstaunlich selbstbewußt geworden.

Die beiden Hühner waren inzwischen in unserem Ansehen gestiegen. Hatten wir sie anfangs nur als sich selbst konservierende Notrationen angesehen, so waren sie jetzt feste Mitglieder unseres Haushalts, und wir erfreuten uns an ihrer Gesellschaft. Wir erlernten ihre Sprache, und schon ziemlich bald konnte ich sie durch Nachahmung ihres begrenzten Vokabulars in Verwirrung bringen. Die Hühnersprache beherrschte ich in Null Komma nichts. *Oh, ein Leckerbissen! – Was machst du denn da? O wie köstlich!* (Oder, wenn Khan unter lautem Gackern Ko besprang:) *Achtung, nichts wie weg!* und: *Wie herrlich, dieses Scharren im heißen Sand.*

In den ersten Monaten beobachteten wir ihr Verhalten mit wachsendem Staunen, was wahrscheinlich die meisten

Federviehhalter im günstigsten Fall für etwas sonderbar gehalten hätten. Hühner waren für mich seit meiner Kindheit nie mehr gewesen als in Styroporbehältern verpackte Hühnerschenkel, Eierlegemaschinen oder ein willkommener Vorwand, um Satee-Soße zu essen.

Khan demonstrierte, daß er der Chef war, indem er geistlos von einer Kokosnußhälfte zur anderen rannte. Er pickte Ko von der einen Hälfte fort, woraufhin sie zur anderen Hälfte eilte. Sofort rannte auch er dorthin, um Ko erneut zu verjagen. Sie hastete dann wieder zur ersten Hälfte zurück, und solch ein sinnloser Staffellauf konnte bis zu einer Viertelstunde dauern. Das Resultat war schließlich, daß sie beide gleich viel gegessen und sich eine Menge Bewegung verschafft hatten. Khan beanspruchte die leckersten Bissen für sich und war der Dominierende, sie hingegen das Arbeitstier, das in seinem stolzen Schatten stand. Ko hatte schon bald die Sympathie von Chris gewonnen, die sich gern das Schicksal der Schwächeren zu Herzen nimmt. Sie hetzte Ko auf, sich nicht mehr so viel gefallen zu lassen.

»Fang doch eine FORK-Gruppe[5] an«, sagte ich.

»Eine was?«

»Eine feministische Trainingsgruppe für radikale Hühner.«

Das war jedoch nicht nötig. Ko wurde rot um die Augen, ihr Kamm und ihre Halsfedern verfärbten sich dunkel, sie lief mit hoch erhobenem Kopf und gespreizten Federn umher, war als erste bei den leckeren Brocken, ließ sich nicht mehr von dort vertreiben und pickte Khan die begehrten Bissen sogar aus dem Schnabel. Ihre Sprache verwandelte sich vom mitleidheischenden »Ach, ach, ach, ach,

5 Anspielung auf »FORT-Gruppe« – Gruppe für feministische radikale Therapie, Anm. d. Übers.

ach, ach, aaaach« in ein resolutes *Prrt!*, was so viel wie »Verdufte!« bedeutete. Khan ließ sich dies nur zu gerne gefallen. Hatte er einen Wurm vor seinem Schnabel, dann stand er darübergebeugt und erzeugte einen tiefen glukkenden Kehllaut: *Kokokokok-kekokok,* woraufhin Ko herrisch herbeigeeilt kam, um ihm den Wurm zu entreißen. Sie lief vor ihm her in den Dschungel, wenn es Schlafenszeit war, und kam als erste wieder heraus. Khan hingegen wurde galant, ohne daß dies seinem Stolz im geringsten Abbruch getan hätte! Er rackerte sich ab und »durfte« oft. Bei Tieren war dies alles offenbar viel einfacher.

Daß Ko brütete, merkten wir erst, als Khan eines Tages allein umherlief und dreimal soviel krähte wie gewöhnlich. Ko blieb immer längere Perioden fort. Als ich einmal während der Mittagspause in der Hängematte lag und las und nach einer Weile aufschaute, lag Khan mit eingezogenen Beinen unter mir. Mittags kam er aus dem Gebüsch mit einer dicken Larve im Schnabel, die er gackernd vor mich hinlegte. Er verbeugte sich ein paarmal, während er mit schiefgelegtem Kopf zu mir aufschaute. Es dauerte einen Moment, bis mir klar wurde, was dies bedeutete.

»Ach Khan, wie lieb von dir! Aber ich mag keine Larven. Iß sie ruhig selbst auf.« Er gackerte noch einmal kurz und verschlang die Larve dann selbst, bevor er leicht indigniert davonschritt. Durch die Tiere polarisierten sich unsere Differenzen. Chris hatte selten Hunde gestreichelt, aber da Snuki nicht bedrohlicher als eine Seegurke war, kraulte sie ihn gerne. Thakombau fand sie anfänglich hinterhältig. Er setzte sich beispielsweise demonstrativ so in die Türöffnung der Hütte, daß Snuki, der selbst nicht ins Haus durfte, ihn sehen konnte.

Dutzende von kleinen Regenschauern schweben wie feuchte Geister über das Wasser und zaubern im einen Augenblick die Insel Tilangitha, im nächsten die Berge von Undu im Osten weg. Es werden ebenso viele Regenbogen um uns herum gezogen. Ich muß mir abgewöhnen, zu meiner Kamera zu rennen, denn wenige Augenblicke später sind die Kunstwerke schon wieder verschwunden, als verübelten sie es mir, daß ich ihnen nicht meine ungeteilte Aufmerksamkeit schenkte. Heute steht ein doppelter Regenbogen über der Meeresbucht, die uns von Undu trennt. Durch ihn sehe ich in der Ferne die grünen Berge noch grüner, rot, gelb, indigo, orange, blau, lila und violett aufleuchten.

Ata war schön. Und unsere Insel war nicht nur schön, sondern auch frei von jeglicher Verschmutzung. Das Meer vor der Tür war so klar wie blauer Kristall und stank nicht wie die Nordsee, wenn sich an heißen, windstillen Tagen Hunderttausende von Badegästen den Gang zur Strandtoilette sparen. Der Wind war sauber und trug nichts anderes als den Duft von Blüten, den moosigen Geruch von Regen oder den frischen Geruch von Nichts heran. Das Wasser der Quelle war klar und schmeckte ganz leicht nach Eisen. Die Medikamente, die wir gegen Magen- und Darmstörungen mitgenommen hatten, waren überflüssig. Wovon sollten wir krank werden? Verdorbenen Fisch konnten wir an seinem Geruch erkennen, giftigen von nicht giftigem unterscheiden, der Strand, das Land und das Wasser waren sauber, und dank Chris herrschte in der Küche die notwendige Hygiene.

Praktisch alles, was angespült wurde, war organisch: abgerissener Seetang, Kokosnüsse, Bambus, Zweige und Blätter. Nach ein paar Umrundungen der Insel fand ich an der Flutlinie eine leere Plastiktüte, auf der in großen blauen Buchstaben NEZO-ZOUT HENGELO[6] stand. Und das, wo wir nicht weiter von den Niederlanden hätten entfernt sein können.

Ein paar tausend Kilometer im Osten waren die Franzosen dabei, ihre unterirdischen Atomversuche vom Mururoa-Atoll auf das benachbarte Fangataufa zu verlegen: ein ähnliches, aber noch »frisches« Atoll der Tuamotu-Gruppe.

»Eine reine Vorsorgemaßnahme«, ließ das Militär verlauten.

Dokumente, deren Inhalt durchgesickert war, belegten, daß sich der Grund unter Mururoa in einen nuklearen Löcherkäse verwandelt hatte. Die Militärs konnten mit »Vorsorgemaßnahmen« höchstens solche für das Personal auf der Truppenbasis meinen, denn das kahle Atoll war mittlerweile zu einem äußerst gefährlichen Ort geworden. Eine der vielen Wasserstoffbomben, die in Minenschächten zum Explodieren gebracht worden waren, war auf halbem Wege steckengeblieben und dort detoniert. Orkane hatten ganze Stapel von Fässern mit dem Nuklearabfall der Atomversuche zweier Jahrzehnte ins Meer geblasen. Der Grund war in der Tiefe so porös, daß das ganze Atoll in einer Grube aus Fallout zu versinken drohte.

»Ungefährliche Versuche«, hatte Mitterand versichert. Der sozialistische Präsident war unter anderem wegen seiner Anti-Atom-Einstellung gewählt worden. Wenn die Versuche ungefährlich gewesen wären, hätte man sie auch unter der Erde von Frankreich durchführen können. Doch das einzig risikolose an der Sache war der Tuamotu-Archipel selbst: ein paar hundert isolierte Inseln, die, über eine Fläche so groß wie Europa verstreut, kaum entwickelt und

6 eine niederländische Salzmarke, Anm. d. Übers.

nur spärlich mit einer obrigkeitsgläubigen und unwissenden Bevölkerung besiedelt sind. Diese würde das Kriegsbeil auch dann noch nicht ausgraben, wenn sie wüßte, daß die seltsame Krankheit, die seit 25 Jahren auftrat, höchstwahrscheinlich mit den Atomversuchen zusammenhängt.

Niemand vermag abzuschätzen, wieviel Radioaktivität durch die Löcher in Mururoa mittels der Golfströme jeden Winkel des schönsten und saubersten Meeres der Welt verschmutzt und möglicherweise Fischressourcen zerstört, die die Weltbevölkerung bis in Ewigkeit ernähren könnten.

Auf den Marshall-Inseln werden noch immer »Jellyfish-Babys« geboren, »Quallensäuglinge« – Mutationen, die zwar atmen, aber keine Knochenstruktur haben.

»Ein Unglück«, ließ das Pentagon im Jahre 1954 verlauten, denn niemand habe damit gerechnet, daß sich der Wind bei der schweren H-Bomben-Detonation auf der Insel Bikini so plötzlich drehen würde. In diesem Jahr hat sich herausgestellt, daß das eine Lüge war: Tatsächlich wurde nämlich ein Schiff mit Soldaten rechtzeitig evakuiert. Der gedrehte Wind verursachte einen Fallout-Regen auf der benachbarten Insel Rongelap, von der die Bevölkerung viel zu spät evakuiert wurde. Diejenigen, die von jenem verseuchten Stamm übriggeblieben sind, leben heute dicht gedrängt auf einer viel zu kleinen Insel in einem anderen Gebiet, und sie ernähren sich von amerikanischen Konserven. Sie können keine frische Nahrung fangen oder anbauen. Fast alle, die damals auf der Insel lebten, sind an Schilddrüsenkrebs erkrankt oder leben schon ohne Schilddrüse. Währenddessen wird die Zerstörung eines Teils der Marshall-Inseln mit Langstreckenraketen fortgesetzt, die von einer Basis in Kalifornien aus getestet werden.

Atomexplosionen, Leukämie, Schilddrüsenkrebs, erzwungene Evakuierungen, Landraub, knochenlose Babys:

dies sind nur ein paar der Segnungen, die die Südsee der westlichen Zivilisation zu verdanken hat. Trotzdem werden Weiße von den Einheimischen immer noch als höherstehende Menschen angesehen.

»Fidschianer denken, daß Weiße besser sind als sie selbst«, gab Apisai einmal zögernd zu. »Das stammt aus der britischen Zeit. Die Engländer hatten Vereine und Klubs, denen wir nicht beitreten durften. Deshalb glaubten wir, dies müsse etwas ganz Besonderes sein. Es gab nicht viele Engländer, die mit Fidschianern befreundet waren.«

Ata war ein Paradies. Sauber, schön, warm und fruchtbar. In den Bewohnern der Nachbarinseln schienen sich die Ideen jenes Künstlers, der die Menschheit erfunden hatte, treffender entwickelt zu haben als in den meisten anderen Völkern. Krankheiten waren dort eine Seltenheit, der Boden war fruchtbar, und im Meer gab es mehr als genug Fisch – zur Zeit sogar noch ohne Krebsgeschwüre.

Durch das Leben auf Ata wurden wir empfänglich für die um sich greifende Zerstörung in anderen Winkeln dieses Ozeans und für die zweifelhaften Segnungen einer Zivilisation, die alles niederwalzt, was in dieser Welt noch zählt. Man hätte den Stillen Ozean schon längst zum Naturschutzgebiet erklären müssen.

In der Hütte wimmelt es von »Stinkkäfern«, doch wenn wir diese in Ruhe lassen, stinken sie nicht. Der Geruch ist nahezu unbeschreiblich, aber wer jemals eine Hauswanze zerquetscht, dann an seinen Fingern gerochen hat und diesen Gestank hoch drei nimmt, weiß ungefähr, wie »Stinkkäfer« riechen. Sie sind groß, schwarz und schnell und halten sich tagsüber in zahllosen uner-

reichbaren Ecken versteckt. Nachts kommen sie zum Vorschein, und wenn ich Jagd auf sie mache, verbreiten sie ein unsichtbares Wölkchen widerlichen Gestanks, vor dem ich unwillkürlich zurückzucke.

Charly, der Bruder des Bräutigams, steckte mit seinem rechten Arm bis zur Achsel im Anus eines dunkelhäutigen toten Schweins. Auf diesem Wege wurden die Därme entfernt, denn das Tier sollte unzerteilt in einem »Lovo« gegart werden, jenen unterirdischen Öfen, in denen man vor gut hundert Jahren noch ganze Menschen gebraten hatte.

Am Tag vorher hatten wir wenig und am Morgen nichts gegessen, denn wir wußten, daß ein Hochzeitsfest in Fidschi aus einer kurzen Feierlichkeit und einer ausgedehnten Mahlzeit bestand. Nur zu gerne hatten wir zugesagt, als Andoni uns zur Hochzeit seines jüngeren Bruders in Namoli eingeladen hatte.

Der Ort bestand aus vier Häusern auf einem wunderschönen Hügel, von Thawaro eine Dreiviertelstunde Fußweg durch den Dschungel entfernt. Morgens um sechs Uhr sollte uns ein Boot abholen. Wir wußten noch nicht, daß »Fidschizeit«, wie sie kichernd genannt wurde, immer eine oder zwei Stunden später als die Uhrzeit bedeutete. Unsere Mägen knurrten besorgniserregend. Wir hatten seit sechs Wochen ziemlich karge Kost gegessen.

Später am Tag drängten wir uns in Namoli an die lange Tafel im Garten, die mit Schüsseln dampfender Speisen beladen war. Zitternd vor Gier stürzte ich mich auf das Essen. Ich verschwendete keinen Gedanken mehr an vegetarische Prinzipien. Es war mir auch gleichgültig, daß sich an den Fleischstücken noch Haut, Borsten und Fett befanden.

Ich schmeichelte meinen Gastgebern, indem ich mit beiden Händen zugriff und mir das Essen unter lautem Schmatzen und Schlürfen in den Mund stopfte, während mir das Fett aus den Mundwinkeln lief. Brummend vor Wohlbehagen, aß ich mich fast zu Tode, denn das taten hier alle, einschließlich Chris. Um Konversation brauchten wir uns nicht zu bemühen. In der ersten Phase der Mahlzeit unterhalten sich die Fidschianer selbst auch kaum. Außerdem verstand uns sowieso fast keiner der Anwesenden, und unsere hemmungslose Freßlust sprach ein deutlicheres Lob, als alle Worte es vermocht hätten.

Wir ernteten von allen Seiten anerkennende Blicke, und man sprach uns ermutigend zu, als wir uns zum zweiten-, dritten- und viertenmal geräucherten, gedünsteten und gebratenen Fisch, schwabbelnde Brocken fettes Schweinefleisch, Scheiben Süßkartoffeln, Kokoscremesuppe, Gemüse in Lolo, köstliches Schildkrötenfleisch und unförmige Klumpen gekochten Schildkrötenbluts auf unsere Teller luden.

Gelächter und Gitarrenmusik drangen aus einem anderen Teil des Gartens an unser Ohr. Gäste aus der weiteren Umgebung waren mit Booten und zu Fuß angereist. Eine ungefähr zwanzigköpfige Schar von Frauen wusch ab und deckte die Tische für die Neuankömmlinge. Umgeben von Urwald, Plantagen und schlemmenden Krausköpfen, kam ich mir vor wie Obelix in Afrika.

»Bob, *kana vaka levu!*« Mit diesen Worten ermunterten mich die Umsitzenden, vor allem viel zu essen. Schwitzend erwachte ich aus meiner Trance. Mein Bauch war gespannt, und Schweißtropfen liefen mir in die Augen. Ich schaute in eine Reihe lachender, dunkler Gesichter, die dasaßen, uns zunickten und uns nun als zwei der ihren zu betrachten schienen. Wir aßen größere Mengen, als es uns in einem Drei-Sterne-Restaurant jemals gelungen war.

»Nein, danke«, rülpste ich, »wirklich nicht mehr. *Au sa mamau* – ich bin voll, *vinaka* – danke.«

Auf dem gepflegten Rasen zwischen den Häusern stand ein Baldachin, verziert mit geflochtenen Palmenblättern und Blumen. Braut und Bräutigam schritten, begleitet von der Familie, dorthin. Sie waren mit Blumengirlanden und traditionellem »Tapa« geschmückt: Stoff aus den Fasern des Papiermaulbeerbaums. Potè, der Bräutigam, machte ein ernstes Gesicht, und Una, seine Braut, ein ausgesprochen trauriges. Ab und zu weinte sie und wischte sich die Augen mit einem Taschentuch ab. Ich fragte mich, ob die beiden vielleicht Streit gehabt hätten, und versuchte vergeblich, sie zum Lachen zu bringen, denn ich hatte versprochen, Fotos zu machen. Auch die Familienmitglieder zeigten nicht einen Funken Freude, obwohl die Fidschianer sonst schon beim geringsten Anlaß in wahre Lachsalven ausbrechen.

Die beiden sahen sehr schön aus, wirkten jedoch eher so, als seien sie auf dem Weg zu einem Begräbnis. Nach der Feierlichkeit saß Una allein bei den Frauen, die einander gefühlvolle und traurige Lieder vorsangen: Die Frauen von Potès Klan sangen Bittgesänge, der Klan der Braut Lieder, die vom Abschiednehmen handelten, unterbrochen von kurzen Tänzen. Ich hörte, wie sich die Männer um die Tanoa versammelten, doch mir gefiel es im Kreis der Frauen besser. Zwei mollige Damen mittleren Alters, von denen eine einen kleinen Bart hatte, schleppten mich zu einem absurden *Pas de trois* auf die Tanzfläche. Alle, darunter auch Una, hielten sich den Bauch vor Lachen.

Gemeindeschwester Ralonga, die dickste Frau, die wir jemals kennengelernt haben, war eine der lokalen Honoratioren. Da sie Englisch sprach, hielten wir uns an sie. Ralonga wachte wie eine Glucke über uns, redete in einem Ton, der keinen Widerspruch duldete und der allen Gemeindeschwestern dieser Welt eigen zu sein scheint. Am

Tisch teilte sie rechts und links Rüffel an die Kinder aus. Zu Chris sagte sie: »Ich habe ihnen gerade gesagt, daß sie aufhören sollen zu essen, denn sie werden viel zu dick.« Chris konnte sich nur mit Mühe das Lachen verkneifen. Die Gemeindeschwester war für uns eine wertvolle Informationsquelle. »Je lauter und je mehr geweint wird, um so mehr ist die Braut wert und um so schwieriger ist der Abschied von ihr, denn sie zieht in das Dorf ihres Mannes.«

Als ich mich später zu der Gruppe um die Tanoa gesellte, wurde ich gefragt, was wir auf Ata wollten und wie es uns dort gefiele. Inzwischen war ich ziemlich routiniert darin, dies zu erklären: Ich erzählte von Holländern, die in Kästen übereinander, untereinander, hinter-, neben- und voreinander wohnten, grätenlosen und vorgebratenen Fisch beim Fischhändler kauften, keinen Gemüsegarten hatten, es sei denn, sie waren Bauern oder »Alternative«, von krebsverseuchtem Fisch, von einem Meer, so schmutzig wie der Inhalt einer Abortgrube, daß es dort mehr Regen als Sonne gäbe, mehr Kälte als Wärme, von Eis auf den Wassergräben, matschigem Schnee, gefrorenem Regen, 15 Millionen Menschen auf einem Haufen, achtspurigen Straßen, die jeden Tag verstopft waren, von 4000 Verkehrstoten pro Jahr, 40 000 Toten durch Krebs, nur 120 von den jährlichen 120 000 Todesfällen, die eines ... natürlichen Todes stürben – das heißt: eines Todes, bei dem der Arzt keine Krankheit oder keinen Unfall feststellen konnte.

Das konnten sie verstehen. In solch einem Land mußte jeder Büroangestellte von einem Leben auf einer unbewohnten Insel träumen. Sie nickten und pflichteten mir bei. Was für ein Land, dieses Holland! Rasch wurde unsere Schilderung übersetzt und in alle Richtungen weitergegeben. Noch mehr Nicken und offene Münder. Ich merkte, daß ich in meine alte Gewohnheit verfallen war, mein Heimatland herunterzumachen, deshalb versuchte ich, ein paar positive Aspekte hinzuzufügen: schöne Tulpenfelder, leckerer Käse. Doch ohne es zu merken, erzählte ich schon bald wieder von . . . Wäldern, durch die man schon hindurchgelaufen war, bevor man richtig darin war, in denen man nie allein war, von saurem Regen, der alles, was wuchs, krank machte; mehr Auspuffgase und Rauch aus Fabrikschornsteinen als frische Luft, Flußwasser, das so verschmutzt war, daß man über die Oberfläche laufen konnte. Und dann von dem Lärm und daß die Stille unwiederbringlich verloren war. Nein, Holland war nichts für sie, das konnte ich ihnen ansehen. Jemand bot mir eine Zigarette an. Ich rauchte sie mit einem solchen Genuß, daß ich bis in meine Zehenspitzen inhalierte und einen Augenblick lang überlegte, ob ich den Filter nicht auch noch aufrauchen sollte.

Spät am Abend war die Flut gekommen, und wir konnten mit dem Boot durch die Mangrovenwälder in die offene See fahren. Das Meer leuchtete. Nicht so, wie ich es manchmal an Sommerabenden bei Bergen aan Zee gesehen hatte. Dort war es ein schwaches Phosphorisieren, von dem man sich nie sicher sein konnte, ob es der Widerschein des Mondes und der Sterne oder aufgewärmtes Plankton war. Es war eine mondlose Nacht, und es sah so aus, als würde ein Scheinwerfer die Spur des Kielwassers beleuchten, die sich wie ein Kometenschweif hinter dem Boot herzog. Links und rechts schossen unter Wasser Fische wie beleuchtete Torpedos vorbei. Hornhechte schnellten über das Wasser wie Knallfrösche, und die Bugwellen waren grünweiße Hügel aus Licht. Sogar mitten auf dem Meer war es nicht kalt. Die leichte Brise war eine erholsame Abwechslung nach der windstillen Hitze von Namoli.

Zum erstenmal, seit wir auf Ata sind, ist Ralonga zu Besuch. Jemand, der nach Lambasa wollte, hatte sie mitgenommen. Nachdem sie vier Jahre lang in einem Wassergebiet, das so groß wie die Veluwe ist, Kranke versorgt hat, will sie wieder zurück in die Stadt. Ihr Mann, Direktor der Schule, will ebenfalls weggehen. Ralonga erzählt lustige Geschichten. An diesem Morgen wäre sie fast in die Abortgrube gefallen. Das WC steht in einiger Entfernung vom Wohnhaus. Wer ein bißchen Geld hat, legt sich eine Sickergrube mit einem Betondeckel zu. Durch die starken Regenfälle der letzten Zeit hatte der Deckel vor der Tür des WC-Häuschens keinen Halt mehr. Ralonga hatte gerade den Türgriff in der Hand, als sich der Boden unter ihren Füßen wie eine Fallgrube öffnete. Der Türgriff war ihre Rettung. Mit klopfendem Herzen baumelte sie kurz über dem stinkenden Brei, bis es ihr gelang, die Tür zu öffnen und sich am Rand der Grube ins Gras fallen zu lassen.

Wir fühlten uns am wohlsten, wenn das Geräusch näher kommender Boote eine Weile ausblieb, und wir verliebten uns immer mehr in die mysteriöse Stille unserer neuen Welt. Diese war winzig klein, denn das Gelände, auf dem wir lebten, war nicht größer als ein Viertel Hektar, und seine Grenzen überschritten wir nur, wenn wir ins Meer oder in den Dschungel gehen mußten. Die relative Isolation, die Temperatur, die saubere Luft, Ströme von Schweiß, die schmutzigen Hände, der Fischgeruch, der Appetit, die völlig andere Art von Arbeit, das Nichtvorhandensein von Tabak, Kaffee und Süßigkeiten, die wachsende innere Gewißheit, daß es ein Kinderspiel war, auf Ata zu überleben ... etwas in mir wurde von Tag zu Tag gelöster. Als ob ich von etwas Namenlosem genas, an dem ich – ohne es zu wissen – chronisch gelitten hatte. Zeit wurde zu etwas völlig anderem. Dieses Phänomen verlor allmählich seine Macht über mich.

Die Beziehung zu Chris war der einzige »Sonnenfleck«, der mir noch leichte Sorgen bereitete, aber auch dies veränderte sich allmählich. Wir redeten sogar wieder miteinander über die Dinge, die uns am anderen störten. Ich ärgerte mich darüber, daß sie allem, was ich sagte, widersprach, auch wenn ich recht hatte. Deshalb knirschte ich im Schlaf mit den Zähnen, und tagsüber hüllte ich mich in Schweigen, damit sie mir so wenig wie möglich widersprechen konnte.

»Soll ich denn immer der gleichen Meinung sein wie du?« widersprach sie mir. Nein, das meinte ich nicht. Aber dieses absichtliche Dagegensprechen bei jeder sich bietenden Gelegenheit aufgrund irgendeiner Neurose . . .

»Fängt das schon wieder an!«

Etwas in mir veränderte sich, als ich auf dem Ebbestrand vor einem jener Hunderten von Löchern hockte, um das bizarre Meeresleben zu beobachten: grüne, blaue, braune, große und kleine Quallen von der Form eines Fallschirms, die sich durch Kontraktion fortbewegten, Schnecken, die wie Blinde mit einem Stock mit ihren Fühlern den Sandboden abtasteten; violette Seeigel, die wie exotische Kriechblumen aussahen, Einsiedlerkrebse mit Äuglein, die so blau waren, daß ich sie aus einiger Entfernung aufleuchten sah; kleine Fische, dünne, anemonenartige Würmer voller Wasser, Schalentiere, die sich so langsam fortbewegten, daß das kleine Wasserloch ein großer Ozean für sie sein mußte; lebende Algen und kleine Felsstücke, die sich bei genauerem Hinsehen als Muscheln entpuppten . . . Wenn ich eine Weile in solch einen winzigen Tümpel schaute und meine Gedanken sich davongemacht hatten, wurde es auch in meinem Inneren so still, daß ich die Stimme meiner verstorbenen Mutter laut und deutlich vernehmen konnte, nicht etwa aus dem Jenseits, sondern von irgendeinem Ort in meinem Kopf:

»Er muß und wird immer und ewig das letzte Wort haben!«

Woraufhin ich im Alter von neun Jahren solch eine Konfrontation mit: »Das stimmt nicht!« beendet hatte.

Dies waren die seltenen Situationen gewesen, in denen ein Schirm auf meinem Kopf gelandet war.

Kindheitsbilder. Sie stiegen empor wie die Luftbläschen in einem Wasserglas. Es war, als ob Ata mir den Raum gab, in meine weit zurückliegende Vergangenheit einzutauchen. Viel öfter als die Szene mit meiner wütenden Mutter spulten sich jedoch freundliche Filme vor meinem inneren Auge ab, herausgelöst aus dem Fett meiner Gehirnzellen durch das kindliche Staunen, das mich hier von neuem befiel, und durch die Unbeschwertheit unseres Lebens, in dem für alles Notwendige gesorgt war: für ein Dach über dem Kopf, Sauerstoff, Sonnenlicht, genug Essen und Wasser. Ich entdeckte eine Art von Freiheit wieder, die allmählich verlorengegangen war, als meine schulische Laufbahn begonnen und damit die Sorge Einzug in mein Leben gehalten hatte.

Werden die Mücken auf der Nordhalbkugel vom Südwind vertrieben? Es gibt Zeiten, in denen die Mückenschwärme plötzlich verschwunden sind, aber ich habe nie über die Ursache nachgedacht. »Nordwind. Mücken mögen keinen Nordwind«, sagt Apisai. Innerhalb von wenigen Tagen stelle ich fest, daß er recht hat.

Selbst bei der leichtesten Brise aus dem Norden suchen die meisten Moskitos im Blätterwerk Schutz.

Das Leben auf Ata wurde alltäglicher. Manchmal fragte ich mich, weshalb ich nicht vor Freude zersprang. Hier war ich, auf einer unbewohnten Insel im Stillen Ozean, mit prachtvollen Buchten, Stränden, einer Lagune an der Windschattenseite, wogenden Palmen und genügend Fisch in einem Meer, das alles übertrifft, was Reiseprospekte in den verrücktesten Superlativen zu beschreiben vermögen.

Die Entbehrungen waren leicht zu ertragen. Kaffee, Zigaretten, Video, Musik, Süßigkeiten, Freunde und Familie, es fehlte uns nichts von all dem, denn jene Langeweile, die alle diese Dinge als so unverzichtbar erscheinen läßt, existierte hier nicht. Keine Verabredungen, kein Telefon, keine Verpflichtungen; niemals die Frage, was ich tun oder lassen sollte; nur äußerst selten tat ich etwas widerwillig, und jeden Tag erwachte ich in bester Laune – dies alles war völlig neu für mich. Die Sonne war nicht zu heiß, denn es war Winter. Wir konnten schwimmen, wann wir wollten, aber nachdem wir dies anfänglich gründlich ausgekostet hatten, arbeiteten wir später lieber und ließen uns nur noch ins Meer fallen, um uns abzukühlen oder um uns den Schmutz vom Körper zu spülen.

Weshalb schrie ich es nicht vor Freude heraus? Warum lag über allem ein Mantel von Gewohnheit, sogar in meinen besten Augenblicken mit Chris? Führten wir lediglich unser sattsam bekanntes alltägliches Leben weiter, wenn auch unter veränderten äußeren Umständen: schlafen, sich den Bauch vollschlagen, sich wieder entleeren, arbeiten?

Am Ende des Tages waren wir einfach müde und hatten die üblichen Reibereien. In der Traumphase der Vorbereitungen war uns alles viel ungewöhnlicher erschienen.

Vielleicht hatte ich unbewußt gehofft, daß eine neue Erfahrung einen neuen Menschen aus mir machen würde, so wie ich früher – nach dem Abgang von der Schule, nach einem Arbeits- oder Lebenspartnerwechsel – den Impuls gehabt hatte, fortan alles anders zu machen. Etwas in mir hatte den Vorsatz gefaßt, nicht mehr solch eine Schlafmütze zu sein, um dann festzustellen, daß ich diese Schlafmütze überallhin mitnahm. Die wirklichen Veränderungen entwickelten sich so langsam, daß sie sich unserer Wahrnehmung entzogen.

Die Quelle blieb leer, und sogar der feuchte Fleck auf dem Boden des Beckens, aus dem vorher das Wasser herausgequollen war, trocknete aus. Wir mußten uns mit drei Eimern Wasser aus Undu pro Woche begnügen. Den Lappen, mit dem wir uns abends abrieben, wrangen wir über einem Topf aus. Die schmutziggraue Flüssigkeit goß ich anschließend vorsichtig über die Wurzeln des Kohls. Tagsüber lag dieser schlaff auf der Erde, und wir schützten die Pflänzchen mit einer Überdachung aus Palmenblättern vor der prallen Sonne. Morgens in aller Frühe standen sie im Schatten des Dschungels eine Stunde lang stolz aufrecht, bereit für einen neuen Tag durstigen Elends, bevor sie wie ein durchlöcherter Ballon zur Erde niedersanken.

In der Überzeugung, daß es bald wieder regnen würde, säten wir noch einmal und befeuchteten die Saat jeden Abend. Doch die Pflänzchen waren noch nicht ganz aufgesprießt, da wurden sie schon abgenagt. Wir aßen gekochten Fisch mit Reis oder mit Matzen aus Mehl und Wasser. Ab und zu buk Chris »Mbasas«, eine Art Krapfen. Statt drei Mahlzeiten gab es nur noch zwei pro Tag.

Wind, zuviel Besuch, gestörte Nachtruhe, Jucken, Pickel, Trockenheit, Wut über die vernichteten Gemüsepflänzchen und eine Beziehung, mit der wir uns ab und zu noch aussichtslos herumquälten – in den Niederlanden hätte eine wesentlich geringere Dosis Leid ausgereicht, mich in eine tiefe Depression zu stürzen. Doch dies war eines der ersten Dinge, die auf Ata grundlegend anders waren. Jeden Morgen wurde ich um sechs Uhr wach, ohne daß irgend etwas mir meine gut Laune hätte verderben können. Ich freute mich auf den neuen Tag, und im magischen Licht des frühen Morgens fing ich sogar zu singen an. In Holland hatte mein Tag immer erst um elf Uhr begonnen, nachdem ich mich wachgekämpft, meine Atemwege freigehustet und mit Hilfe von Kaffee und der ersten Zigarette des Tages Ballast abgeworfen hatte. Erst danach war ich in der Lage gewesen, mich dem Kampf eines neuen Arbeitstages zu stellen.

Hier hingegen erschien es mir, als fordere mich der neue Tag zum Tanz auf.

5
Sternschnuppen

August 1987

Nacht für Nacht konnte ich die Bahn von Sternschnuppen verfolgen. Von früher wußte ich, daß man sich in solchen Augenblicken etwas wünschen kann. Was ich mir nicht alles gewünscht hatte! Soweit ich mich zurückerinnern konnte, hatte ich mir bei Sternschnuppen, beim Finden vierblättriger Kleeblätter und bei ähnlichen Gelegenheiten jedesmal gewünscht, »weise« zu werden. Als Kind war Weisheit für mich etwas Großartiges gewesen, viel erstrebenswerter als Reichtum, gute Schulnoten oder Freunde. Wenn man weise war, kam alles andere von selbst. Der Wunsch war nie in Erfüllung gegangen, aber in den letzten Jahren hatte ich mich immer wieder dabei ertappt, wie ich mir insgeheim beim Anblick der verglühenden Kometen etwas gewünscht hatte. Nur hatte sich der Inhalt meiner Wünsche verändert. Es möge mir doch bitte, wenn es irgend möglich wäre, noch etwas Freude in meiner Beziehung vergönnt sein! Dann würde ich nie mehr um etwas bitten.

Am Nachmittag kam Chris die Galle hoch, weil ich den Wetterbericht wiederholt hatte: »Möglicherweise Wind und Regen aus dem Westen.« Ob ich damit etwa sagen wollte, daß sie die Hütte mit der Plastikplane abdecken solle?

»Wenn du das für nötig hältst!«

Als ich mich ihrer Meinung nach zu lange damit aufhielt, die Kohlpflänzchen zu gießen, schrie sie mich an: »Unterhältst du dich vielleicht mit ihnen?«

»Ja, warum? Hast du es eilig?«

»Soll die Plastikplane denn nicht auf die Hütte?«

»Meinetwegen nicht.« Lieber naß werden, als auf dieses Gekeife einzugehen. Wieder fuhren wir uns an. Aus dem gegenseitigen Anschnauzen wurden bald gegenseitige Beleidigungen. Gemäß der Alchimie der Wechselwirkung eskalierte dies zu Verwünschungen gröbster Art.

Bevor ich wußte, wie mir geschah, hatte ich schon alles herausgeschrien, was ich ihr eigentlich einmal in aller Ruhe hatte sagen wollen. Daß ich lieber allein unglücklich wäre, als in einer so schrecklichen Beziehung mit ihr unglücklich zu sein. Sie versprach, bei der ersten sich bietenden Gelegenheit abzureisen. Aufgrund der Sicherheit, die wie eine Flechte auf dem Elend wächst, fühlte ich mich eine halbe Stunde lang großartig.

In dieser Nacht fiel kein Regen. Ich wälzte mich stundenlang herum, ohne einschlafen zu können, und versuchte, mir das Leben allein auf Ata vorzustellen. Was für eine Stille ... herrlich. Freiheit! Endlich Schluß mit dem Gemecker, Gejammer, den Vorwürfen, der ständigen Kontrolle, der ewigen Kritik, den unablässigen Zurechtweisungen und all den anderen Verhaltensweisen, durch die sie mir zu verstehen gab, daß sie alles besser machte als ich. Kein PMS mehr mit Kopf-, Bauch-, Rücken-, Haut- und Zahnschmerzen, ganz zu schweigen von den psychischen Beschwerden und was weiß ich noch für Unbilden. Keine schwarzen Wolken, zusammengepreßten Lippen, zusammengekniffenen Gesäßbacken, keine zurückgehaltene Wut, kein langandauernder Groll und keine sarkastischen Wortgefechte mehr.

Nur noch ich selbst.

Auch nicht gerade viel. Allein aufstehen. Allein Essen machen. Allein zu Bett gehen. Allein Holz sammeln, fischen, Kokosnüsse sammeln ... nun ja, so etwas konnte man wahrscheinlich lernen. Es war das Vernünftigste, denn ich wollte nicht wie ein schlecht gewordener Bitterball[7] enden. Etwas in mir starb eines langsamen Todes. Ich hatte mich in letzter Zeit sogar körperlich nicht mehr von Chris angezogen gefühlt, und das war geradezu revolutionär. In meinen klarsten Augenblicken war mir zwar bewußt, daß nur Liebe die Beziehung retten konnte, aber woher sollte man etwas nehmen, das nicht existierte?

Da kein Boot vorbeikam, reiste Chris auch nicht ab. Und als schließlich ein Boot kam, standen keine gepackten Koffer da, und wir mußten beide einfältig lachen, als ich sie fragte, ob sie mir nicht im Garten helfen wolle.

»Soll ich denn nicht weg?«

Im Schatten des halbfertigen Dachs auf der Hütte umarmten wir einander, ließen uns aber dann sofort wieder los, um über die schmutzigen Schweißströme zu lachen, die sich lauwarm auf unserer Haut vermischten. Wir lebten ein paar Tage harmonisch zusammen und machten sogar vorsichtig Liebe, als ob wir die Gebrauchsanweisung für ein gefährliches Gerät verloren hätten. Es kam noch eine PMS-Zeit mit Wutausbrüchen und Verwünschungen. Ich sagte noch einmal, daß es besser wäre, wenn sie ginge, und sie packte noch einmal in Gedanken ihren Koffer. Aber das war das letzte Mal, und bis auf den heutigen Tag wissen wir nicht, warum sich seitdem alles veränderte.

7 fritierte Fleischragoutbällchen, die in den Niederlanden oft in Gaststätten als Snack serviert werden. Anm. d. Übers.

Plötzlich höre ich ein bekanntes Geräusch, als ob riesige Schaufeln Kies rhythmisch ins Wasser geworfen würden. Direkt vor der Küste jagt ein kleiner Hai einen großen Schwarm Meeräschen, die aus dem Wasser springen und wieder hineinfallen. Mit unglaublicher Geschwindigkeit schießt der Schatten des Hais zwischen ihnen hindurch. Er ist viel schneller als die heringgroßen Meeräschen, und er weiß, was gut schmeckt. Diese Fischart gehört schließlich auch zu unseren Favoriten.

Am 16. August 1987 arbeitete ich an einem neuen Netz, das ich zwischen Pfählen auf dem Strand aufgespannt hatte. Ich wurde mit der Arbeit nicht fertig. Als ich mir an der Quelle den Schweiß des Tages abgespült hatte, ging ich zu dem Schuppen, in dem wir derzeit unsere Nächte verbrachten. Chris lag nackt, braun und schön im Moskitonetz und erwartete mich. Sie hatte das Backgammon-Spiel schon aufgestellt. Unauffällig ließ sie mich gewinnen und bot ihren Körper als Preis an. Darauf hatten sich meine durch die Annäherung wachgerüttelten Hormone insgeheim schon gefreut. Alle meine Gedanken über eine versiegende Sexualität schmolzen wie der Schnee in der Mittagssonne dahin.

Danach redeten wir miteinander.

Nein, von Liebe könne bei keinem von uns beiden die Rede sein. Und wir müßten einmal damit aufhören, über Trennung zu phantasieren oder zu reden; statt dessen sollten wir besser diese Chance nutzen, um herauszufinden, ob es für unsere Beziehung noch ein Leben vor dem Tode gäbe; kämen wir zu dem Schluß, daß dies nicht der Fall sei, dann hätten wir zumindest unser Bestes getan und könnten nach diesem Jahr als Freunde auseinandergehen. Wenn wir es hier nicht schafften, würden wir es nirgendwo schaffen. Wir heulten uns in den Armen des anderen aus, bis es uns zu warm wurde, und kamen zu dem Schluß, daß alle Geschwüre in unserer Beziehung jetzt durch die ununterbrochene Nähe aufbrachen und zu eitern begannen; früher hatten wir dies durch Ablenkung mehr schlecht als recht zu verhindern gewußt.

Wir sprachen über unsere Abneigung gegeneinander, die im Laufe der Jahre immer größer geworden war, und über mein Unvermögen, jeden Tag einen neuen Anfang zu machen, den anderen mit frischem Blick zu sehen und das Gestern Gestern sein zu lassen.

»Wir müssen es uns abgewöhnen, uns in den immer gleichen Reaktionen zu verhaken«, meinte Chris. Unsere Kommunikation erschöpfte sich tatsächlich weitgehend in dieser Art von reaktivem Verhalten. Wir waren »allergisch« gegeneinander, und das war ungesünder als ein immer wiederkehrender Ausschlag. War sie böse, war ich es auch. Schaute sie mißmutig drein, meinte ich, ich hätte etwas falsch gemacht. War ich in Gedanken, dann glaubte sie, ich sei wütend auf sie, usw.

Unsere Ankunft auf der unbewohnten Insel hatte sich in keinerlei Weise romantisch auf unsere Beziehung ausgewirkt. Unser Widerwille gegeneinander war nur noch stärker geworden. Endlich gaben wir zu, daß wir einander das Schlimmste gewünscht hatten. Ich hatte gewünscht, sie wäre weg, krank, verletzt und sogar tot. Sie vertraute mir an, sie habe einmal mit dem Gedanken gespielt, sich einfach im Bett umzudrehen, wenn sie nachts meine Polizeipfeife hören würde. – Wir hatten nämlich vereinbart, daß ich bei Gefahr pfeifen sollte, beispielsweise wenn ich am Treibnetz im Meer in Stücke gerissen zu werden drohte.

Es war kaum zu offener Aggression zwischen uns gekommen, weil meine Wut sich im Schweiß schwerer Arbeit aufgelöst hatte, wenn ich Bäume gefällt, geschleppt und fortgezerrt, Gräben ausgehoben und gezimmert hatte. Ich war so sanft wie ein Lamm gewesen. Doch unter der Oberfläche war das eisige Schweigen geblieben. Hier in unserer eigenen Welt war es uns gelungen, auf eine verbissene Weise zufrieden zu sein; in unserem eigenen Garten, hinter den Mauern des Schweigens, hatten wir noch eine Weile so tun können, als existiere der andere nicht. Es war ein Schweigen über ... Wochen gewesen, nur unterbrochen durch formelle Kontakte. In den seltensten Fällen war es zu einem jener herrlichen Streite gekommen, in denen wir die schönsten Beleidigungen und die gröbsten Anschuldigungen ausgetauscht hatten.

Ich vermute, daß wir dies so lange fortgesetzt hatten, bis die Entzugserscheinungen von all den Drogen, mit denen wir uns in der niederländischen Gesellschaft um unser ganzes Elend herumgedrückt hatten – Arbeit, Alkohol, Fernsehen, Video, Schlaf, Freßsucht und das Besuchen von Freunden, um nur ein paar zu nennen –, abgeklungen waren. Es wurde für uns höchste Zeit, der im Laufe von fünf Ehejahren angesammelten und freigesetzten Verzweiflung ade zu sagen. Uns war plötzlich sonnenklar, daß wir eine letzte Chance erhalten hatten und daß wir diese nicht einfach ungenutzt verstreichen lassen durften.

Von diesem Tag an wurde alles anders.

Vielleicht lag das an unserer neugewonnenen Erkenntnis, daß wir es jeder für sich allein besser schaffen würden. Paradoxerweise scheint diese Erkenntnis ungeheuer verbindend zu wirken.

Vielleicht lag es auch daran, daß nach gewissen neuartigen Kalendern am 17. August dieses Jahres das Wassermann-Zeitalter offiziell begann und die Verwirrung der Fische-Epoche ein Ende nahm. Oder vielleicht hatten wir beide, bevor überhaupt irgendeine Veränderung möglich war, in den Abgrund der Verzweiflung fallen müssen.

Möglicherweise hatte mich aber auch der »Große Geist des Fallenden Sterns« erhört, denn die Veränderung, die sich nun anbahnte, war mehr als eine vorübergehende Laune eines unergründlichen Schicksals – auch wenn ich manchmal mißtrauisch beobachtete, daß Hund und Katze, erst Wasser und Feuer, einander schon bald ihre Sympathie bekundeten und Khan Ko gegenüber erstaunlich fürsorglich blieb, offenbar aus Mangel an anderen Artgenossen.

Heute nacht habe ich keine Eile bei meinem nächtlichen Ausflug zum Netz. Unten in der Hütte ziehe ich im Licht der Taschenlampe in aller Ruhe Stiefel und Badehose an. Über die Matte bewegen sich Einsiedlerkrebse in ihrem ruckartigen Gang, und draußen wimmelt es nur so von ihnen. Ich habe sie schon des öfteren gesehen, mit dem schläfrigen Halbbewußtsein eines Nachtwächters, der in einem Gebiet, in dem nie etwas Außergewöhnliches passiert, schnell seine Runde dreht, um so wenig Schlaf wie möglich zu verlieren. Doch jetzt schaue ich mir erstaunt die Armee von Krebsen in allen Größen und in den verschiedensten Muschelhäusern an, die sich wie zu einem mitternächtlichen Treffen auf einem anderen Planeten dort versammelt haben. Was suchen sie nur? Dann sehe ich es: Eine ganze Mannschaft sitzt um eine »Hinterlassenschaft« von Khan und tut sich gütlich daran. Guten Appetit!

Das Grundgerüst der Hütte war fertig. Mich ergriff ein Gefühl, wie es ein Architekt haben muß, der sieht, wie sein erster Entwurf Form angenommen hat. Uns war mittlerweile klargeworden, warum eine traditionelle Mbure einem Orkan standhalten kann, wohingegen moderne Häuser manchmal beim ersten kräftigen Windstoß in die Luft fliegen. Die wichtigsten Verbindungen der Hütte bestanden aus Seilen. Deshalb war das Gerüst so biegsam wie ein junger Baum. Ich ging täglich in den Urwald, um ausgewachsene Blätter von niedrigen Palmen abzuschlagen – auf höhere versuchte ich nicht mehr zu klettern. Auf diese Weise durchforstete ich die ganze Insel und schleppte die Beute durch das Buschwerk nach Hause. Wir brauchten ungefähr 150 Blätter. Das Flechten der Blatthälften war eine langwierige und eintönige Arbeit, aber da wir täglich besser miteinander auskamen, war dies nicht weiter schlimm.

Nach ein paar Wochen, im August, näherte sich unser Leben in verdächtigem Maße der Vollkommenheit. Den Morgen begannen wir mit einem Kuß und einer Liebkosung: Dies war eine gesündere Morgengymnastik als jenes schlechtgelaunte Schweigen, mit dem wir vorher den Tag zu beginnen pflegten, um nur ja keine Notiz vom anderen nehmen zu müssen. Nach dem Essen, ungefähr um halb neun, machte sich Chris an die Flechtarbeit, und ich zog in den Urwald, um Palmenblätter zu sammeln. Ich kannte den Wald mittlerweile besser. Das einzige, wovor ich noch auf der Hut war, waren die Wespennester, die mit der Öffnung nach unten an Zweigen in Kopfhöhe hingen. Ihnen durfte ich nicht zu nahe kommen, weil die Wespen andernfalls Krieger aussandten, um mir eine Lektion zu erteilen. Ihr Stich war heftig und schmerzhaft wie der einer glühenden Aale. Nach den ersten Stichen war ich schon bald darin geübt, größere Ansammlungen dieser Insekten von den übrigen Farben und Formen des Waldes zu unterscheiden und ihr drohendes Summen aus allen anderen Geräuschen des Waldes herauszufiltern.

Die Abstecher ins Inland bedeuteten harte Arbeit. Ich mußte eine lange Trainingshose und hohe Leinenschuhe zum Schutz vor den Dornensträuchern anziehen. Selbst in den kühlen Morgenstunden war die Wildnis nicht einladend. Auch in dieser Hinsicht waren meine romantischen Vorstellungen von der Wirklichkeit korrigiert worden. Ich hatte mir einen duftenden, feuchten Urwald voller Affen und Kakadus vorgestellt, Süßwasserseen unter einem hohen Felsen mit Wasserfall, schattige Kühle und stille Plätze, wo man seinen Gedanken nachhängen konnte.

Affen und Kakadus waren auf den Inseln nicht heimisch. Urwald ist *per definitionem* unangenehm. Wenn wir im Schatten einen Platz fanden, um uns auszuruhen, spornten uns schon bald die Bisse roter Ameisen dazu an, unseren Weg fortzusetzen. An die unzähligen Spinnweben auf dem Weg gewöhnten wir uns mit der Zeit, aber angenehm war es trotzdem nicht, mit dem Gesicht gegen solch ein Netz zu laufen und sich eine dicke Spinne aus dem Haar klauben zu müssen.

Der Stille Ozean beherbergt ungefähr dreißigtausend Inseln. Die meisten davon sind unfruchtbare Korallenatolle, die übrigen sind vulkanisch und fruchtbar, doch gibt es auf den wenigsten Wasser. Und auf den Inseln mit Wasser gibt es dieses meist nur in den regenreichen Jahreszeiten. Inseln mit einer ständig fließenden Quelle sind meist bewohnt.

Wir konnten uns also glücklich schätzen, Ata gefunden zu haben.

Meiner Meinung nach hat Thakombau Bulimie, eine neurotische Eßsucht. Er ißt gerne und viel und bei uns mehr, als er bei den Einheimischen jemals bekommen würde: Fidschianer füttern ihre Katzen fast überhaupt nicht, damit deren Jagdinstinkt wach bleibt, denn die Tiere sollen Ratten jagen. Aber ich sehe oft, wie der Kater seine Leckerbissen wieder erbricht, und er bleibt besorgniserregend mager. Auch Snuki erbricht sich manchmal. All dies bereitet uns letztlich kein Kopfzerbrechen, denn das Federvieh verschlingt auch diese wenig appetitlichen Happen, als wäre es Mais.

Glücklicherweise ließ sich an der Vollkommenheit unseres Lebens noch genug aussetzen – sonst wären wir wohl keine Holländer gewesen. Der Regen, den Andoni – wenn auch nicht ganz ohne Zweifel – versprochen hatte, fiel nicht, und die Welt um uns herum trocknete langsam, aber sicher aus. Doch die Trockenzeit mußte bald zu Ende gehen. Sie dauerte in Fidschi nie länger als bis zum Ende des Wintermonats Juli.

Aber das war ohnehin das geringste Übel. Nie in meinem Leben habe ich solch einen Ärger hinunterschlucken müssen wie an jenem Mittag, als ein luxuriöser Trawler in einiger Entfernung vor Anker ging und ein Motorboot zwei bleiche Weiße mittleren Alters absetzte. Ich begrüßte das Duo mit einem unfreundlichen Blick. Die Frau hob in breitem Amerikanisch an: »Bill Hignett hat uns erlaubt, hier zu campen. Er ist ein Freund von uns. Habt *ihr* die Erlaubnis, hier zu sein?«. . . , in einem Ton, der besagte: »Denn sonst könnt ihr euch auf einen Prozeß gefaßt machen.« Ihr Gesicht war rot angelaufen, und ihr Blick hatte jene Distanziertheit von Menschen, für die Streß und gutes Essen schon seit Jahren zu einem unverzichtbaren Bestandteil ihres Lebens geworden ist. Unsere Anwesenheit auf der Insel war für sie eine ebenso unangenehme Überraschung, wie ihr Besuch es für uns war.

Freunde des amerikanischen Eigentümers! Verdammt! Ich hatte Apisai sofort nach unserer Ankunft nach der Adresse dieses Mannes gefragt, um bei ihm nachträglich die Erlaubnis für unseren Aufenthalt einzuholen. Da die Tage seit unserer Ankunft aber so ereignisreich und ausgefüllt gewesen waren, hatte ich ihm noch nicht geschrieben. Wie dumm, dumm, dumm! Jetzt würde er durch diese beiden erfahren, daß wir hier waren, es sei denn, ich hätte das – eher unwahrscheinliche – Glück, noch vor ihrer Rückreise einen Brief abschicken zu können.

»Der Brief ist unterwegs«, log ich. Die Frau kam an Land. Sie schien es gewöhnt zu sein, das Heft in der Hand zu haben. Sie bedachte mich mit einem kurzen Nicken und fragte, was wir hier zu suchen hätten. Ich erklärte es ihr und erzählte wahrheitsgemäß, daß wir erst erfahren hätten, wer der Eigentümer war, als wir schon hier gewesen wären. Doch das war ihr völlig gleichgültig. Sie stellte sich vor als Joan und sagte, sie sei mit ihrem Freund Wally hergekommen, um für zwölf Tage Tauchurlaub zu machen, was, wie sie sagte, der gesündeste und schönste Zeitvertreib sei, den sie sich vorstellen könnte.

Die beiden drehten eine Runde um die Insel und beschlossen, am Ende unseres Strandes ihr Lager aufzuschlagen. Das Boot wurde ausgeladen: Sauerstofflaschen, Trinkwasser, eine Unterwasser-Fotoausrüstung, Konservendosen, Campingausrüstung und ein monströser Kompressor ohne Schalldämpfer, den wir jeden Tag bei Sonnenuntergang eine Stunde wie den Motor eines Drillbohrers heulen hörten.

War es möglich, irgendwo auf der Welt auf einer Insel zu leben, ohne von lärmenden Touristen belästigt zu werden? Wir hätten uns keinen abgelegeneren Winkel auf der Erde aussuchen können: In der äußersten Ecke eines Archipels im Herzens eines Ozeans, der größer als die Oberfläche eines jeden Landes ist, lag die Insel wie ein Stecknadelkopf zwischen ungefähr dreihundert anderen. Zwei Amerikaner zuviel! Meine Laune war auf dem Tiefpunkt, und ich freute mich insgeheim, als Khan am nächsten Morgen hinter dem Zelt der Amerikaner in einer Lautstärke krähte, von der man unweigerlich wach werden mußte. Zuerst tat er dies um halb zwei nachts beim Gezeitenwechsel und dann noch einmal vier Stunden später im Morgengrauen.

Mit Mühe schüttelte ich den Ärger von mir ab. Es war Unsinn, diesen beiden etwas übelzunehmen. Chris schlug vor, sie zu Tee und Krapfen einzuladen. Joan entpuppte sich als eine Frau, die lieber redete als zuhörte. Pilot Wally war ein netter Zeitgenosse. Sie brachte ihm hier das Tauchen bei, und er wollte ihr dafür in den Vereinigten Staaten Flugunterricht geben. Sie war die rechte Hand einer steinreichen alten Dame, die vor ihrem Tod ihr Vermögen karitativen Institutionen vermachen wollte. Joans Aufgabe war es auszuwählen, wer dieses Geld bekommen sollte. Jetzt machte sie Ferien.

Jedes Jahr bereiste sie den Stillen Ozean auf der Suche nach einer unbewohnten Insel, die zum Verkauf angeboten wurde. Sie hatte vor, sich frühzeitig zur Ruhe zu setzen – wann, das hing davon ab, wie schnell es ihr gelänge, die Millionen unterzubringen. Ihre Abfindung sollte die eigene Insel sein; für ihre Arbeitgeberin war der Preis einer solchen Insel ein Pappenstiel.

Die Atmosphäre entspannte sich. Ich überlegte kurz, ob wir uns nicht vielleicht als wohltätige Einrichtung darstellen könnten, um ihrer Arbeitgeberin ein paar Millionen zu entlocken, aber diesen Gedanken behielt ich vorsorglich für mich. Joan bestätigte, daß es nicht gerade leicht sei, eine bewohnbare verlassene Insel zu finden.

Die beiden störten uns nicht sonderlich. Die meiste Zeit über waren sie unter Wasser, und ehe wir uns versahen, waren ihre zwölf Tage Urlaub vorbei.

Eines Abends, bevor die Amerikaner abgereist waren, ging gegen Sonnenuntergang am Horizont ein graues Patrouillenfahrzeug vor Anker. Am folgenden Morgen lag das Fahrzeug immer noch da, und ein Beiboot kam mit großer Geschwindigkeit auf unsere Küste zugeschossen. »Das war's dann wohl«, dachte ich, und sah im Geiste, wie wir in Handschellen von der Insel entfernt wurden, um als unerwünschte Fremde in ein Flugzeug gesetzt und abgeschoben zu werden. Hirnlose und machttrunkene Sicherheitstruppen machten sogar ausländischen Diplomaten in der Hauptstadt das Leben schwer. »Journalist« war in ihren Augen ein anderes Wort für »verdächtig«. Und »ausländischer Journalist« war gleichbedeutend mit »unerwünscht«.

Das Boot legte an, und ein Grüppchen von Soldaten stieg aus, von denen keiner mein etwas verkniffenes Lächeln beantwortete. Ein Mann von hohem militärischem Rang wurde von seinem Adjutanten als Befehlshaber der Sicherheitstruppen vorgestellt. Der Mann war ein Riese von einem Fidschianer, und er musterte mich mit strengem Blick. Zu meiner stillen Freude wurde mir plötzlich bewußt, daß ich einen unmöglichen Anblick bieten mußte: Ich hatte einen Zweiwochenbart, langes, fettiges und strähniges Haar, und nichts weiter als ausgefranste Jeansshorts an, die schon lange kein Waschwasser mehr gesehen hatten. Die jeweiligen Rangabzeichen auf den Uniformen konnte ich nicht einordnen, weil ich wegen Plattfüßen nie zum Militärdienst eingezogen worden war. Die Soldaten sahen blitzsauber aus.

Unter der Uniform verbarg sich die gleiche Neugierde wie bei jedem anderen Fidschianer. Der Befehlshaber stellte Fragen, deren Antworten er ohnehin schon wußte. Ob Polizei dagewesen sei? Ja, aus Lambasa. »Stimmt«, sagte er, und, um die Machtverhältnisse klarzustellen: »Ich habe sie geschickt.« Als ihm nichts mehr einfiel, sagte er:

»Dies muß wohl das Paradies sein nach der *rat race* bei euch, nicht wahr?«

»Das Paradies ist harte Arbeit«, sagte ich. Er schien meine Antwort nicht zu hören und fragte kurz darauf noch einmal:

»This must be paradise, no?« Er fragte nach unserer Beziehung zu den Amerikanern und wollte ihnen vorgestellt werden. Später sahen wir das Boot in Richtung Undu fortschießen, wahrscheinlich um die Ortsansässigen zu befragen, ob wir verdächtige Dinge täten.

Genau 24 Stunden später näherte sich unserer Küste wieder ein Boot: sechs Soldaten mit Gewehren und einem Polizeikorporal aus einem kleinen Ort, der auf halber Strecke nach Lambasa lag. Er mußte mindestens drei Stunden Fahrt hinter sich haben.

»In Suva, in Lambasa, jeder weiß, daß wir hier sind!« fuhr Chris aus der Haut. Der Korporal setzte sich mit unerschütterlicher Miene auf einen Stein und brachte einen umfangreichen Fragebogen zum Vorschein, nachdem er zunächst ausgiebig unsere Pässe studiert hatte. Ob wir Waffen hätten? Munition? Ob er mein Tagebuch sehen dürfte?

Seufzend beantwortete ich die Fragen und zeigte ihm die Notizen in meinem Tagebuch.

»Welche Sprache?«

»Niederländisch.«

Die Soldaten machten eine Runde um die Insel, und zwei von ihnen fuhren mit dem Boot hinaus, um Joan und Wally vom Riff abzuholen.

»Was soll das alles?« fragte Chris. »Dies ist jetzt schon das fünfte Mal, daß wir Polizeibesuch haben.«

»Eine fremde Yacht ist gesehen worden«, sagte der Korporal. »Irgend etwas gesehen?«

Nun ging mir ein Licht auf. Den luxuriösen Fischtrawler, der Joan und Wally abgesetzt hatte und der in dieser Gegend unbekannt war, hatten sie für eine Yacht gehalten. Sie hatten Angst, es könnten Waffen für die abgesetzte Regierung eingeschmuggelt werden. Der Polizist wollte meine Schnorchelausrüstung sehen und tastete den Schaumstoff in meinem Kamerakoffer ab, um sich zu vergewissern, daß auch wirklich keine Waffe darin versteckt war. Ich mußte alle Taschen öffnen, und erst nach einer Weile war er beruhigt. Er nahm meinen Fischspeer und ging damit in der Lagune auf Jagd, während er auf die Ankunft der Amerikaner wartete.

Ein Spuklicht! Nachts auf dem Weg zum Netz sehe ich in ein paar hundert Metern Entfernung ein helles Licht aufleuchten. Zuerst denke ich, daß es ein Boot mit einer Benzinleuchte ist, mit dem die Fischer nachts die Fische anlocken. Doch als das Licht verschwindet und gleich darauf ein Stück weiter wieder aufleuchtet, kommen mir Zweifel. Ich sehe das Licht noch ein paarmal an- und ausgehen. Am nächsten Tag kommt Apisai vorbei und staunt. »Du hast einen Tongayau gesehen!« ruft er aus. Dies ist ein seltener Vogel, den abergläubische Fischer in früheren Zeiten für einen Geist gehalten hatten, denn sie hatten nie mehr gesehen als ein Licht, das erlosch und ein Stück weiter wieder aufleuchtete, wenn sie näher kamen. Der merkwürdige Vogel jagt nachts nach Fischen und nutzt dazu ein spezielles Organ, mit dem er Licht erzeugen kann.

Die Mbure hatte ein Dach! Wir waren begeistert! Ein wunderschöner Anblick; eine riesige Zipfelmütze aus geflochtenen Palmenblättern, aus der die Reihen sich überlappender Blattspitzen herausragten. Chris hängte das Moskitonetz zwischen den Bodenbrettern der ersten Etage und dem Dach auf, und wir verbrachten unsere erste herrliche Nacht unter der dicken Schicht geflochtener Palmenblätter.

Allmählich hatte ich genug vom Bauen. Ich sehnte mich danach, nur noch in der Hängematte zu liegen und aufs Meer zu schauen, zu faulenzen, zu lesen und zu schwimmen. Ich wollte die Hütte endlich fertig haben, aber zuerst mußte noch die Küche gebaut werden. Dafür verwendete ich das Eisenblech des Schuppens, der uns die Aussicht verstellte. Mit großer Genugtuung zerschlug ich das Blech in kleinere Platten und befestigte diese an der Rückseite der offenen Küche.

»Du hast unserer Bevölkerung einen großen Dienst erwiesen«, sagte der Gemeindepfarrer, als er uns eines Morgens auf seinem Rückweg von Lambasa nach Undu besuchte, um das Haus zu besichtigen. Er deutete auf die erste Etage. »Ich bin mir sicher, daß eine ganze Menge Leute diese Idee aufgreifen werden.« Mir schien es kein sonderlich genialer Einfall zu sein, eine erste Etage zu bauen, obwohl mir schon aufgefallen war, daß der gigantische Dachfirst in den echten Mbures nie genutzt wurde. Ich hatte geglaubt, daß es dafür einen ganz bestimmten Grund gäbe, beispielsweise die Luftzirkulation, denn ich hatte mir nicht vorstellen können, daß in den zigtausend Jahren, in denen diese Bauweise schon existierte, noch niemand auf die Idee gekommen war, den oberen Teil der Hütte zu nutzen.

Ende August war die Hütte fertig. Das Dach der Küche bestand aus schräg abfallenden Wellblechplatten, und an deren Ende hing als eine Art Dachrinne ein schräg nach unten verlaufender, längs halbierter Bambus, der über einer Regentonne endete.

Das Wohnzimmer war einfach. Den Boden hatten wir mit sauberem Sand vom Strand bestreut und mit zwei Matten ausgelegt. An der Vorderseite stand ein grob gezimmerter Holztisch und eine Bank aus angespülten Holzplanken. Die Südwand der Hütte war geschlossen; wir hatten dafür das Holz der Ruine im Wald verwendet. Es gab einen Vordereingang, eine Seitentür und eine Hintertür, denn es mußte möglich sein, einen kräftigen Durchzug zu erzeugen. Chris flocht Türen und Matten für die Fensteröffnungen, mit denen man die Hütte bei schräg einfallendem Regen verschließen konnte. Zwei Bretter an der Südwand waren zum Abstellen von Büchern und Kleinigkeiten gedacht. Damit war die Hütte fertig!

Die Zeit des Faulenzens war angebrochen – das glaubten wir jedenfalls.

Das einzige, was ich in der langen, nassen Monsunzeit dank einer Anzahl von Silica-Beuteln trocken halten kann, ist mein Kamerakoffer. Aber als ich ihn öffne, stelle ich fest, daß die Ameisen dies ebenfalls gemerkt haben. Tausende von kleinen roten Ameisen laufen darin herum und schleppen sich mit win-

zigen Eiern und mit Nahrung ab. Ein ganzer Haufen von ihnen haust in meinem Blitzgerät, und als ich durch den Sucher eines der Fotoapparate schaue, entdecke ich sie sogar auf dem Spiegel im Inneren. Die Geräte, die ich der Sonne aussetzen kann, breite ich draußen aus, die anderen muß ich lange Zeit beklopfen: Ameisen mögen dies ebensowenig wie die direkte Sonneneinstrahlung.

Allmählich machte sich bei uns die einseitige Ernährung bemerkbar. Unsere Haut war nach wie vor fettig, und ich bekam immer mehr Pickel. Wir konnten Kokos nicht von unserem Speisezettel streichen und beschlossen, uns statt dessen ab und zu mit Seife zu waschen. Genau wie in der Pubertät litt ich plötzlich wieder an Fußpilz: Ich verspürte ein Jucken zwischen den Zehen, das auch durch Kratzen nicht zu beseitigen war, und die Haut löste sich an diesen Stellen ab wie die Tapete in einem feuchten Haus.

Ab und zu hatte ich die Nase gestrichen voll von dem nächtlichen Ausflug. Manchmal stürmte es und war kalt. Ich mußte dann vorsichtig durch das dunkle Wasser waten, um nicht umgeweht zu werden. Wegen der bewegten Wasseroberfläche konnte ich nicht sehen, wo ich hintrat, und manchmal war es so dunkel, daß ich das Netz im Meer nicht fand. Dann war wieder eine ganze Woche lang kein Fisch im Netz, und der nächtliche Gang zum Netz wurde zu einem einzigen Ärgernis, weil ich meinen Schlaf so oft umsonst unterbrach. Andere Male waren so viele Fische im Netz, daß wir stundenlang damit beschäftigt waren, den Fang zu verarbeiten, und tagsüber vor Müdigkeit ganz griesgrämig wurden.

Wenn der Wind jedoch nicht zu stark wehte, genossen wir die traute Zweisamkeit in den nächtlichen Stunden. Sobald der Fisch auf dem Feuer war, hatte Chris Tee bereitstehen, und wir unterhielten uns noch eine Weile unter dem funkelnden Tropenhimmel, begleitet von dem schrillen Gesang unzähliger Zikaden. Wir nahmen dieses Geräusch kaum noch bewußt wahr, so wie Menschen, die an einem Boulevard wohnen, den Verkehrslärm nicht mehr hören.

Im Grunde war das Leben leicht für uns. Jetzt, wo wir uns besser verstanden, hatte Ata alle Merkmale eines irdischen Paradieses. Trotzdem traute ich dem Glück noch immer nicht ganz. Der Beziehungsballon hatte sicherlich einiges an Ballast abgeworfen, aber mußte er nicht früher oder später doch wieder an Höhe verlieren?

Auf unserem halben Hektar an der geschützten Südwestseite von Ata, hinter dem kleinen Strand, der an den Felsen vor dem Mangrovenwald endete, befreiten wir uns aus dem Dschungel unseres ehelichen Schlamassels. Hatten wir endlich die Würgepflanze des Grolls ausgerottet, die Liane der Kettenstreitereien durchschnitten, die Schicht angeschimmelter Vorwürfe entfernt und die Dornensträucher des Sarkasmus verbrannt?

Der ferne, langgestreckte Horizont verschmolz mit dem Himmel über ihm, und der unermeßliche blaugrüne Raum drang bis in unser Inneres, während der Wind die Staubnester alten Schmerzes hinwegblies. Nach diesem Frühjahrsputz sahen wir einander jeden Tag erstaunt mit neuen Augen. Wir schmusten, sangen, küßten und alberten herum und saugten die Anerkennung des anderen in uns auf wie ausgetrocknete Schwämme, die nach langer Zeit wieder mit Wasser in Berührung kommen. Wir erfreuten einander mit Sätzen, die jedem Autor von Liebesromanen alle Ehre gemacht hätten.

»Ich will immer bei dir bleiben. Du bist so ... lieb«, sagte sie.

»Ich auch bei dir, du bist auch schrecklich lieb und so fröhlich!« sagte ich. »Du arbeitest so hart«, sagte sie, während ihre Finger liebkosend über meine braunen Muskelbündel strichen, »und ich wußte gar nicht, daß du solch eine Ausdauer hast.«

»Und du bist eigentlich sehr klug«, gab ich zu.

»Schleim, Schleim, Schleim«, johlten wir dann im Chor, nicht daran gewöhnt, Komplimente vom anderen zu hören, geschweige denn, sie selbst auszusprechen.

Unser Leben war nahezu vollkommen.

Eine Biene fliegt mit einem kleinen Blatt in der Mbure umher. Summend kreist sie um die Kleider, die am Mittelpfeiler hängen. Sie verschwindet im Hosenbein meiner ausgefransten Trainingshose, und ich weiß genau, was sie dort tut: Sie baut eine kunstvolle Röhre aus Blättern, ungefähr fünf Zentimeter lang. Diese hängt sie an die Innenseite des Stoffs, legt ein Ei hinein, preßt ein Lunchpaket für das Neugeborene aus ihrem Körper und klebt die Röhre zu. Ich habe schon einige von diesen Röhrchen aus den Kleidern geschüttelt, aber die Biene folgt unerschütterlich ihrer Natur. Zwei neue Röhrchen fallen aus der Hose. Die Biene fliegt unter zornigem Summen aus der Hütte. Ich schimpfe ihr hinterher.

6
Die holländische Flagge sinkt

September 1987

Alle Weißen sind Europäer.

»Ihr aus Europa? Kennt ihr Robert?« Robert war ein Arzt aus Colorado, der ein Auge auf Ata geworfen hatte. Vor unserer Ankunft war er zweimal in Undu gewesen und hatte sich in die Schönheit der Inselgruppe und deren Bewohner verliebt. In Apisai hatte er einen Bruder aus einem früheren Leben wiedererkannt und ihm sein schnelles Boot geschenkt. Robert war noch einmal mit Freunden, Frau und Kindern wiedergekommen, hatte jedoch seine Familie nicht für eine Zukunft in Fidschi begeistern können. Und er kam noch ein weiteres Mal allein – doch darüber später mehr. Fast jeder Fidschianer auf Undu kannte ihn. Der Arzt, der seine Praxis in einem Krankenhaus verkauft hatte, um Naturheiler zu werden, war einer der wenigen Weißen, die die Gegend in den letzten fünfzehn Jahren besucht hatten.

Nein, Robert kannten wir nicht. »Aber wir kommen aus Holland und er aus Amerika. Holland liegt in der Nähe von England, acht Stunden Schiffsreise davon entfernt. Unser Land ist genauso weit von Amerika entfernt wie Fidschi. Amerika hat vierhundertmal so viele Einwohner wie euer Land.« Ich versuchte, ihnen eine Vorstellung von Entfernung und Größe zu geben, doch offenbar konnten sie mir nicht folgen. Ihre Welt war großzügig, aber nicht groß. Allerdings hatte Apisai einen gewissen Sinn für Entfernungen. Er war auf Roberts Kosten im vergangenen Jahr zwei

Wochen in Colorado gewesen und zum erstenmal in seinem Leben durch Schnee gelaufen.

Es wird Zeit für ein Bekenntnis.

Wie bereits erwähnt, verging in jenen ersten Monaten keine Woche, ohne daß wir Besuch bekamen. Wer keinen Außenbordmotor hatte, sprang bei Ebbe in ein Boot und stakte notfalls zwanzig Kilometer zwischen den trockengefallenen Riffen hindurch zu unserer Insel.

Bei den ersten Besuchen waren wir freundlich und boten Tee an. Dann wurden wir reservierter und gingen unsere eigenen Wege. Noch später ignorierten wir sie, und ich bemühte mich nicht einmal mehr, ein künstliches Lächeln aufzusetzen. Wenn wir erklärten, daß wir für eine holländische Zeitschrift ein Jahr lang, nur mit einer Art Notration ausgestattet, in der Isolation verbringen sollten, so löste dies nur ein herzliches Lachen aus und hatte zur Folge, daß noch mehr Tassen Tee mit jeweils einer Handvoll Zucker getrunken wurden. Hätten sie mir nur irgendeinen Anlaß gegeben, dann hätte ich wütend werden können. Ich bezweifelte, ob Wörter wie »Isolierung« und »Ration« im Fidschianischen überhaupt existierten. Außer im Gefängnis lebte niemand in Isolation. Und Rationierung, Sparsamkeit also, verstieß gegen alle Prinzipien der Insulaner.

Ich war verärgert, konnte dies aber nicht zeigen, denn die Besucher flossen geradezu über vor Herzlichkeit.

Wir mußten Frieden mit einer Insel schließen, deren Quelle ausgetrocknet war und die Fischern als Picknickplatz diente. Männer in offenen Booten setzten samstags Frauen ab, die im klaren Flachwasser Angeln auswarfen. Die Fischer selbst fuhren zum Riff hinaus, um dort zu tauchen. Meist kamen sie vor der gemeinsamen Rückkehr noch kurz auf eine Tasse Tee und ein Schwätzchen vorbei. Oft schenkten sie uns frischen Fisch.

Mit den Bewohnern von Thawaro waren wir gut befreundet. Schließlich hatten sie uns mehr oder weniger adoptiert. Doch gerade sie sahen wir nicht oft, denn Apisai hatte dem Dorfrat nachdrücklich zu verstehen gegeben, daß wir den Auftrag hätten, so viel wie möglich allein zu sein. Wenn Menschen aus Thawaro kamen, brachten sie immer einen Eimer Wasser oder einen Korb Gemüse mit, die sie wie selbstverständlich in der Küche abstellten. Allmählich kam ich mir ziemlich geizig vor, ihnen keine Angelleine, keinen Angelhaken, keinen Zucker und keine Streichhölzer zu geben, wenn sie mich ungeniert darum baten. Es dauerte eine Weile, bis ich mißmutig mein Ideal vom Alleinsein aufgab und mich von jener Kleinlichkeit befreite, die mir selbst sehr holländisch vorkam. »Streichhölzer? Nimm doch einen Zweig aus dem Feuer. Wir müssen noch ein Jahr damit auskommen.« Aßen wir Pfannkuchen und hörten das Brummen eines Motors, dann schlangen wir das Essen manchmal regelrecht hinunter, um es nicht mit möglicherweise zehn anderen teilen zu müssen – etwas, das im Stammesverband völlig normal gewesen wäre. Einmal kam Apisai im Auftrag von Rosie und überbrachte ein zusammengebundenes Geschirrtuch mit frischen Brötchen und ihre Grüße: »Ich soll euch von Rosie ausrichten, daß sie Mitleid mit euch hat und deshalb diese Brötchen gebacken hat.« Ich hatte gerade den letzten Bissen heruntergeschlungen und schämte mich in Grund und Boden. Apisai hätte von mir bekommen, was er nur wollte, denn wir standen ohnehin tief in seiner Schuld. Doch gerade er wollte selten etwas haben und ließ sich aus Respekt vor meinem Auftrag nur ganz selten bei uns blicken. Später nahm er es in die Hand, uns mit Wasser zu versorgen, um eine Entschuldigung zu haben, öfter vorbeizuschauen.

Anderen Fidschianern gegenüber, die die Insel manchmal mitten in der Nacht besuchten und uns dann aufweckten, fühlte ich mich heuchlerisch und knauserig. Ein unbekannter Besucher rief einmal eine geschlagene Viertelstunde lang vom Strand aus:

»Hey, bláia ... bláia ... bláia?!« (»Bláia« – »Brother« – Bruder.)

Snuki fing panisch zu bellen an. Wir waren aus unserem Schlaf hochgeschreckt, und es war halb zwei in der Nacht. Schließlich stolperte ich gereizt nach unten und brüllte wütend, was er denn wolle.

»Masese, bláia!« – Matches – Streichhölzer. Da ich ohnehin schon aufgestanden war und ihn möglichst schnell loswerden wollte, rief ich: »Komm her.« Er kam nicht, denn er hatte ebensoviel Angst vor Snuki wie Snuki vor ihm. Der Hund hätte sofort das Weite gesucht, wenn der Fischer auch nur einen Schritt näher gekommen wäre, aber ihre absurde Illusion der Angst hielt beide auf Abstand. Ich mußte dem Schreihals die Schachtel mit den Streichhölzern zuwerfen, was ich mit der unfreundlichen Aufforderung verband, er möge mich doch bitte nicht mehr mitten in der Nacht aus dem Bett holen.

»Sorry, bláia.« Damit verschwand er in der Dunkelheit, um ein Stück weiter am Strand ein Feuer anzuzünden und zusammen mit ein paar Kameraden und einem Transistorradio viel Lärm zu machen. Einen Augenblick lang wünschte ich mir, Snuki wäre ein Dobermann.

»Ist so etwas bei euch üblich?« fragte Chris Apisai, der eine Woche später vorbeikam, um Briefe mitzunehmen. Er war unterwegs zu einer Versammlung des Provinzialrates in Lambasa. »Mitten in der Nacht in einem Dorf, in dem alle schlafen, nach einer Schachtel Streichhölzer zu schreien?« Der nächtliche Besuch war nicht der erste gewesen. Apisai sah schockiert aus. »Nein, nein, absolut nicht!« Er wolle sehen, was er tun könne. Seitdem wurden wir kaum noch nachts von Fischern belästigt, die damit rechneten, bei uns mit Streichhölzern und Essen versorgt zu werden.

Zwei Vorfälle bewirkten, daß wir dieses ganze Problem plötzlich mit anderen Augen sahen. Nachdem wir Freitagnacht von den lärmenden Fischern wachgehalten worden waren, wurden am Samstag Mèla, die zwanzigjährige Tochter des Tui-Thawaro, ein paar Mädchen und ein Junge zum Fischen abgesetzt. Es war ein windiger, bewölkter Tag, und für fidschianische Verhältnisse war es relativ kalt. Sowohl die Blicke von Mèla wie auch die ihrer Nichte Lèpa sprachen jene internationale Sprache, die alle Männer verstehen. Die Gesellschaft kam näher, machte sich jedoch schon bald wieder auf ihren Weg zu den flachen Gewässern an der Küste. Abends schlenderten die Besucher frierend in der Nähe des Schuppens herum, in dem wir damals noch wohnten. Die Männer, die sie abholen sollten, waren noch nicht gekommen. Wir ließen sie in die Hütte hinein. Chris hatte Krapfen gebacken. Ich sagte auf holländisch: »Das hier ist keine Snackbar, und ich weigere mich, den Ober zu spielen.« Chris gab jedem zwei Krapfen, doch danach blieb der Deckel auf dem Topf.

Gegen Ende des Monats waren wir in Thawaro eingeladen, um dort zu duschen und unsere Kleider zu waschen. Dort gab es keinen Wassermangel wie an den meisten anderen Orten in Fidschi. Jovili, der Tui-Thawaro, lud uns zum Essen ein. Er war von einer Krebsbehandlung im Krankenhaus zurückgekehrt, und es sah nicht gut für ihn aus. Sein Nacken war durch die Geschwülste fast ebenso dick wie sein Kopf, aber er hatte Lachfalten um seine Augen, und auf der Matte seiner Hütte sprach er sanft mit seinen Enkelkindern, als gäbe es keinerlei Probleme.

Die Frauen, die das Essen zubereitet hatten, waren seine Töchter Mèla und Tokassa, die Mutter von Lèpa. Die arme Familie war freigebig und herzlich, während ich den Deckel auf dem Topf gehalten hatte. Dies wurde jedoch mit keinem Wort und auch nicht mit der geringsten Andeutung erwähnt. Ich fühlte mich gar nicht wohl in meiner Haut und wie ein Kleinkrämer der schlimmsten Sorte.

Der zweite Vorfall war ein Gespräch, das wir auf der Hochzeitsfeier in Namoli bei der Yanqona-Zeremonie mit einem älteren Fidschianer führten. Timothi, einer der Dorfältesten eines benachbarten Dörfchens, knüpfte ein Gespräch mit mir an. Er war ein sanftmütiger Mann, und er sprach Englisch. Wir unterhielten uns über die Probleme mit den Hindus. Ihm ging es nicht darum, seine Landsleute herunterzuputzen, aber er sagte:

»Sie sind gierig. Nichts gibt es bei ihnen jemals gratis, beispielsweise aus Freundschaft. Nach unseren Bräuchen ist der beste Augenblick, etwas zu geben, der, in dem man nichts zurückhaben will.« Inzwischen hatten wir gesehen, daß es so etwas wie Reichtum in fidschianischen Dörfern nicht gab. Wer etwas hatte, teilte es mit den anderen. Ich fühlte mich von dieser Kritik ebenfalls angesprochen.

Der letzte Rest einer Erziehung, bei der man Äpfel »gegen den Durst« aß, und die letzten Überreste meiner Krämerseele verloren sich allmählich. Wegen der Vorräte machten wir uns keine Sorgen mehr. Wenn sie schneller als geplant zur Neige gehen würden, weil vorbeikommende Fischer bei uns mitaßen, konnten wir ihnen Geld mitgeben und sie bitten, in der Stadt für uns einzukaufen. Die holländische Flagge sank. Ein friesischer Hellseher hatte mir einmal in einem Interview gesagt, daß der orangefarbene Wimpel der niederländischen Flagge ebensosehr von Engstirnigkeit zeuge wie die Farbkombination der deutschen Flagge von Militarismus. Holländer, die sich im Ausland aufhielten, erkannte er an einem orangefarbenen Streifen in ihrer Aura. Betriebsblind, wie ich war, hatte ich dies damals nicht auf mich selbst bezogen.

Die Dominanz östlicher Einflüsse in den Genen von Chris war möglicherweise der Grund dafür, daß sie schneller als ich die Nebenerscheinungen von Ata akzeptierte und sich die freigebige Sorglosigkeit der Fidschianer bald zu eigen machte. Sie kannte diese Haltung von ihrer großen Familie, die aus dem malaiischen Archipel stammte.

»Meine Güte, warum stellst du dich wegen eines Stücks Angelschnur so an!«

Angelschnur. Ich hatte zwei Kilometer davon auf vier Spulen mitgenommen. Rupeni hatte meine Tasche mit den Fischereiutensilien inspiziert, eine Spule herausgeholt und sie mit zufriedenem Lächeln mitgenommen.

»Warte, ich schneide dir ein Stück davon ab«, rief ich ihm ängstlich hinterher.

»Nicht nötig«, sagte Rupeni. »Morgen zurück.«

Ich fragte ihn noch einmal danach. »Sorry, Bob, mataka, mataka.« »Mataka« heißt »morgen« im Sinne des Spanischen »mañana«, also irgendwann einmal oder – noch wahrscheinlicher – nie, und ich sah die Spule auch tatsächlich nicht mehr wieder. Obwohl ich mich zu diesem Zeitpunkt schon relativ stark an die lokalen Sitten angepaßt hatte und mich schon fast wie ein Fidschianer fühlte, irritierte mich dies.

Rupeni war ein dunkelhäutiger, athletischer Mann, der von allen Tauchern am längsten unter Wasser bleiben und innerhalb von zwei Minuten eine Kokospalme hinaufklettern konnte; er umarmte den Stamm wie ein Koala mit Armen und Beinen und glitt mit der Mühelosigkeit eines Fahrstuhls hinauf. Er hatte uns schon oft geholfen, ohne jemals eine Gegenleistung zu verlangen.

»Er braucht sie dringender als du, und du hast genug Angelschnur«, sagte Chris. »Vor kurzem hat er dir noch sein einziges Päckchen Zigaretten angeboten, erinnerst du dich?«

»Ich hätte ihm die Schnur lieber selbst gegeben«, murrte ich.

»Wahrscheinlich, um ein Dankeschön zu hören«, erwiderte sie sarkastisch.

Wenn man genug hatte, dann teilte man das, was man hatte. Ich war froh, daß ich dieses Prinzip zumindest ansatzweise verstanden hatte, bevor ich merkte, daß ich den größten Teil der Angelschnur gar nicht brauchte.

Ganz im Sinne meiner Erziehung mißtraute ich Menschen, die ich nicht kannte, bis sie mir ihre Vertrauenswürdigkeit bewiesen hatten. Bei Fidschianern war das genau umgekehrt. In einer solchen Atmosphäre konnte man letztendlich nicht zurückstehen, und so gewöhnten wir es uns an, Besucher freundlicher zu empfangen. Das Problem wurde jedoch ohnehin entschärft, denn nach den ersten drei Monaten hatte sich die Neugierde der Insulaner gelegt, und wir bekamen fortan oft über Wochen nur Apisai oder seinen Bruder Franci zu Gesicht, wenn sie uns Trinkwasser brachten. Unsere Angelhaken fanden reißenden Absatz, wir kochten gutgelaunt Mahlzeiten für Fischer, die manchmal über Nacht dablieben, und teilten bedenkenlos unseren geräucherten Fisch mit ihnen. Dies war eine kleine Veränderung mit großen Folgen. Meine Angst, daß es uns schließlich an etwas mangeln würde, erwies sich als unsinnig. Je mehr wir gaben, um so mehr bekamen wir zurück.

Die Fidschianer entpuppten sich übrigens als nicht ganz so fromm, wie wir anfänglich geglaubt hatten. Mit dem Leben in den fidschianischen Dörfern machten wir nur oberflächlich Bekanntschaft, und dies auch nur, weil wir hin und wieder eingeladen wurden, auf Undu unsere Wäsche zu waschen und ein Bad zu nehmen. Die Frauen in den Dörfern waren begeistert, Chris in ihrer Mitte zu haben. Ein Mischmasch aus Fidschianisch, Englisch, Gebärdensprache und eine auf Gegenseitigkeit beruhende Neugierde sorgten dafür, daß wir viel über das Stammesleben in diesem abgelegenen Winkel der Erde erfuhren.

Der Klatsch war die wichtigste Freizeitbeschäftigung der Frauen, und zu unserer Überraschung drehten sich ihre Gespräche hauptsächlich darum, wer ein Techtelmechtel mit wem hatte. Dabei ging es nicht nur um verheiratete Männer, sondern auch um verheiratete Frauen. Eine der Frauen, die Ata besucht hatte und die mir schon bei diesem Anlaß als sehr attraktiv aufgefallen war, schien die Dorfschlampe zu sein. Es überraschte mich, dies zu hören, denn ich hatte geglaubt, es wäre meiner eigenen erhitzten Phantasie zuzuschreiben, daß ich damals in ihren Blicken eine an mich gerichtete Aufforderung gelesen hatte. Ich will sie hier Lisa nennen. Lisa war zwanzig und bereits zum zweitenmal mit einem außerehelichen Kind schwanger. Sie erzählte uns traurige Geschichten über Herren, die sie geschwängert und dann sitzengelassen hatten. Es waren Männer gewesen, die vorübergehend in der Gegend gewohnt hatten, wie es oft bei Lehrern oder Soldaten vorkam.

Wir hatten Mitleid mit Lisa gehabt, obwohl wir schon damals gewußt hatten, daß unverheiratete Mütter in fidschianischen Stämmen keineswegs einen so schweren Stand hatten wie in der wesentlich kälteren westlichen Gesellschaft, aus der wir stammten. Lisa wurde weiterhin akzeptiert, und ihre Familie sorgte dafür, daß sie etwas zu essen und eine Unterkunft hatte. Ihren Kindern würde wahrscheinlich nie ein Vater fehlen, denn die Männer dort fühlen sich nach alter Tradition als Väter *aller* Kinder. Außerdem war es der Kirche glücklicherweise noch nicht gelungen, Begriffe wie Schande und Sünde allzutief in das fidschianische Bewußtsein einzuprägen.

Lisa hatte nach dem, was die Frauen sagten, einen unersättlichen Hunger auf Männer, und sie hatte immer fünf oder sechs Freunde gleichzeitig. Im fernen Lambasa führte sie gegen Männer mit einem festen Einkommen, die eine Affäre mit ihr gehabt hatten, Prozesse um Alimente, und sie überredete Verwandte, für sie als Zeugen auszusagen. Diese hatten sie angeblich bei ihren Zusammenkünften mit dem betreffenden Mann heimlich beobachtet. Doch Lisa hatte damit kein Glück, denn der Richter war nicht auf den Kopf gefallen.

»Wie kann man nur so dumm sein!« rief die Gemeindeschwester entrüstet aus. Sie hatte der vergnügungssüchtigen Lisa nach ihrem ersten Kind ans Herz gelegt, die Pille zu nehmen, die nur 15 Cent pro Schachtel kostete und die sie notfalls gratis bekommen konnte. Doch Lisa hatte geschluchzt: »Niemand liebt mich.« Unterdessen hatte sie den Mann der Gemeindeschwester verführt, der jedoch heftig abstritt, etwas mit ihr gehabt zu haben, als seine stämmige Frau ihn deswegen zur Rede stellte.

So etwas tat man nach fidschianischer Auffassung nicht. Ein Abenteuer, schön und gut. Ein heftiger Streit, und die Angelegenheit war vergessen. Aber lügen! Das war entsetzlich! Damit hatte sich der Mann, der Rektor der Bezirksschule, die Sympathien aller Dorfbewohner verscherzt.

Es ist Flut. Ich schwimme vom Netz zum Strand zurück, mit dem Kopf unter Wasser, um mir das Unterwasserleben anzuschauen. Als ich mein Kinn enger an meine Brust drücke, sehe ich, daß drei knallgelbe Fische, nicht größer als ein Zentimeter, in Formation mit mir mitschwimmen. Sie strengen sich ungeheuer an, mit meiner Geschwindigkeit mitzuhalten, und das ist ein ziemlich komischer Anblick. Wenn ich mich in flachem Wasser hinstelle, um mich auszuruhen, verstecken sich die gelben Fischchen zwischen meinen Oberschenkeln. Wenn ich weiterschwimme, nehmen sie die Position unter meinem Kinn wieder ein und schwimmen so schnell, wie sie können, mit mir mit. Kurz vor dem Strand sind sie plötzlich verschwunden. Jetzt, wo ich sie entdeckt habe, merke ich, daß sie bei Flut immer wie kleine Lotsen mit mir vom Netz zum Ufer mitschwimmen.

Das schönste Geschenk von Ata war Stille. Dies offenbarte sich uns erst im September, als wir nur noch selten Besuch bekamen. Wegen Streiks hatte die Kirche die Jungen aus den Dörfern herangezogen, damit sie Gott und der Wirtschaft dienten und bei der Zuckerernte aushalfen. Deshalb sahen wir nun viel seltener in der Ferne Boote vorbeituk-kern.

Wir kamen einander nicht mehr in die Quere, im Gegenteil, wir wollten alles nur noch gemeinsam tun. Manchmal, wenn ich am Tisch arbeitete und Chris in der Küche beschäftigt war, zog ich auf einen Stein an der Feuerstelle um, um ihr Gesellschaft zu leisten. Wir tranken Tee aus einem Kessel, der immer warm gehalten wurde. Hatten wir einst geglaubt, daß wir uns nach drei Wochen nichts mehr zu sagen haben würden, so überzeugten wir einander nun vom Gegenteil. Es war ein zweites Kennenlernen, und wir plauderten, als ob wir das gesamte Schweigen der Vergangenheit wiedergutmachen müßten.

Die spektakulärste Entdeckung für uns beide war, daß der andere zu anhaltend guter Laune fähig war. Wir betrachteten einander mit wachsendem Interesse. Erstaunt stellten wir fest, daß sich hinter der gefallenen Fassade unterkühlter Wut, die lange vor unserer ersten Begegnung entstanden war und mit der wir einander jahrelang schikaniert hatten, ein netter Mensch verbarg. Auf unsere konfliktgeladene Beziehung der jüngsten Vergangenheit schauten wir zurück wie auf ein früheres Leben. Nur noch selten kam Mißstimmung zwischen uns auf. Diese revolutionäre Entwicklung setzte sich während unseres ganzen restlichen Aufenthalts fort, und wir hatten das Gefühl, ein Stück Königreich auf Erden erobert zu haben. Chris prägte den Ausspruch, daß sich unsere Beziehung auf dem 180. Längengrad um 180 Grad gedreht hätte. Ich schrieb »vom Abgrund zum Märchenland« in mein Tagebuch.

Mußten wir uns in den Niederlanden für alles, was wir gerne taten, mühsam Zeit freikämpfen, so hatten wir diese hier in einem solchen Überfluß, daß wir die täglichen Arbeiten ohne äußeren Zeitdruck verrichten konnten und uns alles Spaß machte. Hatte ich in unserem Leben vor Ata immer das Gefühl gehabt, daß die Zeit mir entglitt, so war es jetzt, als würde sie mir entgegenwogen und als würden die Tage zugleich wie Wolken auf dem Wind davonjagen. Die Überlebensangst war ganz von uns abgefallen. Viele der täglichen Arbeiten wurden zur Routine, langweilten uns jedoch nie. Die Zusammenarbeit, die uns früher so schnell zum Verhängnis geworden war, klappte jetzt wie von selbst, und Andeutungen genügten, wo früher selbst ausführliche Erklärungen zu endlosen Mißverständnissen geführt hätten.

Himmel und Meer flossen oft am Horizont nahtlos ineinander und bildeten eine einzige tiefblaue Leere. Umgeben von diesem unermeßlichen Raum, saßen wir in unserer Hütte, die uns ein angenehmes Gefühl des Zuhauseseins gab.

Chris wusch das Geschirr am Rand des Wassers mit Sand, Asche und einem Schwamm aus Kokosfasern ab. Das beanspruchte viel mehr Zeit, als sie sich in den Niederlanden jemals dafür genommen hatte, und jeden Tag scheuerte sie fetten Ruß von den Töpfen. Diese Tätigkeit an der Grenze zum unendlichen Ozean, der sich zu ihren Füßen als harmloses Planschbecken mit Muscheln und Sand manifestierte, gewann für sie eine besondere Bedeutung. Es war eine Stunde der Stille, während sie dort hockte, umringt von Schwärmen kleiner Fische, die sie inzwischen kannten und die wußten, daß von ihr keine Gefahr, sondern Essensreste zu erwarten waren.

In Holland war Abwaschen für Chris keine Arbeit gewesen, der sie etwas hätte abgewinnen können, doch hier verlieh das Da-Sein dieser Tätigkeit seinen Wert, weil die Zeit auf unserer Seite war. Es kostete mich jeweils einen ganzen Tag, große Fische zu räuchern. Ich brauchte mich nicht zu beeilen, und weil wir Haushaltsarbeiten ohne inneren Widerstand verrichteten, schwanden die Tage wie verglühende Sterne dahin, und die Monate verstrichen wie Wochen. Unannehmlichkeiten und Rückschläge beschränkten sich auf kleine Verletzungen, die schnell heilten, und darauf, daß entweder keine Fische oder nur Fische, die nicht so gut schmeckten, im Netz waren.

Aus reiner Gewohnheit fragten wir uns, ob uns etwas fehlte und was. Doch es fiel uns nicht viel ein, außer einer Tasse Kaffee und Zigaretten vielleicht. Ich genas von Leiden, deren Existenz ich nicht einmal geahnt hatte, von den Anzeichen der alltäglichen Neurose.

Auf dem Ebbestrand rennen auch Winkerkrabben hin und her. Sie sind viel kleiner als die schnellen »Mondfahrzeuge«. Ihr

Name bezieht sich auf eine Schere, die sich zu der anderen wie eine Violine zum Geigenbogen verhält. Mit der dicken Schere geben sie einander Zeichen. Wenn ich an ihnen vorbeilaufe, hält die Kolonie wie versteinert inne und starrt mich ängstlich an. Komme ich näher, so verschwinden die Tiere alle gleichzeitig in ihren Löchern. Kurze Zeit später sind sie schon wieder geschäftig und geben einander mit hölzernen Bewegungen Zeichen wie Lotsen auf einem Flughafen. Wenn ein Nachbar ihnen zu nahe kommt, geben sie ein Stoppzeichen, das dem unseren ähnelt. Außerdem winken sie einander zu, was offenbar »Komm her« bedeutet, wenn ein Männchen ein Weibchen erblickt, das ihm gefällt.

Im September waren die Bauarbeiten beendet. Darauf hatte ich mich schon lange gefreut. Das Haus war fertig, und es kamen keine unerwünschten Besucher mehr. Wir verbrachten Stunden in der Hängematte, und ich fraß mich regelrecht durch die Bücher, die ich mitgebracht hatte. Wir machten Spaziergänge am Strand und füllten große Säcke mit trockenem Anmachholz, das wir an der Flutlinie gesammelt hatten. Das Netz wurde einer Generalüberholung unterzogen, und in der Dämmerung nahmen wir uns der arg mitgenommenen Kohlpflänzchen an. Die Tage jagten noch schneller vorbei. Ich durchschwamm die ganze Lagune. Bei Ebbe sammelten wir Schalentiere von den Felsen. Muränen glitten in Todesangst vor uns davon und suchten fieberhaft nach einem nassen Spalt, in dem sie sich verstecken konnten. In einem Felsbecken spielte sich ein Kampf auf Leben und Tod zwischen solch einem Giftfisch und einer Krabbe von der Größe eines Meerschweinchens ab. Die Krabbe unterlag und wurde Glied für Glied auseinandergerissen und verschlungen. Andere Krabben streckten uns drohend ihre dicken Greifzangen entgegen.

Ein Land von der Größe einer Briefmarke, das nur knapp über dem Wasserspiegel lag, aber von unermeßlicher Weite war! Keine Touristen, die plötzlich um die Ecke bogen, kein Telefon, keine Termine.

Womit kann man einem Menschen eine größere Freude machen? Raum und Zeit im Überfluß. Niemand, der einem auf die Finger guckt, und eine Frau wie Chris, die an alldem die gleiche Freude hat wie ich. Sonne auf meiner Haut und Wind in meinem Haar und Salzwasser, das sich wie tausend kühle streichelnde Hände anfühlt, so daß ich, wenn ich darin schwimme, überhaupt nicht mehr aus dem Wasser heraus will. Ein Gefühl der Gesundheit, wie ich es noch nie zuvor verspürt habe. Eine Zeit, in der ich nie an das Morgen zu denken brauche, eine Zeit ohne Miet- und Hypothekenzahlungen und ohne eine Exfrau, die ihr Leben lang ein Hühnchen mit mir zu rupfen hat. Ein Leben ohne Terminkalender und ohne einen Freundeskreis. Eine Zeit, in der nichts geschehen muß, aber alles geschehen darf, in der ich alles sagen kann und in der Schweigen nicht wie eine Wolke einen Vulkan verbirgt, der jeden Moment auszubrechen droht. Ein Dach über dem Kopf, ein Gemüsegarten, Haustiere und ein kristallklares Meer vor der Tür, ein gutes Buch und eine durchschnittliche Jahrestemperatur von 26 Grad. Das klingt wie ein unerfüllbarer Traum, aber wir waren das königliche Paar, das diesen Traum lebte.

Und der Teil der Welt, der in Brand stand? In Holland war dies genauso weit entfernt von uns wie hier, nur kam es einem dort durch die Medien bedrohlich nahe. Und wer immer noch in der Lage ist, den Nachrichten zu folgen, ohne dabei seine Gefühle abzuschalten, wird früher oder später wie gelähmt in seinem Lehnstuhl sitzenbleiben, zu trinken anfangen, verrückt werden oder sich nach einer unbewohnten Insel sehnen. Ich hatte es, soweit ich mich erinnern konnte, noch nie erlebt, daß ich über eine so lange Zeit jeden Tag mit dem Gefühl aus meinem Bett gesprungen war, als warte draußen ein neuer Tag ungeduldig darauf, mit mir zu spielen. Vielleicht hatte ich solch eine Zeit doch schon einmal erlebt? Vielleicht war ich deshalb so verspielt, und vielleicht tauchten deshalb so viele Erinnerungen aus meiner Kindheit auf? Vor den Jahren, die ich auf der Schulbank verbracht hatte, hatte mich auch schon einmal solch ein Gefühl der Ewigkeit beherrscht, der Leichtigkeit des Lebens. Aber damals war ich jeden Morgen so begeistert aufgewacht, weil ich so wenig gewußt hatte. Jetzt geschah dies trotz der Tatsache, daß ich mittlerweile soviel mehr wußte. Ich hörte auf, mich nach meiner Kindheit zurückzusehnen, denn dazu gehört auch jene Einfältigkeit, die Unschuld genannt wird und die nur kleinen Kindern und Tieren gut steht.

Wenn bei Vollmond und bei Neumond das Wasser seinen niedrigsten Stand erreicht hat, sieht es so aus, als wäre das Meer mindestens einen Kilometer weit entfernt. Eine breite Sandfläche mit Dutzenden von Wassertümpeln, die wie Krater von kleinen Bombeneinschlägen aussehen, breitet sich dann vor uns aus. Einer meiner Funde dort ist ein vollkommen rundes Loch, das mit Wasser gefüllt ist. Wer jemals versucht hat, ein Loch in nassen Sand zu graben, weiß, wie schwierig dies ist. Das Loch ist armdick. Als ich meinen Arm hineinstecke, verschwindet er bis zu meinen Schultern darin, ohne den Boden zu erreichen. Schnell ziehe ich ihn wieder zurück aus Angst, bei einem Bodenpiraten mit Giftzähnen Hausfriedensbruch begangen zu haben. Doch wer der Baumeister ist, bleibt ein Geheimnis, und auch die Fischer können mir nicht sagen, wer für die so akkurat ausgehobenen Löcher verantwortlich zeichnet. Der geheimnisvolle Gräber läßt sich nie blicken.

Nach dem Bau der Hütte nahm unser Leben auf Ata eine gewisse Alltäglichkeit an, und fast alles, was geschah, war von außergewöhnlicher Gewöhnlichkeit. Wer unter den Lesern an dieser Stelle noch mit alles niedermähenden Taifunen oder mit einer Rettung aus den Fängen eines weißen Hais rechnet, den muß ich leider enttäuschen. Ich empfehle ihm, nicht weiterzulesen. Es waren die kleinen Ereignisse, die für uns zu Wundern wurden.

Als Ko Hen aus dem Dschungel kam, begleitet von sechs gelben Wattebäuschchen, die mit ihrer Mutter eifrig herumscharrten, als hätten sie nie etwas anderes getan, umarmten wir einander und sahen dies gerührt als einen Meilenstein unseres Aufenthalts auf der Insel an. Küken! Plötzlich hatten wir acht Hühner. Wir konnten unseren Blick nicht von den Daunenbällchen abwenden, die sich in kurzen Sprints fortbewegten. Die Glucke hatte erneut eine Persönlichkeitsveränderung durchlaufen, wie eine Frau, die nach einer Therapie ihre Selbstsicherheit zurückgewonnen hat. Sie lief stolz und hocherhobenen Hauptes umher. Sie ließ uns, den Hund und vor allem Thakombau nicht aus den Augen und sprach eine andere Sprache. Das einsilbige *Pak!* bedeutete: »Komm«, woraufhin die Kleinen ihr hastig folgten. Wenn die Sonne hinter einer Wolke verschwand und ein frischer Wind aufkam, blies Ko sich zu doppeltem

Umfang auf, und die Küken rannten unter ihre Federn, woraufhin sie sich wie ein lebender Teewärmer auf sie niedersacken ließ.

Sie nahm ihre Sprößlinge in alle Winkel des Gartens mit, um ihnen die speziellen Leckerbissen zu zeigen, und führte sie zur Flutlinie, damit sie sich zwischen den Algen in der Jagd auf Skrotophagen üben konnten, die lecker, aber auch schnell waren. Eingeschlafene Küken wurden von Khan sanft wachgepickt, da er die Aufgabe übernommen hatte, sich um die Nachzügler zu kümmern.

Thakombau zeigte keinerlei Interesse an den Küken. Sah Ko ein Küken in seiner Nähe, dann sprang sie wie eine zornige Furie auf den Kater zu und jagte ihn mit der Furchtlosigkeit einer erzürnten Mutter in die Flucht.

Heute morgen, als ich eine Stunde vor den Felsen am Ende des Strandes sitze, sehe ich plötzlich Andrzej neben mir. Ich sehe ihn nicht und sehe ihn doch, ohne zu halluzinieren. Die frühen Morgenstunden erstrahlen in einem Licht, wie ich es an keinem anderen Ort auf der Welt gesehen habe. Das Meer liegt still vor mir, und über ihm hängt eine Nebeldecke wie der Dampf auf einer Tasse Tee. Es sind kaum Geräusche zu hören. Andrzejs Erscheinen ist ein Schock für mich: So deutlich habe ich ihn, außer in der Realität, nie vor Augen gehabt. Er war einmal mein bester Freund gewesen: ein Pole, der das Herz auf dem rechten Fleck hatte. Mit ihm bin ich gereist, und wir haben zusammen viel Spaß gehabt. Es wurden keine sterblichen Überreste von ihm gefunden, nachdem er auf einer Urlaubsreise mit einem Flugzeug auf dem Flughafen von Madrid abgestürzt war. Die Nachricht von jenem Unglück hatte mich damals plötzlich sehr inten-

siv mit der Realität meines eigenen Todes konfrontiert. Andrzej ist ohne Vorankündigung und nur kurz da, vielleicht, weil ich erschrecke. Aber er lacht fröhlich, und ich bemerke einen anerkennenden Blick in seinen Augen: Dieses Inselleben ist ganz nach seinem Geschmack … und Sterben ist übrigens gar nicht so schlimm.

Der Regen blieb aus, und die Fischer sprachen bereits von einer langen Trockenperiode. Zum erstenmal seit seinem Umzug nach Undu erlebte Apisai in Wai Levu, daß der Fluß fast versiegte. Er mußte jeden Tag hoch in die Hügel hinaufsteigen, um Wasser zu holen.

Nachts wurden wir von einem dumpfen Schlag direkt neben der Hütte aus dem Schlaf hochgeschreckt. Eine Palme hatte ihre ganze Krone abgeworfen. Es waren noch junge Blätter dazwischen. Der kahle Stamm ragte wie ein obszön zum Schöpfer erhobener Finger in den Himmel. Das war nur die erste. Zwischen September und Ende November fielen fast alle dreißig Kronen der Palmen hinter und neben der Hütte ab. In der Dämmerung erinnerte diese traurige Versammlung kahler Stämme an ein Heer, das ungeordnet den Rückzug antritt.

Bei unseren Ausflügen in den Dschungel auf der Suche nach den wenigen Kokosnüssen, die noch Saft enthielten, bot sich uns ein gespenstischer Anblick. Was einst grün gewesen war, war größtenteils verschwunden oder grau, staubig und verdorrt. Insekten sahen wir nur wenige. Die Insel Ata schien unter dem glühenden Tod ihr Leben auszuhauchen. Ich konnte mir überhaupt nicht erklären, woher die Palmen mit den noch saftigen Nüssen sich die Feuchtigkeit holten. Die Sträucher waren restlos verschwunden. An der Nordseite der Insel kamen vorchristliche Grabsteine zum Vorschein, die die Fischer schon lange nicht mehr gesehen hatten. Die Wespen waren fort, und nur in den hohen Baumwipfeln flogen Vögel im kühlen Atem des Windes. Die Natur hatte eine Totenmaske aus Rissen und Sprüngen, und wir gaben der Insel keine große Überlebenschance. Über den Bergen und zwischen den Nebeln des fernen Vanua stiegen schwarze Rauchwolken auf. Zehntausende von Hektaren Pinienwälder brannten in dieser Zeit ab. Bauern, die wie gewöhnlich die Stoppeln ihrer Zuckerrohrpflanzen vor der neuen Aussaat abbrannten, hatten den Durst der Pinienwälder und den Passatwind nicht berücksichtigt.

Durch den Boden des Gemüsegartens zog sich ein Netz von Rissen, doch die Kohlpflänzchen setzten ihr tägliches Niedersinken und Aufstehen so hartnäckig fort, daß ich ihnen gerührt zuzureden begann. »Haltet noch ein wenig durch, Jungs, dann können wir euch aufessen.«

Die Hühner hielten sich immer häufiger in der Nähe der Hütte auf, denn die Insekten hatten sich in die kühleren Tiefen der Erde zurückgezogen. Die einzigen, die sich tagsüber in die sengende Sonne wagten, waren die Eidechsen. Wir sahen sie manchmal zappelnd in Kos oder Khans Schnabel verschwinden. Snuki bewegte sich nicht mehr von seinem Platz unter dem niedrigen Strauch fort, der über den Strand hing. Er hatte sich dort eine Mulde gegraben und lag mit dem Bauch auf der kühlen Feuchtigkeit des Sandbodens.

Es war schrecklich, mit ansehen zu müssen, wie die Natur langsam, aber sicher krepierte. Nur am Meeresufer schlugen noch Bäume aus. Offenbar waren sie in der Lage, ihren Durst mit Salzwasser zu stillen. Die Mangrove entwickelte gelbe Blüten, umgeben von einem Meer aus hellgrünen

Blättern. In Fidschi gab es in den Dörfern des Inlandes, die ohne den Fischfang auskommen mußten, zum erstenmal eine Hungersnot. Inseln, die nie ohne Wasser gewesen waren, mußten von Suva aus mit Tankern versorgt werden. Aus mehr als einem Grund war ich froh, daß ich nicht versucht hatte, eine andere Insel zu finden.

Als Bauer hatte Apisai verwundert zuschauen müssen, wie seine Ernten in den vergangenen sieben Jahren immer spärlicher geworden waren, bis sie dieses Jahr infolge der außergewöhnlichen Trockenheit nur noch das Überlebensminimum erbrachten. Sein Yanqona-Feld war wegen der Unvorsichtigkeit eines Nachbarn abgebrannt. Es würde mindestens fünf Jahre dauern, bis neue Pflanzen die für die Ernte notwendige Größe erreicht hätten. Zum erstenmal war er gezwungen, sich durch Fischfang ein Zubrot zu verdienen. Franci brachte geräucherten Fisch zum Markt in Lambasa und verkaufte ihn dort, denn er brauchte Geld für seine Hochzeit mit der Dorflehrerin Dioni. Die Hochzeit war für den Dezember geplant, denn im Januar würde ihr Kind schon geboren werden. Schwangerschaft vor der Hochzeit wurde eigentlich nicht als Problem angesehen, aber vorsichtshalber sollten die beiden doch vor der Geburt des Babys heiraten.

»Ich verstehe es nicht«, sagte Apisai. »Ich pflanze nach jeder Ernte an einer anderen Stelle, damit sich der Boden erholen kann. Trotzdem werden die Pflanzen immer kleiner. Papaya, Tapioka, Yam ... Bei allen Bauern ist das so. Woran liegt es nur? An den Sternen?« Ich mußte unwillkürlich an die sieben mageren Jahre denken. Nach dem, was manche Wünschelrutengänger sagten, endete im Augenblick das chaotische Fische-Zeitalter und wurde vom kreativen Wassermann-Zeitalter abgelöst. Das Schlimmste mußten wir nun eigentlich hinter uns haben. Als ich Apisai dies sagte, wurden seine Augen groß vor Interesse. Von Natur aus lebte sein Volk mit den Rhythmen des Mondes. Wenn wir Wai Levu besuchten, schaute er am späten Abend nicht auf seine Uhr, sondern zum Mond hinauf, um festzustellen, ob es Zeit wurde, uns nach Hause zu bringen.

Das gesellschaftliche Leben der Fidschianer wogt mit dem Atem des Ozeans auf und ab. Die Gezeiten sind für ihre Zeitrechnung sehr wichtig. Bei Flut fahren Boote aus oder ein, Menschen gehen auf Reisen oder kommen an. Flut ist Aktivität, Ebbe ist Ruhe. Apisai bat mich, einen Fangkalender anzulegen, weil ich jeden Tag Fische fing. Doch was ich dabei herausfand, wußte jeder Fischer schon längst: Ungefähr zum Zeitpunkt des Tages vor Neumond gab es Rekordfänge. Der Tiefpunkt lag ungefähr bei Vollmond. Wenn zu diesem Zeitpunkt überhaupt Fische im Netz waren, mußte ich mich beeilen, denn war der Fisch erst einmal tot, dann verdarb er bei Vollmond im Zeitraum einer halben Stunde. Bei Neumond hingegen blieb er bis zum Morgen frisch.

Für Ebbe und Flut haben die Fidschianer keine Substantive. Sie betrachten beides als Wendepunkte in einem Prozeß, so wie den Augenblick zwischen dem Ausatmen und dem Einatmen. Die fidschianischen Wörter für die Gezeiten sind Verben: »Es ebbt« oder »es flutet.« Vollmond läßt den Wasserspiegel hier um drei Meter ansteigen. Er zieht sogar die Erdoberfläche um ungefähr dreißig Zentimeter an. Wir leben auf einem atmenden Wesen, gefangen in einem Netz fürsorglicher Kräfte aus dem All. Der Mond zieht mit der Präzision einer Rolex seine Bahn. Würde dieser Himmelskörper auch nur wenige Zentimeter von seiner Bahn abweichen, so würde das Meer Ata verschlingen – und Holland wahrscheinlich auch, tröstete ich mich.

Chris und ich kannten einander nicht wieder. Wir hatten beide das Bild eines chronisch schlechtgelaunten Partners noch frisch im Gedächtnis. In der Verliebtheitsphase unserer neu erwachten Liebe gab es Augenblicke sorglosen Sich-zu-Hause-Fühlens, aber diese Zeit war nicht sexuell geprägt. Es war wenig Erregung zwischen uns. Ihr Körper war wunderschön, glänzend rotbraun, daß einem das Wasser im Munde hätte zusammenlaufen können. Doch das geschah nicht. Lag es an der allgemeinen Trockenheit?

Im Gegensatz zu früher störte mich diese Tatsache jedoch überhaupt nicht. Ein paarmal pro Monat machten wir innig Liebe und schliefen danach zufrieden ein. Und das war genug. Vieles von dem, woran es mir meiner Meinung nach immer gemangelt hatte, mußte ich mir infolge von Langeweile zusammenphantasiert haben. Was uns am meisten gefehlt hatte, war echte Intimität, und die hatten wir jetzt zur Genüge. Wir lagen in inniger Umarmung, wann immer die Temperatur es zuließ.

Koffein, Nikotin und Adrenalin, den Bodensatz der Sucht, schwitzte ich aus meinem Körper aus. Das Verlangen nach Kaffee, Zigaretten und Sex tauchte immer seltener, in immer größer werdenden Abständen auf. Ob das langweilig war? Vor weniger als einem halben Jahr wäre mir solch ein Leben als äußerst öde erschienen, denn damals hatte ich noch in Phantasien über Sex bei Vollmond, halb auf dem Strand, halb im Wasser, geschwelgt. Doch so etwas versuchten wir erst gar nicht. Alles mögliche stechende und beißende Getier bewachte die Grenze zwischen Wasser und Land, und das Salzwasser reizte die zarten Hautbereiche. Die Liebe war etwas für kühle Nächte unter dem Moskitonetz.

Unser Leben war das absolute Gegenteil von langweilig. Dies grenzte an ein Wunder, denn vorher war mir ein Leben mit wenig oder gar keinem Sex als ganz und gar nicht lebenswert erschienen. Ich glaube nicht, daß ich auf natürliche Weise darüber hinausgewachsen war, aber Chris und ich hatten wegen dieser Frage keine Zusammenstöße mehr. Verärgerung schlug um in Heiterkeit. Das war neu für mich. Wenn ab und zu noch Unfrieden aufflackerte, so löste er sich schnell wieder auf, ohne irgendwelche negativen Gefühle – die früher so hartnäckig in Erinnerung blieben – zu hinterlassen.

Wäre ich eine Garnele, so wäre ich beim Anblick des abscheulichen Monsters, das ich heute im Netz gefunden habe, vor Schrecken erstarrt. Wortwörtlich übersetzt heißt dieses Untier »Gestreifter Garnelenwürger«[8]. Er sieht aus wie eine Kreuzung zwischen einer Garnele und einem Krebs. Statt Scheren hat dieser Krebs zwei lange Arme, die denen einer Gottesanbeterin ähneln und die an den Vordergelenken und am Bizeps mit Stacheln versehen sind, welche ineinandergleiten, wenn er den Arm zusammenlegt. So umarmt er sein Opfer. An seinem Unterleib hat er keine Beine, sondern eine doppelte Reihe weißer Scheibchen, die sich wie mechanische Schwimmhäute bewegen. Glücklicherweise bin ich zehnmal so groß und zweihundertmal so schwer wie er.

Am dritten Samstag im September tauchte Apisais Boot in der Lagune auf. Er hatte seine Familie mitgebracht. Rosie stellte eine Tüte mit frischen Brötchen, Tapioka und Papaya ab. Vor der Hütte breiteten wir im Schatten des alten Man-

8 im Deutschen: »Fangschreckenkrebs«, Anm. d. Übers.

gobaumes Matten aus. Die Jungen und die ganz Kleinen verschwanden, um mit Speeren zu fischen und Muscheln zu suchen, die älteren Mädchen halfen Chris und Rosie am Feuer. Ihr Vater und ich vertieften uns, so wie es sich gehörte, in ein Gespräch.

»Ist Holland genauso wie Amerika?«

»Holland ist nicht so übertrieben. Wie hat dir Amerika gefallen?«

»Als ich nach Amerika ging, dachte ich, daß dort alles viel besser und weiter entwickelt sei als bei uns. Ich bin froh, daß ich dort gewesen bin, denn jetzt erst sehe ich, daß Fidschi etwas ganz Besonderes ist. Du erinnerst mich daran. Amerika hat mir einen Schrecken eingejagt.«

»Wieso?«

»Die Menschen auf der Straße sehen einen nicht an, sie schauen durch einen hindurch. Und alle sind in Eile. Ist das auch in Holland so?« Ja, Fidschi war in dieser Hinsicht völlig anders. Wir hatten schon in so viele fröhliche und neugierige Augen geschaut, daß wir uns fragten, womit wir dies verdient hatten.

»In Holland kann man jahrelang in einem Wohnblock wohnen, ohne die Nachbarn zu kennen, und wenn du Menschen auf der Straße anlachst, sehen sie dich an, als wolltest du etwas von ihnen. Wenn wir die Wahl hätten, würden wir uns für Fidschi entscheiden.«

Apisai gab mir ein faszinierendes Buch über Träume, das er von Robert bekommen hatte. Der Autor, der amerikanische Psychologe Laberge, hatte anerkanntermaßen bewiesen, daß bewußtes Träumen möglich und nicht nur Menschen mit übernatürlichen Fähigkeiten vorbehalten ist. Er schreibt, daß dieses »Klarträumen« das persönliche Wachstum fördern kann. Die äußeren Umstände auf der Insel erschienen mir ideal für einen Versuch. Die nächsten Wochen übte ich fleißig nach seinen einfachen Instruktionen.

Doch das erwartete Resultat stellte sich nicht ein. Es gelang mir nicht, den Inhalt meiner Träume zu steuern, wenn mir bewußt war, daß ich träumte. Allerdings änderte sich der Inhalt meiner Träume. Als ich zum erstenmal mit einer Erinnerung an einen klaren, wenn auch vielleicht keinen bewußten Traum aufwachte, hatte ich mit meinem alten Vater gesprochen. Zu unserem Inselabenteuer, das er vom oberen Teil der Welt aus genauestens verfolgte, sagte er: »Das hätte deine Mutter erleben sollen«, woraufhin wir beide in ein befreiendes Weinen ausbrachen.

Ich hatte nach dem Tod meiner Mutter vor vier Jahren nie eine Träne herunterzuschlucken brauchen. Sie hatte lange auf ihren Tod gewartet. Eines kalten, nebligen Morgens war sie verschieden. Ich hatte Gefühle zwischen meinem Vater und mir geträumt! Seit meiner Jugendzeit hatte ich, soweit ich mich zurückerinnern kann, nur zornige Wortwechsel mit ihm gehabt oder Belanglosigkeiten ausgetauscht, um Konfrontationen zu vermeiden. Einen Monat später – ich übte immer noch –, tauchte meine Mutter selbst in meinem Traum auf, zusammen mit ihrer Schwester und ihrem Bruder, die auch bereits verstorben sind. Ihr Bruder sagte: »Sie hat keinen leichten Tod gehabt.« Ich sagte ihr, was ich ihr zu Lebzeiten nicht klar genug gesagt hatte:

»Du weißt doch, daß ich dich liebe, Mama?« Es war eine große Erleichterung.

Es gelang mir nicht, während eines Traums bewußt zu bleiben. Das fällt mir schon schwer genug, wenn ich nicht schlafe.

Es ist dunkel, und das Flutwasser schwappt ein paar Meter vor der Hütte auf den Sand. Chris atmet regelmäßig. Ich lausche den nächtlichen Geräuschen, an die wir uns schon seit einer Weile so sehr gewöhnt haben, daß wir sie kaum noch wahrnehmen. Plötzlich höre ich es wieder: ein entferntes, dunkles Bellen wie von einem großen Wachhund. Die Laute werden in Abständen von dem aus Undu wehenden Wind herangetragen, über Ata hinweg und weiter in den Ozean der Stille hinaus. Es ist kein Hund, der diesen merkwürdigen Laut erzeugt, sondern eine Taube. Die »bellende Taube« kündigt den Gezeitenwechsel an wie ein Mechanismus mit kosmischem Antrieb. Wenn ich dieses Geräusch jemals irgendwo anders hören sollte, wird Ata vor meinem inneren Auge auftauchen wie der Geist aus der Flasche. Es ist Teil dieses Lebens wie das Rascheln der Palmenblätter im Wind und wie die heiseren Rufe der Eisvögel. Es ist eine Warnung für die Fischer, ein Laut der Nacht, ein Echo der dunklen Stille, welches die beruhigende Botschaft übermittelt, daß der Wechsel der Gezeiten in gewohnter Weise stattfindet.

7
Verbannung

Aspen, Colorado, 28. Sept. 1987

Sehr geehrter Herr Snoijink,
Die Anwesenheit und das Verhalten von Ihnen und Ihrer Frau auf meinem Privateigentum, der Insel »Ata«, ist eine unglaubliche Frechheit. Sie haben sich damit des Landfriedensbruchs schuldig gemacht.

Ich betrachte Sie beide als unerwünschte Eindringlinge und fordere Sie hiermit auf, die Insel Ata unverzüglich zu verlassen.

Ich mache Sie für jeden Schaden an meinem Eigentum einschließlich des Landes, der Vegetation, der Süßwasserquelle, der Gebäude usw. verantwortlich. In Kürze werden ein paar Besucher mit meiner Erlaubnis die Insel aufsuchen, und sie erwarten, weder Sie selbst noch irgend etwas dort vorzufinden, das Sie zurückgelassen haben, ebensowenig wie ich selbst, wenn ich komme. Ich werde meinen Anwälten auf Suva Anweisung geben, in dieser Angelegenheit die notwendigen Schritte in die Wege zu leiten.

Hochachtungsvoll
William Hignett

Oktober 1987

Ich bekam immer weniger Luft und hatte beklemmende Träume. Als ich dem Ersticken nahe war, wurde ich wach. Ich mußte meine Jacke ausziehen. Kurze Zeit später wurde ich erneut wach, weil irgend etwas über mich lief. Im Licht der Taschenlampe wich eine große Krabbe auf steifen Beinen Schritt für Schritt zurück und starrte mit Stielaugen in Trance in das Licht. Sie hatte ein Stück Schilf in ihren Scheren, das sie knirschend in ihrem vertikalen Mundspalt zermalmte, als würde sie einen spannenden Fernsehfilm anschauen und dabei Chips knabbern. Wir schliefen zwei Meter von der Hochwasserlinie entfernt. Der Wind heulte durch die Höhle wie durch einen Windkanal. Wir lagen angezogen in unseren Leinenschlafsäcken, in die wir uns tief hineinverkrochen hatten.

Wir waren auf die Insel Nqara Thikombia umgezogen, die so nahe vor der Küste von Undu lag, daß die Bewohner von Thawaro bei Ebbe zu uns hinüberspazieren konnten. Wenn wir Wasser holen wollten, mußten wir zum Dorf. Nqara war größer als Ata, hatte aber eine dichtere Vegetation. Wir konnten uns in einer kleinen Bucht mit einer langen, überhängenden Grotte aufhalten. Es war ein kleiner Strand da, aber der Boden fiel steil nach unten ab, und es gab dort starke Strömungen. Wir vertrieben uns die Zeit mit Kochen, Essen, Fischfang, Schreiben und Plaudereien mit den Dorfbewohnern, die empört darüber waren, daß man uns von Ata vertrieben hatte.

Eine knappe Woche vorher waren wir von Apisai aufgeschreckt worden. Sein Gesicht war finster gewesen.

»Schlechte Nachrichten, Bob.«

Er gab mir den Brief von Hignett, der offenbar mit den beiden Tauchern gesprochen hatte, bevor ihn mein Brief erreicht hatte. Als ich den Brief las, geriet mein Magen-Darm-Kanal in Aufruhr. Mußten wir alle Spuren unseres Aufenthalts verwischen? Was sollte aus den Hühnern werden? Was war mit den anderen Tieren? Der Hütte? Dem Kohlbeet? Aber wenn wir nicht die internationale Justiz auf den Hals geschickt bekommen wollten, blieb uns nichts anderes übrig, als der Aufforderung Folge zu leisten. Außerdem hatten wir Apisai als Verwalter der Insel in eine unangenehme Lage gebracht. Auch er hatte einen bösen Brief erhalten.

Apisai holte uns ab. Die Hütte sollten wir einfach stehenlassen. Der Besitzer von Ata war mit einem Kaufinteressenten – Robert! – auf dem Weg nach Fidschi, um Ata in Augenschein zu nehmen und aufzulisten, wieviel Schaden er deklarieren konnte. Apisai versprach, mit Hignett zu reden, denn dieser sei im Grunde ein netter Mensch. Ich hatte eher den Eindruck, es mit einem *Redneck* zu tun zu haben.

Der Streß, den wir bereits begraben zu haben glaubten, erwachte plötzlich wieder von den Toten und schlug mit aller Härte zu. Es kostete uns einige Mühe einzusehen, daß Hignett im Recht war und nicht wir. Ich hatte ihm nicht rechtzeitig geschrieben.

Apisai und seine Männer hatten uns zu dieser windigen Bucht gebracht, und ich stellte das Netz quer zum Kap auf. »Es schwimmt viel Fisch um Nqara herum, und dies ist ein guter Punkt«, sagte Apisai. Bevor er uns allein ließ, versuchte er uns aufzumuntern:

»Macht euch keine Sorgen. Vielleicht ist es zu irgend etwas gut.« Ich lachte verbittert. Zu etwas gut! Unser ganzes Vorhaben drohte zu scheitern, und das nur wegen eines Amerikaners, der sich nicht um seine Insel kümmerte und sich dort nie hatte blicken lassen! Beschädigungen! Sollten sie sich doch einmal ansehen, was wir dort getan hatten! Es war der Insel nur zugute gekommen! »Vielleicht ändert er seine Meinung, wenn er das alles sieht.«

Am nächsten Morgen fand ich nicht nur einen kleinen Fischschwarm im Netz, sondern auch einen Hammerhai, der fast ebenso lang und dick wie ich selbst war. Der Hai hatte zwei kleine Flügel an der Nase, ähnlich den kurzen hinteren Flügeln eines Düsenjägers. Seine Augen befanden sich am Ende dieser Flossen wie die Lichter an den Flügelspitzen. Der Schöpfer muß ein Fan von Dali gewesen sein.

Ich hielt mich nicht gerne im Meer auf, denn es war hier völlig anders als auf Ata. Dort fiel der Sandboden ganz sanft über Hunderte von Metern in tieferes Wasser ab. Hier hingegen stand ich sofort bis zum Hals im Wasser. Ich beschloß, nicht mehr zu schwimmen und beim Kontrollieren des Netzes jedesmal so wenig Zeit wie möglich zu verlieren. Ich hatte das Gefühl, jeden Augenblick von einem Schwarm von Haien angefallen zu werden. Nachdem Apisai mir sein Ruderboot gebracht hatte, ging ich praktisch überhaupt nicht mehr ins Wasser. Dies tat ich erst recht nicht mehr, nachdem Franci einen Nachmittag bei uns verbracht und bestätigt hatte, daß oft Schwärme von Haien um diese Insel schwämmen und daß der Hammerhai ein besonders aggressives Exemplar sei.

Wir schnitten den Hai in Streifen, die wir einsalzten und zum Trocknen aufhängten. Damit hatten wir monatelang Futter für die Tiere. Zum erstenmal las ich unsere Versicherungspolice durch. Ich war fasziniert. Riß mir ein Hai einen Arm oder ein Bein ab, dann brachte mir das 75 000 Gulden ein, eine abgebissene Hand war 65 000 Gulden wert, ein Fuß hingegen kostete die Versicherung 10000 Gulden weniger. Zwei Haie, die beide ein Bein von mir mitnähmen, würden mich zum völligen Invaliden und um 100000 Gulden reicher machen. Verschwand ich gelähmt vor Angst in der Tiefe, so konnte Chris noch ein Jahr lang auf Ata bleiben: 20000. Es lebe der ANWB[9].

Zwei Nächte lang schlief ich schlecht. Schließlich hatten wir das Haus gerade erst fertiggestellt. Mitten in der Trok-

9 Allgemeiner Niederländischer Autofahrerverband, vergleichbar mit dem ADAC, Anm. d. Übers.

kenperiode und in dem allgemeinen politischen Chaos im Staate Fidschi waren die Chancen, eine andere brauchbare Insel zu finden, gleich Null.

Nachdem ich einen provisorischen Windschutz errichtet hatte, um die Höhle vor Zugluft zu schützen, schliefen wir besser. Chris sagte: »Du weißt nicht, ob Hignett ein *Redneck* ist. Er ist wütend, und das wärest du auch, wenn du dahinterkämst, daß auf deiner Insel plötzlich irgendwelche Eindringlinge wohnen, und wenn deine Freunde, die dort ungestört kampieren wollen, plötzlich mit dieser für sie unangenehmen Tatsache konfrontiert wären.«

Das stimmte. Wir beschlossen, optimistisch in die Zukunft zu blicken. Bill würde sehen, wie schön die Mbure auf dem Kap aussah. Apisai würde ihm erzählen, daß wir auf der Insel eine große Aufräum- und Säuberungsaktion durchgeführt hatten. Auch an dem jetzt brachliegenden, aber ordentlichen Gemüsegarten würde er unsere positiven Absichten erkennen können. Er würde uns mit ausgestreckten Armen entgegenkommen. »Vielleicht ist es zu irgend etwas gut!« Ich hatte Apisai dies bis jetzt bei jeder Katastrophe sagen hören.

Bis wir Hignett trafen, verging eine Woche. Die Zwischenzeit war erträglich. Ungefähr vier Tage nach unserer Ankunft sah ich durch mein Fernrohr, wie ein Boot am Horizont bei Ata vor Anker ging. Das mußte Apisai mit seinen Gästen sein. An diesem Tag würde die Entscheidung fallen: War dies das Ende unseres Inselabenteuers, oder durften wir weitermachen? Erst am achten Tag näherte sich das Boot unserer Bucht. Bill Hignett stieg vom Vordeck herunter und kam mit ausgestreckter Hand und einem forschenden Blick auf uns zu. Er fiel sofort mit der Tür ins Haus: »Was ihr getan habt, gehört sich zwar nicht, aber ihr habt es so schön gemacht, daß ihr bleiben dürft.«

Der erste Stein fiel uns schon vom Herzen, als wir sahen,

wer an Bord war. Bill war ein stiller Mann, der Fidschi kannte, das genaue Gegenteil eines *Redneck*. Er hatte einmal eine Plantage auf einer größeren bewohnten Insel des Archipels besessen. Wegen einer Scheidung sah er sich jetzt gezwungen, Ata zu verkaufen. Wir lernten auch Robert kennen, einen dunkelhäutigen Amerikaner in unserem Alter mit der Figur eines Surfers und dem Blick eines Menschen, in dem sich das Licht dauerhaft niedergelassen hat.

Die Erleichterung, die wir verspürten, als wir die Boote beluden und zurückfuhren, war so groß, daß sie uns über den Verlust des Kohlgartens und der Küken hinwegtröstete. Bill war vom Anblick seiner desolaten Insel schokkiert, die in der Woche unserer Abwesenheit noch grauer geworden war. Bei seinem letzten Besuch war sie grün gewesen. Doch Roberts Enthusiasmus tat dies keinen Abbruch. Wir wanderten über die Insel, während er seine Pläne darlegte: Er wollte sich den Kaufpreis mit zehn befreundeten Familien teilen, die auf Ata ein Gemeinschaftsleben führen sollten. Jede Familie würde dort so viel Platz für sich haben, daß sie nicht einmal das Nachbarhaus sehen würde. Nach dem Spaziergang setzten wir das Gespräch in der Kühle der Mbure bei Tee und Krapfen fort.

»Ich habe eine Überraschung«, sagte Robert. Er legte eine Kunstpause ein und kostete die erwartungsvolle Stille genüßlich aus. »Wir geben Ata den Fidschianern zurück im Tausch gegen das Recht, auf unbegrenzte Zeit hier zu wohnen.« Die Insel an Fidschi zurückzugeben bedeutete, sie dem Stamm zu übergeben, dem Ata ursprünglich gehört hatte, und das war der Stamm von Apisai. Letzterer würde dann folglich unser Stammeshäuptling werden. Wir reagierten mit überschwenglichem Enthusiasmus. Die Idee war uns aus der Seele gesprochen. Schon seit langem waren wir der Meinung, daß all die gestohlenen Inseln eigentlich den Fidschianern zurückgegeben werden müßten. Der Arzt war jedoch noch nicht fertig mit seiner Wundertüte:

»Wenn ihr wollt, könnt ihr als elfte Familie hier wohnen.« Wir schnappten nach Luft. »*Ihr* seid eigentlich die Pioniere. Was ihr hier macht, habe ich schon immer tun wollen.« Apisai und Franci saßen still an die Wand gelehnt und hörten zu, voller Ehrfurcht vor dem Medikus aus dem Land, in dem es alles gab. Dieser kam allmählich in Fahrt und war kaum noch zu bremsen.

»Fidschianer sind die spirituellsten Menschen der Welt!« erklärte er. »Sie sind das einzige Volk, das bedingungslose Liebe lebt. Byron ... – habt ihr von Byron gehört?« Byron war ein Hellseher mit einer gutgehenden Praxis in Colorado und einer der Freunde, mit denen er Ata erobern wollte. Er hatte Robert einmal auf einer Reise nach Undu begleitet. »Byron hat eine sehr spirituelle Aura über dem Land gesehen, und er hat Undu als einen *Powerspot* [einen ›Kraftplatz‹] bezeichnet. Die Menschen, die hier leben, haben ein sehr hohes spirituelles Niveau. Wo könnte man den Rest seines Lebens besser verbringen?«

Robert setzte zu einem langen Loblied an, in dem er Fidschi, die Bevölkerung, Undu, Ata und vor allem Apisai in höchsten Tönen rühmte. »Fidschi ist etwas Besonderes, Undu ist etwas ganz Besonderes, und Mann ... Apisai, der ist das Allerbesonderste!«

Wir fühlten uns nicht besonders wohl, denn Apisai und Franci saßen schließlich dabei.

Und da hatten wir schon die Bescherung. Es war mir gelungen, eine Bemerkung darüber einzuwerfen, was ich am Leben auf der Insel am schönsten fand: daß das Licht des anbrechenden Morgens einzigartig sei und daß die frühen Stunden des Tages die schönsten unseres Insellebens seien. Apisai brach sein Schweigen und sagte:

»Weißt du, warum wir bedingungslose Liebe haben? Das kommt durch das Morgenlicht.« Das klang verrückt, aber wir ließen uns nichts anmerken. Er hatte etwas gesagt, das nicht zu ihm paßte. Erst im Anschluß an Roberts Aufenthalte hatte er angefangen, sich in die außerbiblische Spiritualität zu vertiefen. Das Morgenlicht hatte er vorher höchstens genossen.

»Die Menschen hier kennen keinen Streß!« rief Robert aus. Wir widersprachen ihm nicht im Beisein der Brüder. »Franci, ihr habt doch nie Streß?« Und dieser antwortete gehorsam: »Ja, wir haben keinen Streß.« Ein paar Wochen später sollten wir erleben, wie er kurz vor einem Tränenausbruch stand, weil die Vorbereitungen für seine Hochzeit ihn in eine ungeheure Anspannung versetzten.

Robert und die seinen hatten sich ein utopisches Bild von Fidschi zurechtgelegt. Und mit seiner amerikanischen Überredungskunst gab er dieses an die Fidschianer weiter, die sich selbst und ihr Land noch nie zuvor so gesehen hatten. Wir konnten uns gut vorstellen, wie diese überzeichnete Sicht entstanden war: Ein erstes Kennenlernen von wenigen Wochen ließ in fast allen Touristen, denen wir in Fidschi begegnet waren, solch ein Reiseprospektideal entstehen.

Sicherlich gab es hier Zuneigung ohne jeglichen Hintergedanken, und zwar wesentlich häufiger als bei uns im Westen. Das Gemeinschaftsleben funktionierte bestens. Aber manche Methodisten von Undu redeten über ihre südlichen Nachbarn genauso, wie meine Eltern früher über »das minderwertigere Volk« aus den ärmeren Vierteln geredet hatten. »Nicht gute Menschen. Katholisch«, sagte Talais Frau zu Chris. »Aber ich bin doch selbst katholisch«, sagte Chris unbefangen. »O ja? Na gut, du taugst etwas, aber diese Menschen nicht.«

Männer ließen Frauen mit Kindern im Stich, Beziehungen zerbrachen aufgrund der häufigen Seitensprünge beider Parteien, hier und dort gab es in Ehen die gleiche Unterdrückung wie in den schlechtesten westlichen Ehen, die bereits genannte Lisa hatte mehrere Männer gleichzeitig und stand kurz vor der Geburt ihres zweiten vaterlosen Kindes. Der einzige Unterschied war, daß einige Dinge sich hier entspannter abzuspielen schienen, als wir es von zu Hause her kannten.

Es war ein gewöhnliches, aber ungewöhnlich schönes Land, und vielleicht war es gerade deshalb ideal.

Chris war von Roberts Überraschungen nicht sonderlich beeindruckt. »Erst einmal abwarten. Und außerdem – wir sind zwar eingeladen hierzubleiben, aber einfach nur als elfte Familie; und wer hat gesagt, das sei gratis?«

Bevor Apisai am nächsten Tag seine Besucher abholte, stellte sich heraus, daß Chris mit ihrer Vermutung recht gehabt hatte. Wir sollten die Kleinigkeit von 30000 Dollar auf den Tisch legen. »Du verdienst doch sicher genug mit deinem Buch.« Ich zerstörte seine Illusion, indem ich ihn aufklärte, Bücher in den Niederlanden brächten gerade genug ein, um das Papier für das nächste Buch zu kaufen.

Bill verabschiedete sich freundlich und ohne mich vor den Augen der bestürzten Fidschianer auf den Mund zu küssen, wie es der joviale Doktor mit der Erklärung tat, dies sei in seinen Kreisen so üblich.

Zum erstenmal auf Ata zittere ich, und die Zähne klappern mir vor Kälte. Ich bin dabei, ein neues Netz einsatzbereit zu machen. Meist ist die Arbeit am Netz die Aufgabe von Chris, denn sie hat Erfahrung im Flicken und verfügt über die nötige Geduld. Doch ein neues Netz an einer Oberleine mit Schwimmern und einer Unterleine mit Blei zu befestigen ist meine Arbeit. Das Netz muß fertig werden, sonst haben wir morgen nichts zu essen. Schließlich ist es vertikal federnd und horizontal verschiebbar zwischen zwei dicken Seilen mit schweren Steinen, die es im Meer verankern, aufgehängt. Bei schönem Wetter ist dies eine angenehme Arbeit. Aber im Augenblick weht ein scharfer Wind, und es gießt in Strömen. Der Regen peitscht auf meine nackte Haut. Ich versuche, mich zu entspannen, aber ich bin schon zu lange von der Kälte entwöhnt. Als ich wieder in der Hütte bin, höre ich erst nach einem halben Liter heißem Tee zu zittern auf.

Die Ruhe kehrte wieder ein, nachdem die Amerikaner abgereist waren, und wir waren ungefähr zehn Tage lang in jene Stille eingetaucht, welcher der Stille Ozean seinen Namen verdankt. Wir hatten eine kleine Flohplage, und den Gemüsegarten konnten wir vergessen, aber diese Unannehmlichkeiten waren unerheblich gegenüber der Pleite einer Abreise nach Amsterdam. Der Passat schien zur Ruhe zu kommen, und dies entsprach dem tropischen Wetterschema im Jahresverlauf. Der November rückte näher und mit ihm auch die Zeit der Wirbelstürme. Inzwischen war durchs Radio verkündet worden, eine solche Trockenheit habe es seit hundert Jahren nicht mehr gegeben.

Roberts Phantasien über ein fidschianisch-westliches Gemeinschaftsleben rückten schnell in den Hintergrund angesichts der Realität, die immer noch schön war, auch wenn der Urwald im Sterben lag. Dies berührte mich nicht mehr so stark. Die Natur veranstaltete einen großen Hausputz. Tote, alte und schwache Bäume wurden aus dem Weg geräumt, die Strauchvegetation wurde ausgedünnt, und nur die stärksten Arten würden demnächst bei den ersten Windhosen neu ausschlagen. Über die schwindelerregende Regenerationskraft der Natur in den Tropen wußte ich inzwischen ein wenig mehr.

Wir gehen in den Dschungel, um Brotfrüchte zu sammeln. Diese ernten wir seit November. In der Schale gekocht, schmecken sie wie weiche Kartoffeln. Bei einem Termitennest auf einem umgefallenen Baum höre ich ein heiseres Schnarren. Solch ein Geräusch kenne ich nur von Eisvögeln. Wir sehen nichts. Da das Geräusch sich in gleichmäßigem Rhythmus fortsetzt, kann ich mich seinem Ursprung nähern. Das Schnarren kommt aus der Termitenkugel! Als ich mich darüberbeuge, sehe ich ein Loch in dem phantastischen Labyrinth. Im Eingang liegt Vogelkot, und die gedrungene Gestalt eines fast erwachsenen Eisvogels huscht weg. Die Termiten essen das Holz, auf dem sie wohnen, und die Eisvögel Termiten, zwischen denen sie wohnen.

Ko hatte sich schon einen Monat nach der Geburt ihrer Sechslinge auf grausame Weise von ihnen losgesagt. Den Nachzügler Onno (»sechs«) hatte sie am Tag zuvor entsprechend dem Gesetz des Dschungels totgepickt. Ihre Geduld hatte Grenzen. Vier Wochen lang hatten Ko und Khan dem trägen Küken, das in der Nachhut einschlief, statt um sein Essen zu kämpfen, besondere Aufmerksamkeit geschenkt.

Als seine fünf Brüderchen und Schwesterchen schon Federn und Flügelchen hatten, war Onno noch ein niedliches Daunenküken. Der Rest der Küken steckte in absurd geräumigen Federkleidern, als hätten sie sie von größeren Geschwistern geerbt.

Ko fing an, unbekannte Laute von sich zu geben – sie klangen wie »Ach, ach, ach, ach, ach, ach, ach, aaaach, ich habe sie saaaatt, satt, satt, satt, satt« – und machte sich daran, die verdatterten Küken zu picken. Ihr wildentschlossener Beschützerinstinkt, der sogar Chris dazu veranlaßt hatte, einen Bogen um sie zu machen, war ganz plötzlich ins Gegenteil umgeschlagen. Sie machte sich zusammen mit Khan aus dem Staube, und an seiner offensichtlich gesteigerten Libido erkannten wir, daß ein neues Nest in Vorbereitung war. Kamm und Wangen von Ko färbten sich tiefrot, und sie ließ sich gurrend vor Vergnügen alle zwanzig Minuten bespringen.

Nachts, wenn ich zum Netz ging, suchte ich den Garten mit meiner Taschenlampe ab. Dort saßen die fünf Tierchen wie ein Klumpen Daunen und Federn, und weil nur eins von ihnen aufschaute, sah der Federball wie ein einziges verunstaltetes Huhn mit einem zu kleinen Kopf aus. Wenig später erhielten die fünf ihre Wassertaufe. Sie hatten noch keinen Regen mitgemacht und daher auch nicht gesehen, was ihre Mutter in einem solchen Fall tat, nämlich Schutz in der Höhle hinter der Hütte suchen. Am Abend fiel zu unserem Erstaunen ein heftiger Regenschauer. Zu Tode erschrocken rannten die Küken hin und her und drückten sich verzweifelt gegen die Außenwand der Hütte, wo sich das Wasser vom Dach in Strömen über sie ergoß.

Der Regenschauer brachte neue Hoffnung, aber obwohl am nächsten Morgen an vielen Stellen das Süßwasser in Strömen von der Insel ins Meer floß, was mir wie eine große Verschwendung erschien, blieb die Quelle trocken, und wir warteten vergeblich auf weiteren Regen. Mittags war die Erde wieder aufgesprungen. Die Küken hatten das schnelle Absinken der Temperatur infolge des Regens diesmal überlebt.

Als ich morgens den Fisch aus dem Netz geholt und ausgenommen hatte, saß ich noch eine Weile in der Höhle am Ende des Strandes. Dann machte ich eine Stunde Gymnastik. Bei einer der Übungen holte ich mir einen Hexenschuß und war dadurch für ein paar Tage an die Hängematte gefesselt. Ich stürzte mich auf die letzten Bücher. »Das Geisterhaus« von Isabel Allende las ich in einem Zuge aus und dann noch einmal. »Demon Box« von meinem Favoriten Ken Kesey (»Einer flog über das Kuckucksnest«) ebenso. Zu einem idealen Inselleben gehörte für mich auch ein gut sortierter Bücherschrank.

Pickel und Fußpilz kehrten in regelmäßigen Abständen wieder und wurden für uns ebensosehr zu einer Selbstverständlichkeit wie die Flöhe. Eines Nachts wurde ich plötzlich von Aberglauben befallen. Im Netz waren fünf Vuvulas, Riesenheringe. Sie waren geschmacklos und hatten unzählige kleine Gräten. Ein Vuvula wog drei Kilo und ergab genug Essen für einen ganzen Tag. Wenn ich den Fisch aufbewahren wollte, mußte ich die Monster schuppen, ausnehmen und räuchern. Damit wäre ich den Rest der Nacht beschäftigt gewesen und hätte mich in einen einzigen Riesenmückenstich verwandelt.

Außerdem befand sich noch ein schmackhafter Barrakuda im Netz. Deshalb beschloß ich, etwas zu tun, was meine Eltern mir früher strengstens verboten hatten, nämlich Essen wegzuwerfen. Ich hatte den Krieg schließlich nicht miterlebt. Ich warf die Fische also ins Meer zurück. Würden wir nun durch eine Hungersnot bestraft werden? Nichts Derartiges geschah, sondern der Große Geist schickte uns weiter die herrlichsten Leckerbissen ins Netz.

Das Verhältnis zwischen Chris und mir wurde immer besser. Ich konnte es sogar schließlich vertragen, beim Backgammon zu verlieren, und statt neidisch auf Chris zu sein, weil sie klüger war als ich, vermochte ich diese Eigenschaft jetzt bei ihr zu schätzen. Außerdem hatte sie auch noch mehr Glück als ich. Es grenzte geradezu an Magie, wie oft sie zweimal hintereinander die Sechs würfelte. »Das Geheimnis dabei ist, daß einem nicht das Gewinnen oder Verlieren wichtig ist, sondern das Spiel«, verriet sie mir mit einem taoistischen Grinsen.

Das hätte sie besser nicht getan, denn seitdem gewann ich immer öfter.

8
»*Unbemannte*« *Teile*

November 1987

Wir entdeckten das klügste Tier der Evolution. Kein Delphin, auch kein Affe oder ein Otter, sondern ein etwas lang ausgefallener Verwandter unseres Regenwurms, der in millionenfacher Zahl den Meeresboden zwischen den Korallen durchpflügt. Im Fidschianischen heißen diese Würmer *Mbalolo.* Wenn der Geschlechtstrieb dem Pflügen im Wege steht, kann der Mbalolo sein Geschlechtsteil abstoßen, das dann ein Eigenleben zu führen beginnt. Dies findet in Form einer Massenorgie an der Wasseroberfläche in den Lagunen statt, zwischen den Geschlechtsteilen beiderlei Geschlechts, und zwar an zwei Tagen, die auf dem traditionellen Kalender der Fidschianer rot angestrichen sind: Die Paarung der Mbalolo-Teile signalisiert das Ende des Passats und den Anfang der Sturmsaison. »Zu viele Mbalolo, viel zu viele Mbalolo!« grinste ein alter Fischer, der an einem Abend mit seinem Enkel auf dem Strand kampierte, um am nächsten Morgen in aller Frühe zum Riff zu fahren. Am Tag zuvor hatte er die Delikatesse gesammelt. »Zu viele Mbalolo, keine Taifune«, versicherte der Greis. »Zuviel« war hier ein anderes Wort für Überfluß. Eine überreichliche Wurmernte war ein Anzeichen für eine Saison ohne Stürme! Daraus sprach die Erfahrung. Wir schenkten ihm nur allzugerne Glauben. Statistisch gesehen standen uns zweieinhalb Wirbelstürme bevor.

Sowohl die männlichen als auch die weiblichen Exemplare der Mbalolo-Würmer bestehen zu zwei Dritteln aus

Geschlechtsteil. Der ganze Wurm selbst ist ungefähr fünfzehn Zentimeter lang. An einem Tag im letzten Viertel des Mondes im Oktober, aber erst, wenn ein kleiner Regenschauer gefallen ist, amputieren diese Wesen ihre eigenen Genitalien. Diese steigen dann zur Wasseroberfläche auf, färben diese rot und verleihen ihr eine zähflüssige Konsistenz. Ganze Hektare von Wasser werden aufgewirbelt, unter anderem auch deshalb, weil zahllose Fische und Fischer aus der weiteren Umgebung auf diese »Teile« Jagd machen. Wenn ihre Sammelbehälter voll sind, stecken sie ihre Krausköpfe ins Wasser und stopfen sich den Leckerbissen direkt in den Mund. Das Fest währt nur einen Tag und wiederholt sich unter genau den gleichen Umständen einen Monat später. Vor Fisch, der Mbalolo gefressen hatte, mußten wir uns in acht nehmen, denn dieser wird dann vorübergehend giftig.

Jede Nacht leuchtet das Meer. Heute nacht hocke ich mich vor meinem allnächtlichen Gang zum Netz kurz an den Rand des Wassers, um die winzigen Lichtwesen zu betrachten. Sie sind viel größer als in den Niederlanden, und wenn ich eine Hand nassen Sandes ausgrabe, liegen lebendige Funken in meiner Hand. Leuchten sie stärker, wenn ich meine Taschenlampe darauf richte, so wie ein Wecker mit phosphoreszierenden Zeigern? Ich beleuchte eines in den vorderen kleinen Wellen auf dem Strand, aber als ich das Licht ausknipse, ist das Leuchten eher schwächer als stärker geworden, wahrscheinlich aus Demut, weil das Wesen gedacht hat, daß sein Gott mit seinem viel größeren Licht in seiner Nähe sei.

Man hatte mich gebeten, mir eine unbewohnte Insel im Gebiet der tropischen Wirbelstürme auszusuchen, und das hatte ich auch brav getan. So wie ich meine Versicherungskonditionen durchgelesen hatte, als ich einen größeren Hai im Netz gefunden hatte, durchforstete ich jetzt meine Bücher nach Informationen über Stürme. Es hatte mich nicht gerade beruhigt, als ich die Verwüstungen des letzten Sturms gesehen hatte. Der Taifun Raja (»König«) war vier Monate vor unserer Ankunft mit einer so gigantischen Zerstörungswut zweimal über Fidschi hinweggefegt, daß jetzt Leute mit T-Shirts herumliefen, auf denen stand:

»Ich habe Raja überlebt.«

In Thawaro standen schon seit mehr als einem Jahr die Grundmauern des ersten westlichen Hauses der Ansiedlung: Der Lehrer Kelly hatte sich ein modernes Haus aus Stein bauen wollen. Die Arbeit war eingestellt worden und der Platz schon fast zugewuchert. Die Mauer auf der Nordseite hatte ein Loch wie von einer Bombenexplosion. Die weißen Betonblöcke waren nicht säuberlich aus ihren Fugen gerissen, sondern mitten durchgebrochen, als ob die Kugel eines Abrißkrans dagegengeschlagen hätte. Ein einziger Windstoß hatte dies vollbracht. Die Hütten des Dorfes hatten sich hingegen einfach mit dem Wind mitgebogen. An der Ostküste von Ata waren zwei Waldriesen landeinwärts umgestürzt. Wurzelteller von Dutzenden von Quadratmetern ragten wie beschützende Hände zum Firmament auf, als wollten sie sich vor dem nächsten Angriff schützen. Auf einer Oberfläche von der Größe eines Fußballfeldes mitten in dichten Mangrovenwäldern vor der Küste von Vanua lagen dicke Stämme Hartholz, die wie

Streichhölzer unter einer Dampfwalze abgeknickt waren. Um dieses Gebiet herum war der Wald intakt. Ein Fallwind hatte das Waldstück fast der Wasseroberfläche gleichgemacht. Die Literatur über Wirbelstürme vermochte mich noch weniger zu beruhigen als das, was ich mit eigenen Augen gesehen hatte. Ein normales Gewitter an einem schwülen Sommernachmittag über den Niederlanden enthält die Energie von dreizehn Atombomben. Die meisten Stürme, im Grunde Megagewitter, verfügen über 25000mal soviel Zerstörungskraft. Weil sie mitten auf dem Ozean entstehen und ihre Energie zum Großteil auf ihrem Weg über das Meer austoben, zerstören die Stürme viel weniger, als sie könnten.

Der Kern eines Wirbelsturms ist das »Auge«. Milliarden Wassertropfen, die an der Grenze des Auges in schnell aufsteigender warmer Luft kondensieren, erzeugen die Energie, die die kolossale Maschine antreibt. Das Auge hat einen Durchmesser von ungefähr zwanzig Kilometern. Es ist von einer Mauer von Wolken umgeben, die bis zu zehn Kilometern in die Höhe reichen. Die Luft ist dort angsterregend still und manchmal mit flatternden Vögeln gefüllt, die in einem Käfig aus Luft gefangen sind, der sie meist erst ein paar tausend Kilometer weiter wieder freiläßt, wenn der Sturm eines natürlichen Todes stirbt. Durch den fehlenden Druck wird die Meeresoberfläche im Auge zu einem Wasserberg nach oben gesaugt, der fünf bis sechs Meter hoch ist. Das ist die Flutwelle, die alles auf ihrem Weg mitreißt, wenn sie das Land erreicht.

An einem einzigen Tag fallen zwanzig Milliarden Tonnen Wasser. Wenn das Auge eines Wirbelsturms über Ata zöge, würde die Insel überspült werden. Auf Undu lagen alle Dörfer höher als zehn Meter über der Wasseroberfläche. Ein namenloser Wirbelsturm hatte 1970 die Küste von Bangladesch heimgesucht und 300000 Menschen getötet.

Dabei hatte sich das Meer zuerst zwanzig Kilometer zurückgezogen, um sich dann in einer fünfzehn Meter hohen Wassermauer brüllend über das Flachland des Gangesdeltas zu ergießen.

Wir hofften, daß der Mbalolo recht behalten würde.

Heute ist nichts anderes im Netz als eine kleine Scholle. Sie sieht aus wie eine Schöpfung von Picasso mit ihrem seltsam asymmetrischen Maul und ihren falsch plazierten Äuglein. Auf ihrem Rücken hat sie eine abstrakte Zeichnung aus orange und gelben Flecken, mit der sie sich auf dem Meeresboden unsichtbar machen kann. Thakombau verputzt sie wie einen Pfannkuchen.

»Ist dir schon aufgefallen, daß fast die Hälfte unseres Jahres um ist? Noch sieben Monate, und wir müssen schon wieder zurück.«

Chris schaute erschrocken auf.

Es war atemberaubend, mit welcher Geschwindigkeit die Zeit verstrich, schneller als jemals zuvor. Uns war zwar klar, daß Zeit eine Illusion war, aber wir hatten es außer auf einem Zahnarztstuhl, wo fünf Minuten manchmal eine Ewigkeit dauern, noch nie so stark empfunden. Bei unangenehmen Erlebnissen scheint sich die Bewegung der Uhrzeiger zu verlangsamen. Wenn alles gutgeht, existiert keine Zeit. Wochen, Monate, Jahre verstreichen, ohne daß man es merkt, bis plötzlich der Tod vor der Tür steht.

»Wir sind weit entfernt von allem und jedem, aber wir sind nahe an dem, was zählt«, schrieb ich einem Onkel mit einer philosophischen Ader, und ich hätte es nicht treffender ausdrücken können. Wir wollten dieses Leben nur zu gerne auf unbestimmte Zeit fortsetzen, denn es zeichnete sich durch eine einfache Vollkommenheit aus, wie wir sie noch nie zuvor erlebt hatten.

Unsere Hände und Füße waren mit Schrunden, Schnitten und Rissen übersät und mit Schmutzflecken, die sich erst nach langem Einweichen entfernen lassen würden. Ein einziger Monat in der westlichen Zivilisation würde ausreichen, um Hände und Füße wieder in den ursprünglichen Zustand zurückzuversetzen: weich, kultiviert und bei der geringsten Kleinigkeit verletzt. Dann würden uns nur noch die Erinnerungen bleiben. Ich mußte viel mehr aus diesem Jahr machen. Es sollte mich so grundlegend verändern, daß ich den Rest meines Lebens ebenso im gegenwärtigen Augenblick verbringen würde, wie ich es hier tat.

Die Wetterstation meldete Erfreuliches: Der Monsun näherte sich, und in manchen Teilen von Fidschi fiel schon Regen. Ata jedoch blieb trocken. Wir sahen Wolkenbänke vorübertreiben, aber diese türmten sich an den Bergen von Undu auf und regneten sich dort ab. Allerdings veränderte sich die Atmosphäre, und die Luft roch plötzlich anders.

Eines Sonntags zogen wir mit ein paar großen Säcken bewaffnet über die Insel. Im verstaubten Dschungel herrschte Totenstille. Es war, als liefen wir über Berge von Zwieback. Die Hitze nahm uns den Atem, und wo der Wind nicht wehte, herrschte eine Temperatur, mit der man Töpferware hätte brennen können. Die Sträucher hatten überhaupt kein Grün mehr. Stille. Kein Lüftchen regte sich. In weiter Ferne murmelte die Brandung auf dem Riff. Lauwarmer Schweiß bedeckte unsere Haut wie ein Film, und salzige Tropfen fielen uns von der Stirn in die Augen.

Es hatte ein starker Wind geweht, und wir sammelten nun zwei Säcke voll schöner saftiger Kokosnüsse, was die Rückkehr noch beschwerlicher machte. Mit einem Seufzer der Erleichterung ließen wir uns schließlich nach ein paar köstlichen Schlucken kalten Tees erschöpft ins Meer fallen.

Aaaah! Wir ließen uns auf dem Wasser treiben, das gerade kühl genug war, um zu erfrischen. Ich merkte, wie die Müdigkeit weggespült wurde, und ein Wohlbehagen breitete sich in mir aus, das Erinnerungen an die Gebärmutter wachrief. Ich trieb auf dem Rücken und sah in der Ferne die Berge von Undu, wo die Sonne zwischen zwei Wolken auf ein Tal schien. Meine Augen folgten der Küstenlinie. Die ferne Küste wirkte plötzlich wieder neu und unbekannt; eine hügelige grüne Einöde, in der hier und dort eine kleine Ansiedlung die stille Unberührtheit unterbrach. Ich drehte mich auf den Bauch. Die Wellenlinien warfen ein flirrendes Netz von Schatten und Licht auf den Sandgrund. Einsiedlerkrebse und verschiedene Schalentiere eilten geschäftig hin und her, und ein Seestern bewegte sich anmutig mit Hilfe von Hunderten von winzigen Paddeln über den Meeresgrund. Ein Schalentier glitt an mir vorüber. Ich grub meine beiden Hände in den Sand und brachte durch eine Erdverschiebung ungefähr einen Quadratmeter Sandboden zum Erbeben. Schnecken fielen in eine Schlucht, Einsiedlerkrebse hasteten in die Sicherheit ihres gepanzerten Hauses, der Seestern erstarrte, und kleine Fische schnellten in die Löcher einer weißen Koralle. Diese stand einsam und mannshoch auf dem Sandboden und beherbergte Kolonien grellgefärbter Fische, lilafarbener Anemonen und Schalentierchen. In ungefähr zehn Metern Entfernung glitt ein Rochen majestätisch durch das Wasser, gleich einem Patrouillenfahrzeug auf einem anderen Stern. Er hätte blitzschnell davonschießen können, wenn er es gewollt hätte, aber er war genauso träge wie ich. Ich sah mich nach Chris um. Sie trieb auf dem Bauch. Ihre Schultern und Gesäßbacken ragten gerade eben noch aus dem Wasser, und die Tropfen perlten an ihrem Körper ab wie Wasser auf riesigen polierten Kastanien und funkelten im Sonnenlicht. Ihre Haare trieben wie Büschel glänzenden schwarzen Seetangs auf der Wasseroberfläche. Ich ließ meine Hand über ihren Rücken gleiten, und sie drehte sich lachend um. Die Vorderseite ihres Körpers war heller als die Rückseite. Ich verspürte eine heiße Begierde und zog sie auf meine Oberschenkel. Das Wasser war einen halben Meter tief. Wir umarmten einander wie Shakti und Shiva, beinahe schwerelos im Wasser. So hätte ich ewig verharren mögen: zwei Körper, fast mühelos eins, keine Gedanken, ein sanftes Auf- und Abwogen, salzige Brustwarzen, Mund, Hände und Haut gegen Haut. Wir liebten uns sehr. »Nichts ist so erregend wie die Liebe«, stellte ich fest.

Unser Bauernhof wuchs auf natürliche Weise! Nur Huhn Hip war neu: ein schwanzloses Sussex-Huhn, das Franci aus Mitleid mit Khan aus Wai Levu mitgebracht hatte, der alleine schlafen mußte, wenn Ko auf ihrem Nest saß. Anfangs mochten wir Hip nicht. Sie strich den ganzen Tag nervös in der Nähe des Hauses herum und war es offensichtlich nicht gewohnt, sich ihr Futter selbst zu suchen. Bei ihrer Ankunft versuchte Khan sofort, sie mit einem verrückten Balztanz zu bezirzen, den er auf einem Bein um sie herum aufführte. Sie reagierte ängstlich, aber auch geschmeichelt. Khan warb um ihre Gunst, und ihr ängstliches Ego schwoll so stark an, daß sie versuchte, sich in der Rangordnung über Ko zu erheben. Als Ko verbissen ihre Jungen verteidigte, indem sie wie eine Fregatte auf sie zusegelte, pickte Khan sie in den Hals. Nach ein paar Tagen hatte Ko jedoch ihre Position zurückerobert, denn selbst der mächtige Khan hatte seine Kontrolle über die Furie verloren und gab lieber klein bei, ohne jedoch sein Interesse an dem häßlichen Neuankömmling zu verlieren.

Die fahle Henne hatte etwas in ihrem Blick, das mich an einen geistig schwer Gestörten erinnerte, den ich als kleiner Junge einmal ohne Begleitung außerhalb einer psychiatrischen Einrichtung gesehen hatte. Mit seinem panischen Blick hatte er wie ein verrückt gewordener Emu ausgesehen. Jede Bewegung von uns jagte Hip in die Flucht, und in den ersten Tagen sahen wir sie nur im Laufschritt davonhasten. Sie fraß den Kleinen das Essen weg, und wir verspürten den starken Impuls, sie wegzujagen oder zu schlachten. Ihre Rettung war, daß sie ein paar Wochen später Eier in der Höhle hinter der Hütte legte. Mit einem regelrechten Heißhunger schlangen wir mit Ei belegte Brote herunter.

Schon bald lief Khan wieder allein umher. Hip brütete auf einer weißen Muschel und hielt dies vier Wochen lang durch. Es waren jetzt dreizehn Hühner da. Wir verzichteten darauf, ihnen einen Namen zu geben, um keine zu persönliche Beziehung zu ihnen zu entwickeln, die nur das Schlachten erschwert hätte. Statt dessen nannten wir die Überlebenden aus dem ersten Nest die Drei Musketiere und die Neulinge die Sieben Samurai. Die Musketiere waren schäbige Vagabunden, die ein Mitteldung zwischen Küken und Hühnern darstellten. Sie hielten einen sicheren Abstand zum Rest der Hühner, denn sie waren gnadenlos zu den untersten Mitgliedern des Klans degradiert worden.

Samstag, der 21. November 1987, war ein denkwürdiger Tag. Der Regen fiel in Strömen, und durch das ausgetrocknete Palmendach fielen mir Regentropfen aufs Gesicht. Das Dach mußte sich wie ein neues Boot erst an das Wasser gewöhnen und sich zusammenziehen. Die Erde verströmte einen moosigen Geruch und schwelgte in der Feuchtigkeit. Auch für die Hühner war dies ein Fest, denn Unmengen von Getier strebte aus den nassen Tiefen des Erdbodens nach oben, um dem Tod durch Ertrinken zu entgehen. Endlich Kühle! Körper und Geist wurden wieder von der Lust an Aktivität durchdrungen.

Der zerbröckelte Urwald hinter uns saugte jeden Tropfen Wasser auf. Unzählige Samenkörner wurden mit einem feuchten Kuß aus dem langen, beklemmenden Schlaf wachgeküßt und streckten sich empor. Die Mangobäume erwachten schlagartig zum Leben, und nach ein paar Monaten trugen diese Waldriesen eine schwere Last heranreifender Mangos und frische, hellgrüne Blätter. Andere Riesen des Urwalds explodierten in einer Blütenpracht, die zahllose Papageien anzog. Die Brotfruchtbäume trugen Massen von Früchten, die schnell größer wurden. Die erwartungsvolle Erregung einer bevorstehenden Geburt lag in der Luft.

Die Regenschauer hörten ebenso plötzlich wieder auf, wie sie eingesetzt hatten. Es folgten Tage, in denen die Erde wieder aufriß und die Wolkenschichten am Himmel nur in der Ferne vorübertrieben. Die Quelle blieb trocken, und wir begruben unsere Hoffnung wieder, bis nach ungefähr vier Tagen ein Wolkenbruch den endgültigen Beginn des Monsuns ankündigte.

Wir führten einen improvisierten Regentanz auf und tanzten verrückt vor Freude über den Strand vor unserer Hütte. Durch den Regenschleier konnten wir nicht weiter als zehn Meter über das Meer hinausschauen. Wir genossen die Wasserströme auf unserer Haut, denn es war Sommer, und die Hitze hinter den Wolken reichte aus, um die Erde darunter in die Atmosphäre eines Hallenbades einzuhüllen. Wir fielen einander triefend naß in die Arme. Das Wasser, das wir vom Nacken des anderen aufsaugten, war süß!

Im Netz sitzt ein langer, flacher Fisch mit einer Haut aus dünner Silberfolie und einem lächerlich aussehenden Maul, das eher einem Bündel scharfer Stacheln ähnelt. Neben ihm klafft ein großes Loch im Netz. Es würde mich nicht wundern, wenn das Tier dieses Loch auf dem Gewissen hätte. Über die ganze Länge seines Rückens spannt sich eine Flosse, die es bei großer Geschwindigkeit einklappen kann. Statt eines Schwanzes hat es etwas, das einem dicken Haar ähnelt. Tovisi heißt dieses Wesen – Haarschwanz. Ein berüchtigter Netzzerstörer, der jedoch sehr lecker schmeckt.

Wir hatten ein neues Fischnetz aus Lambasa kommen lassen, denn das alte war nicht mehr zu reparieren. Ich hatte genug von den nächtlichen Unterbrechungen, denn ich kam nachts immer schlechter aus dem Bett und war nachmittags vor Müdigkeit benommen. Ich beschloß, das Netz von nun an nur noch bei Sonnenuntergang, Sonnenaufgang und bei Ebbe tagsüber zu kontrollieren.

Damit ich nachts nicht aufzustehen brauchte, mußten

wir das Netz bei Ebbe ein ganzes Stück ins Meer tragen, um zu verhindern, daß es nachts auf dem Trockenen lag. Das Ruderboot stand uns schon seit mindestens einer Woche nicht mehr zur Verfügung. Das Nylon und das Blei wogen schwer, und wir hatten große Mühe, das Netz an die richtige Stelle zu schleppen, ungefähr 300 Meter vom Strand entfernt. Später am Tag schwamm ich bei Flut dorthin und sah, daß es gespannt wie eine fast unsichtbare Gardine von dreieinhalb Metern Länge im Wasser hing. Ein paar große Fische waren hineingeschwommen. Mit Mühe konnte ich diese aus dem Netz entfernen, Wasser tretend und mit einem Schnorchel, der sich in den Maschen verstrickte, wenn ich tauchte.

Am nächsten Morgen wurde mir klar, was die neue Situation bedeutete. Ohne Boot würde ich fast täglich zum Netz schwimmen müssen, denn nur zweimal im Monat erreichte das Wasser ein paar Tage lang zwischen Sonnenaufgang und Sonnenuntergang seinen niedrigsten Stand. Kurz vor sechs ließ ich mich ins Wasser gleiten und schwamm in Richtung Netz. Es wehte ein scharfer Nordwind. Vom Strand aus konnte ich die Schwimmer erst sehen, wenn die ersten Strahlen der Sonne darauffielen, und diese verbarg sich noch hinter Wolkenbänken über Undu. Das Wasser war so trübe von dem aufgewirbelten Sand, daß ich den Grund kaum sehen konnte. Erst ungefähr dreißig Meter vor dem Netz sah ich die Schwimmer auf den Wellen tanzen.

Ich war auf das Ausmaß des Fangs nicht vorbereitet. Hatten mich an jenem Morgen die fünfzehn Stück schon beeindruckt, die ich im Netz vorgefunden hatte, so sah ich jetzt Fische, so weit mein Blick im trüben Wasser reichte. Vor allem armlange Barrakudas mit beängstigenden Hechtmäulern und Makrelen. Auf drei Barrakudas kam ein Exemplar, das von einem Artgenossen halbiert worden war, der sich noch frei bewegen konnte. Es klafften riesige Löcher im Netz. Die Hälfte der Fische lebte noch. Mir wurde klar, daß ich vor einem Frühstücksbüffet für Fische größeren Kalibers herumschwamm. Beklommen hielt ich nach den Schatten von Haien Ausschau. Meine einzige Chance wäre dann gewesen, sofort über das Netz zu hechten. Es war das erste Mal, daß ich es wirklich mit der Angst zu tun bekam.

Ich brauchte anderthalb Stunden, um zwanzig Kilo Fisch an Land zu bringen. Die Barrakudas waren mit solcher Geschwindigkeit in das Netz geschwommen, daß sich die sieben Zentimeter großen Maschen tief in die Rücken der Raubfische eingegraben hatten. Auf halber Länge des Netzes wurde das Wasser klarer, und vier Meter unter mir lag eine kleine Bande Barrakudas auf der Lauer, die ihren Räuberblick auf die Fische in den Maschen gerichtet hielten. Überall lagen abgefressene Köpfe, als handele es sich hier um eine heruntergekommene Snackbar. Ich mußte zweimal hin- und herschwimmen, weil nur die Hälfte der Fische an den Ring aus Eisendraht paßte. Wegen des großen Gewichts kam ich nur langsam vorwärts. Ich zog den Geruch von totem Fisch hinter mir her und schaute ängstlich über meine Schultern, in banger Erwartung, ein schwarzes Dreieck auf mich zuschießen zu sehen. Als ich auf dem Strand angekommen war, rannten Hund und Katze begeistert neben mir her. Meine Angst vor Haien verlor sich schnell wieder; bei der zweiten Schwimmrunde hatte ich sie schon völlig vergessen.

Ich hatte zum erstenmal die Möglichkeit, Fisch zu räuchern, und bei Ebbe holten wir das Netz wieder aus dem Wasser. In eine Nische zwischen den Felsen auf dem Strand klemmte ich einen Rost aus biegsamen nassen Mangrovenwurzeln, darunter entzündete ich ein Feuer aus Kokosfasern, und für den Rest des Vormittags war ich beschäftigt.

Chris brachte Tee mit frischen Brötchen und sammelte säkkeweise nasse Kokosfasern und Blätter an der Flutlinie. Gegen zwölf sahen die Fische goldglänzend aus. Jetzt brauchten sie nur noch an einem Platz abzukühlen, an den die Tiere nicht herankommen konnten. Wir schlugen die Fische in alte Zeitungen ein und bewahrten sie in einem Korb auf, der an der Küchendecke hing. Das Aufhängeseil bestrichen wir mit Fett, um die Ameisenhorden fernzuhalten.

Wir bereuten, daß wir nicht früher mit dem Räuchern angefangen hatten. Die Fische schmeckten so vorzüglich, daß wir ständig davon naschten. Wir hätten nie gedacht, daß geräucherte Makrelen besser schmecken konnten als die leicht vergammelt schmeckenden Exemplare, die bei uns als normal gelten. Diese sind »streichfähig«, und nur die wenigsten wissen, daß dann der Zersetzungsprozeß schon so weit fortgeschritten ist, daß nicht mehr viel fehlt, und der Fisch ist verdorben. Je fester sich Fische anfühlen, um so frischer sind sie.

Wir experimentierten mit dem Trocknen von ungesalzenen Fischen, ließen das aber schnell wieder bleiben. Die Not hätte wahrscheinlich zu einer Verbesserung der Methode geführt, aber Not litten wir wahrlich nicht. Zwei Tage lang hingen ungefähr acht Fische, von ihren Gräten befreit, an der Wäscheleine, die Bauchöffnung zur Sonne gewandt. Am zweiten Tag waren sie von großen blauglänzenden Schmeißfliegen übersät, die wie aus dem Nichts aufgetaucht waren. Ihre Eier schlüpften unter unseren Augen aus, und die Larven fraßen sich hungrig durch die klebrige Substanz, in die sich die Fische mittlerweile verwandelt hatten. Wir warfen das unappetitliche Zeug im hohen Bogen ins Meer. Das aufgewühlte Wasser zeigte uns, daß die Gabe mit Dank angenommen worden war und bis auf die ledrige Haut abgenagt werden würde.

Nicht viele Bekannte von uns hatten es erwartet, doch allmählich wurde uns klar, daß ein Leben im dritten Stock eines Hinterhauses in der Pijp[10] mehr Anforderungen an ein Individuum stellt als dieses sonnige Leben mit all seinem Überfluß. Wir brauchten uns nach nichts anderem zu richten als nach den Rhythmen des Mondes, des Magens und des Schlafs.

Chris macht den Abwasch am Rand des Wassers. Sie ist so weit von mir entfernt, daß sie mich nicht hören kann, und sie hockt fast eine ganze Stunde lang am Strand, die Töpfe um sich herum. Es ist still, und das Wasser ist glatt. Einem plötzlichen Impuls folgend, lege ich die Hände an meinen Mund und rufe:

»Chris!!«

Sie schaut über ihre Schulter.

»Telefon für dich!«

Sie lacht. Als sie zurück in der Hütte ist, sagt sie: »Das war verrückt. Ich hatte gerade daran gedacht, daß ich hier nie ans Telefon geholt werde, und plötzlich hast du gerufen!«

Zorn scheint buchstäblich eine Wand zwischen Menschen aufzurichten, aber nur, wenn dies auf Gegenseitigkeit beruht. Die Dorfkinder auf den Inseln im ostindonesischen

10 Pijp: wörtlich »Röhre«, eng gebautes altes Stadtviertel im Zentrum von Amsterdam; Anm. d. Übers.

Archipel haben eine natürliche Begabung, den Ausgang von Hahnenkämpfen vorherzusagen, weil sie die Aggression zwischen den Tieren als eine Mauer aus schwarzem Rauch sehen können, gegen die diese fliegen, bevor sie sich aufeinanderstürzen. Danach treibt der Rauch über dem Hahn, der verlieren wird. Die Kinder sehen Klänge und menschliche Gefühle auch in Farbe; sogar die verborgenen Gefühle. Kinder entziehen sich der Wut ihrer Lehrer, indem sie die schwarze Wolke des Zorns, die von dem Lehrer ausgeht, durch das offene Klassenfenster verschwinden lassen.

Ich habe diese Wand nie gesehen, aber als ich darüber las, zweifelte ich nicht an ihrer Existenz. Ich fing an, darauf zu achten. Wenn es mir tatsächlich einmal gelungen war, nicht selbst wie ein Automat in Wut auszubrechen, wenn Chris böse auf mich war – was selten genug vorkam –, hatte ich gesehen, daß das Prinzip funktionierte und daß es gleichgültig war, ob ich die schwarze Wolke sehen konnte oder nicht.

Hier gelang es uns wie von selbst. Wenn ich wütend war, machte sie einen Scherz, und sofort veränderte sich die Atmosphäre. Wenn Chris jammerte, sagte ich: »Das ist ja wirklich schlimm!«, sah sie dabei mitfühlend an, und schon mußte sie wieder grinsen. Das Geheimnis unseres Eheglücks beruhte auf Übungen für Kinder.

Ich will kurz nach dem Eidechsenei in dem Kuriositätenkistchen schauen. Die Dose wimmelt nur so von Ameisen. In der Mottenkugel ist ein kleines Loch. Unter der Watte liegt ein säuberlich abgenagtes winziges Skelett einer Babyeidechse.

9
Das grüne Paradies

Dezember 1987

Ich ermahnte Chris, der ich den Vortritt gelassen hatte, sparsam mit dem Wasser zu sein, nachdem sie vor Vergnügen ächzend schon drei Eimer über sich geleert hatte. Doch diese Ermahnung war überflüssig. Die Quelle strömte wieder so reichlich, daß sich die Becken schneller füllten, als wir sie leeren konnten. Eimer um Eimer eiskalten Süßwassers floß über mich, eine ganze Viertelstunde lang. Es war die reine Ekstase. Zur Feier des Tages benutzten wir Seife und schrubbten einander den Rücken. Aus dem untersten Bassin strömte ein gräuliches Rinnsal zum Strand. Zum erstenmal seit Monaten fühlten sich unsere Kopfhaare nicht mehr hart und strähnig an, sondern weich und locker wie Engelhaar. Wir bearbeiteten mit den Fingernägeln unsere Kopfhaut, um dem unglaublichen Jucken den Garaus zu machen.

Jucken! Ich hätte es fast zum Titel dieses Buches gemacht: »Das Jahr des Juckens«. Wenn es irgend etwas gab, das ein ebenso fester Bestandteil unseres Lebens war wie Essen, Verdauung, Schlafen und Flatulenz, dann war es das Kratzen. Chris wußte genau, an welchen Stellen und wie fest sie mit ihren Nägeln kratzen mußte, um mir abends vor dem Schlafengehen großen Genuß zu bereiten. Doch das war das einzig Gute an all diesem Jucken. Mit einem Mal Kratzen werden zehntausend Hautzellen abgetötet; das ist wissenschaftlich erwiesen. Der Schaden mußte sich bei uns tagtäglich auf Millionen belaufen.

Der Grund für das Jucken war unter anderem das Quellwasser, das den Säureschutz der Haut angriff. Salzwasser und Schweiß trugen das Ihre dazu bei. Etwas Essig in das Badewasser zu geben wäre eine einfache Lösung gewesen, wenn wir eine Badewanne und Essig gehabt hätten. Das Jucken nahm im Laufe der Zeit pathologische Formen an.

Gegen die Stiche von Moskitos, die in der Dämmerung über uns herfielen, wurden wir nie immun. Die Mücken machten es uns unmöglich, einen entspannten Abend draußen zu verbringen; dies war einer der Nachteile des Insellebens. Abende und Nächte waren wunderschön, und der kristallklare Sternenhimmel hätte uns ohne Mücken zu allem möglichen inspiriert.

Wir empfanden dies als eine echte Beeinträchtigung, auch wenn es uns ein Gefühl des Triumphs verschaffte, im Moskitonetz dem Konzert von Hunderten von ratlosen Vampiren zu lauschen, die genau wußten, wo das Blut war, es aber nicht erreichen konnten. Das Moskitonetz war wie ein Terrarium, bei dem man die Innenseite nach außen gekehrt hatte. Große Käfer und Kakerlaken flogen mit einem Brummen, das dem eines Mofas ähnelte, um das Licht der beiden Laternen. Handgroße Spinnen mit haarigen Beinen, die keine Netze woben, rannten mit phantastischer Geschwindigkeit über die Außenseite des Netzes, um die dort sitzenden Mücken zu erhaschen. Auch Geckos jagten umher. Im Stroh unter der Bodenplane raschelte es von Käfern, Termiten und vereinzelten giftigen Tausendfüßlern, aber wir schliefen mit einem zufriedenen Lächeln ein, weil all dieses Getier uns nichts anhaben konnte. Solange wir kein Essen mit nach oben nahmen, brauchten wir auch keine Invasion von Ameisen zu befürchten, für die die Maschen natürlich kein Hindernis waren und die an den ausgefallensten Körperstellen gemein bissen.

Ich ging immer wieder zur Quelle, um mich zu schrubben und mit kaltem Wasser abzuspülen, oder ich schabte mir mit der scharfen Schneide meines Dolchs über den Rücken, so als wollte ich eine rohe Kartoffel schälen. Manchmal half das, doch meist war die Folge dieses Schabens ein noch stärkeres Jucken, und es entstanden wunde Stellen, die schmerzten.

Die schlimmste Form von Jucken traf mich eines Abends, als wir beschlossen hatten, uns im warmen Sand die holophonische Cinemascope-Vorführung in Technicolor vom Sonnenuntergang anzuschauen. Dieser läßt sich kaum ohne das Postkartenpathos von Reiseprospekten und Bounty-Reklame beschreiben. Das Schauspiel versetzte uns jeden Tag aufs neue in ein stilles Staunen. Weil wir aus Respekt vor den Mücken bei Sonnenuntergang noch nie am Strand gesessen hatten, hatten wir auch die Sandfliegen noch nicht kennengelernt, die zu dieser Tageszeit ebenfalls aktiv wurden. Dies ist eine fast unsichtbare Spezies, nur halb so klein wie unsere Obstfliegen, doch trotz ihrer geringen Ausmaße würde eine Kolonie dieser Insekten dem Strandleben an den Badestränden in Holland zweifellos ein abruptes Ende bereiten. Ich konnte die winzigen Fliegen gerade noch auf meinen Waden erkennen, achtete aber nicht weiter auf sie, so froh war ich darüber, daß die Mükken endlich einmal vom Nordwind vertrieben worden waren.

Dies war das erste und das letzte Mal, daß wir uns im abkühlenden Sand das traumhafte Farbenspiel der untergehenden Sonne anschauten. Ich führte einen regelrechten Tanz auf, so sehr juckte es mich, und im Moskitonetz lag ich kurze Zeit später in einer Art Totenstarre, meine Finger in der Luft gespreizt, bereit für einen Gegenangriff, falls ich verrückt werden sollte. Die Biester hätten mich auf diese Weise zu jedem Bekenntnis zwingen können. Meine Unterschenkel schienen eine Art Eigenleben zu führen und juckten so teuflisch, als brieten sie von den Knien abwärts im Höllenfeuer. Chris wiederholte monoton:

»Nicht krat-zen!«

Dies wirkte wie eine hypnotische Suggestion. Das Jukken verschwand nach zehn Minuten ebenso schnell wieder, wie es gekommen war, und ich hatte ein Gefühl, als hätte ich ein schweres Examen bestanden.

Im Netz wartet eine Überraschung auf mich. Ein Krebs hat sich darin verirrt, und es ist kein einziger Fisch darin. Es ist der erste Krebs, den ich im Netz finde, denn gewöhnlich halten sich Krebse lieber in den Labyrinthen der Felsspalten auf dem Riff auf. Als ich ihn mir aus der Nähe anschaue, sehe ich, daß ich nur noch die komplette äußere Hülle des Tiers vor mir habe. Sogar das plastikartige Häutchen seiner runden Augen ist noch da. Ist dies das Werk der Larven, die sich zu Anfang einmal an den Fischen im Netz gütlich getan hatten, aber inzwischen nur noch selten aufgetaucht waren? Doch Apisai sagt, daß der Krebs alle paar Wochen aus seiner Haut herauskriecht und eine neue bekommt. Das Tier kann dies offenbar auch bei Lebensgefahr tun.

Es war Dezember, und die Hälfte unserer Zeit auf der Insel war verstrichen. In unserem Leben war die Sonne aufgegangen, und jetzt war die Insel an der Reihe, eine Transformation zu durchlaufen. Man hätte denken können, die Natur habe gewartet, bis wir das Dickicht unserer Beziehung gelichtet hatten. Der große Zauberer versprengte Wasser und zog sein Tuch fort: Hoppla! Wir wohnten plötzlich in einem Tropengarten, an dem kein Flecken mehr als ein paar Tage lang gleich blieb. Das grüne Paradies, von dem wir geträumt hatten, war Wirklichkeit geworden.

Der Regen strömte, schüttete, prasselte, spritzte und klatschte hernieder, und ab und zu war der Himmel wie auf ein Zauberwort hin wieder klar, und die Sonne brannte erbarmungslos. Vom Hügel wirbelten zwei kleine Wasserströme zu beiden Seiten unserer Hütte herab. Das war ein glücklicher Zufall, denn die Hütte stand nicht auf einer Erhöhung, wie dies gewöhnlich bei den Mbures der Fall ist, sondern zwischen den Wurzeln eines Mangobaums, die sich wie Adern über die Erdoberfläche zogen. Die Atmosphäre im Urwald verwandelte sich in die eines Dampfbades. An die zwanzig Bäche schäumten an den verschiedensten Stellen ins Meer, umsäumt von einer exotischen Pflanzenpracht. Wie aus dem Nichts tauchte plötzlich überall frisches Grün auf, dem man beinahe beim Wachsen zuschauen konnte. Schlingpflanzen, die am Vortag noch nicht dagewesen waren, hatten am nächsten Tag schon die Mitte der Stämme von hohen Bäumen erreicht und mehrere Verzweigungen entwickelt. Es gab sie in allen Variationen: Aralien, Kletterpflanzen mit herzförmigen oder gezähnten Blättern, mit Büscheln kleiner Blätter oder mit einem Blatt so groß wie Bärenklau. Der Urwald schwirrte von der Aktivität all der kriechenden und fliegenden Wesen. Auch die Wespen bauten neue Nester, doch ich hatte inzwischen gelernt, mich so aufmerksam durch den Urwald zu bewegen, daß ich die Kampfhelikopter rechtzeitig erblickte und sie nicht reizte.

Die Strauchvegetation war in zwei Wochen so dicht zugewuchert, daß wir neue Pfade schlagen mußten. An verschiedenen Stellen mußte ich mich völlig neu orientieren, weil ich nichts mehr wiedererkannte. Dieser Orientierungsverlust setzte sich fort, und die Geschwindigkeit, mit welcher der Urwald in neuer Schönheit wieder auferstand, war unglaublich. Nur die hochaufragenden kahlen Stämme toter Palmen deuteten nach einer Woche noch darauf hin, daß die Insel unter Wassermangel gelitten hatte. Wir mußten alle zwei Tage Unkraut aus dem Gemüsegarten entfernen. Auf der Insel wurde es nun noch stiller, weil Apisai oder sein Bruder auf ihrem Weg zu den Fischgründen nicht mehr mit Eimern Wasser vorbeizukommen brauchten.

Die Farben veränderten sich wie ein Negativ zum Positiv. Wir hatten keinerlei Vorstellung davon gehabt, wieviel Erfindungsreichtum in der Erde gespeichert lag. Kein Gartenarchitekt, hätte er auch noch so sehr die Üppigkeit geliebt, hätte sich diese wilde Pracht um unsere Hintertür ausdenken können. Waren wir zu Anfang enttäuscht gewesen, weil es auf der Insel keine Berge und Wasserfälle gab und weil die Insel insgesamt nicht größer als ein Spielplatz war, so hatten wir nun einen tropischen Regenwald direkt hinter unserem Haus. Wilde Bienen, noch mehr Schmetterlinge als im Frühjahr und Insekten mit metallisch schillernden Flügeln tanzten von Blüte zu Blüte und saugten Nektar für ihren Eigenbedarf heraus.

All das verdorrte Grau wurde von saftigem Grün verdrängt. Kokosnüsse, die auf dem Boden lagen, brachen auf und fingen an zu wurzeln; Schwämme in grellen Farben quollen aus totem Holz. Die Vielfalt der Strauchvegetation schien keine Grenzen zu kennen. Die Insel putzte sich prachtvoll heraus.

Wurde das Leben so vollkommen, daß es alle unsere Erwartungen übertraf? Nicht ganz. Eines Mittags schwamm Chris übermütig mit mir zum Netz hinaus. Sie hatte sich nie weiter als etwa zwanzig Meter ins Meer hinausgewagt und blieb immer an Stellen, wo ihr das Wasser nicht höher als bis zur Taille reichte. Ihre Angst vor Haien saß tief, aber an diesem Tag hatte sie die Angst vergessen, und wir kraulten Seite an Seite zum Netz hinaus. Es war kein Fisch darin.

Chris ließ sich auf dem Bauch treiben und schaute sich das Leben unter Wasser an. Das Wasser war trübe. Ein Schwarm kleiner Fische, die über irgend etwas erschraken – wahrscheinlich über sie – und wegschnellten, ließ ihr Herz stocken, denn sie dachte, die Fische hätten einen großen Räuber gesehen, den sie nicht bemerkt hatte. Im Bruchteil einer Sekunde wurde ihr klar, daß das Fischnetz ein Ort des Todes war – mit seinem Algenbelag sah es tatsächlich unheimlich aus –, daß sie ziemlich weit vom Strand entfernt war, ohne Brille nicht allzu scharf sah und daß sie kaum noch im Wasser stehen konnte. Panik überfiel sie. Heulend schnappte sie nach Luft. Wasser drang in die Tauchermaske ein, und sie stieß hustend einen Schrei aus. Ich schwamm zu ihr hin, und sie umklammerte mein Handgelenk mit der Kraft einer Schraubzwinge.

»Ich w-will z-zurück«, keuchte sie und zitterte dabei am ganzen Körper.

»Es ist doch alles in Ordnung«, versuchte ich sie zu beruhigen.

»Hich hwill zu-zurück.« Sie riß sich die Schwimmflossen von den Füßen und beschloß, zu Fuß zurückzugehen, wobei sie mich am liebsten an allen Seiten gleichzeitig gehabt hätte. Auf diese Weise dauerte der Rückweg zweimal so lange, aber weil sie nun festen Boden unter den Füßen hatte, fühlte sie sich weniger angreifbar, als wenn sie geschwommen wäre. Als sie in der warmen Sonne am Strand angelangt war, zitterte sie nicht mehr, und sie war selbst über ihre Panik erstaunt, denn so etwas kannte sie nicht von sich.

Eine Woche später war ich derjenige, der von Panik überfallen wurde, und sie mußte mich beruhigen. Eines warmen, bewölkten Morgens bahnten wir uns mit Rucksäcken ausgerüstet einen Weg durch den Wald, um Kokosnüsse zu sammeln. Wir trennten uns, und jeder suchte ein anderes Stück der Insel ab.

Nach einer Stunde hörte ich Chris einen Schmerzensschrei ausstoßen.

»Au!! Verdammt!! Boooob!!«

Das klang ernst, und ich bahnte mir, so schnell ich konnte, einen Weg durch mannshohe Sträucher.

»Was ist passiert?« rief ich besorgt.

»Ein Wespennest, verdammt! Haut ab!«

Sie hatte sich im Galopp und wild um sich schlagend weit genug von dem Nest entfernt, daß die Wespen sie in Ruhe ließen.

»Siehst du, ich hatte sowieso keine Lust, heute mitzugehen, und jetzt auch noch das«, murrte sie. »Ich habe mich vorgebeugt, um eine Kokosnuß aufzuheben, und plötzlich waren sie überall um mich herum.« Wir gingen weiter. Ich war ungefähr dreißig Meter vor ihr, als ich sie wieder reden hörte:

»Bob!« Erschrocken drehte ich mich um. Ich sah sie regungslos in der feuchten Hitze zwischen ein paar alten Mangrovenbäumen stehen.

»Was ist?«

»Komm her«, bedeutete sie mit ihrer Hand. Ich erschrak. Ihr Gesicht sah rot und aufgequollen aus, und ihre Augen waren völlig zugeschwollen. Auch ihre Arme und Beine waren geschwollen und hatten eine rosa Färbung.

»Was ist das?« stammelte ich. Wenn ihre Augen nicht zugeschwollen gewesen wären, hätte sie wahrscheinlich hilflos dreingeschaut.

»Weiß ich nicht«, sagte sie schwach. »Meine Ohren tun

so weh, und mein Kopf hämmert. Ich sehe fast nichts mehr.« Das konnte ich mir vorstellen. Ihr Sehvermögen und ihr Gehör versagten jetzt nacheinander ihre Funktion. Sie hörte ein Rauschen, schwankte, und ich mußte sie stützen. Der Wespenstich hatte offenbar einen Allergieschock verursacht. Obwohl ich ohnehin schon die ganze Zeit über schwitzte, brach mir der Schweiß jetzt noch stärker aus. Hin und wieder starben Menschen an solchen Schocks! Ich schleppte die inzwischen vollen Rucksäcke Stückchen für Stückchen auf dem kürzesten Weg zur kühleren Ostküste. Chris zockelte hinter mir her. Beim steilen Abstieg verlor ich das Gleichgewicht und stolperte von einem Felsen. Ein stechender Schmerz in meinem Rücken verriet mir, daß sich ein Wirbel verschoben hatte.

Fluchend versuchte ich, mich aufzurichten, jedoch ohne Erfolg. Chris nahm mir einen Rucksack ab. Wie zwei gehbehinderte Greise schlurften wir über den Felsstrand. Sie sah ab und zu durch ihre Augenspalten die Welt in einem nebligen Dunst verschwimmen, und ich war zu einem Winkelhaken verwachsen. Ich versuchte, mit Hilfe von tiefem Durchatmen Gedanken über einen baldigen Abschied von Chris beiseite zu schieben.

Sie setzte sich in das größte Bassin der Quelle, um im kalten Wasser das brennende Gefühl auf ihren angeschwollenen Körperteilen zu lindern. Doch kaum war sie im Wasser, verlor sie das Bewußtsein.

»Ich werde ohnmächtig«, seufzte sie und fiel schlaff gegen mich.

Einen Augenblick lang war ich ratlos.

»Chris, Chris!« Sie kam wieder halbwegs zu sich. Ich half ihr aus dem Wasser, und wir setzten uns in den Schatten einer Palme.

»Soll ich ein Feuer machen, damit die Fischer kommen und dich ins Krankenhaus bringen?« Es lagen ein paar

Boote vor der Küste, und ich glaubte, auf irgendeine Weise die Aufmerksamkeit auf uns lenken zu können. Zuerst antwortete sie nicht, doch dann schüttelte sie den Kopf.

»Geht schon vorbei.«

Ich vertraute ihrer Intuition mehr als meinem Verstand. Wir saßen ungefähr zwanzig Minuten wie versteinert da. Chris seufzte ab und zu tief auf. »Ich habe Blackouts in Wellen.«

Wir hatten Anti-Histamin-Tabletten, und endlich erwies sich nun unser Vorrat an Medikamenten, die wir auf Rezept eines Arztes in Suva eingekauft hatten, als nicht mehr ganz so absurd, wie wir ursprünglich geglaubt hatten. Ich hastete, so schnell mein Rücken es zuließ, zur Hütte.

Meist bekam sie schon von einem Aspirin Magenschmerzen, doch in dieser Situation fragte sie sich nicht, ob es wohl gut wäre, das Mittel zu schlucken. Die Pille hatte ihren Magen noch nicht ganz erreicht, als dieser sich schon in einem Brechreiz zusammenkrampfte. Sie erbrach alles, was sie an Säften in sich hatte, und ihr Gesicht verwandelte sich in eine Totenmaske. Als die Wellen der Übelkeit nach einer Viertelstunde abgeklungen waren, fühlte sie sich in der Lage, auf meine Schulter gestützt zur Hütte zu humpeln.

Chris sah sehr schlecht aus; sie zog sich in das Moskitonetz zurück. Den Rest des Tages verbrachte sie in einem Zustand, der einem Koma ähnelte. Es war so still, daß ich zweimal hochkletterte, um nachzuschauen, ob sie noch lebte. Aber sie atmete regelmäßig und tat genau das, was, wie wir später erfuhren, auch die Insulaner bei einem Wespenangriff tun, nämlich schlafen. Die Schockreaktion war ihnen allerdings nicht bekannt.

Am Nachmittag stand sie auf und kam nach unten. Ihre Haut sah wieder normal aus, das Ohrensausen hatte aufgehört, und ihre Sehfähigkeit hatte sich ebenfalls normalisiert. Nachdem ich in der heißen Sonne ein paar Dehnübungen gemacht hatte, fühlte sich mein Rücken abends ebenfalls wieder besser an.

Bei Ebbe sehe ich im flachen Wasser vor der Mangrove einen großen, schweren Fisch träge wie einen formlosen Tintenfleck auf mich zuschwimmen. Sobald er näher gekommen ist, erkenne ich, daß es sich nicht um einen großen, sondern um Tausende von kleinen Fischen handelt, die in Formation schwimmen. Der Fleck schrumpft zusammen, dehnt sich aus und verändert fortwährend seine Form, aber die Fische halten immer den gleichen geringen Abstand zueinander. Vielleicht schmecken sie Thakombau, denke ich und werfe meinen Fischspeer dazwischen. Sofort stieben sie auseinander, formieren sich aber gleich darauf wieder, als würden sie magnetisch voneinander angezogen. Eines der Fischlein bleibt an meinem Speer stecken. Als ich an einer Flosse entlangstreiche, schneide ich mich daran, denn sie ist scharf wie eine Rasierklinge. Sofort breitet sich ein scharfer Schmerz in meinem Daumen aus, der ungefähr zehn Tage anhält. Die Flossen sind harte Messerchen, die der Fisch wie ein Stilett ausklappen kann.

Franci heiratete Dioni. Es wurde auch höchste Zeit, denn Dioni erwartete täglich die Geburt des Kindes. Die Hochzeit war immer wieder hinausgeschoben worden, aber Apisai sagte nicht, warum. Seinem Gesicht nach zu urteilen gab es Schwierigkeiten. Franci und er hatten Dionis Brüdern, die in der Nähe von Lambasa wohnten, den traditionellen Antrags-Yanqona überbracht, aber ich hatte das Gefühl, daß irgend etwas schiefgegangen war. Vielleicht, weil Dioni schwanger war; oder weil ihre Eltern Mitglied einer anderen Glaubensgemeinschaft waren. Das war gut möglich, denn sie stammte von einem fernen Atoll in Lau, einer anderen Provinz aus Dutzenden von kleinen Inseln, die weit verstreut im Ozean liegen.

Es wurden fieberhafte Vorbereitungen für das Fest getroffen. In den Wochen vor der Hochzeit sahen wir Franci in regelmäßigen Abständen in der Ferne vorbeifahren, wenn er auf dem Weg nach Lambasa war, um dort geräucherten Fisch zu verkaufen und vom Erlös andere Dinge für das Fest zu besorgen. Zur Hochzeitsfeier erwartete man Hunderte von Gästen. In Wai Levu baute Apisai seine Veranda zu einer Küche mit deutlich westlichen Elementen um. Hignett hatte ihm einen modernen Gasherd geschenkt, der mit Hilfe einer Gasflasche betrieben wurde. Da die Frauen bei der Küchenarbeit lieber auf dem Boden saßen, waren die Anrichte und die Schränke auf Kleinkindhöhe. Dazwischen ragte der glänzende Gasherd riesig empor.

Wai Levu war schwarz von Menschen. Es regnete in kurzen, heftigen Schauern, und der Rasen vor dem Haus verwandelte sich in eine abschüssige Schlammrutschbahn, so daß die Gäste nur mit Mühe die Anhöhe zum Haus hinaufsteigen konnten. Im Inneren des Hauses wimmelte es von Gästen. Unten am Fluß war ein Platz mit einem Wellblechdach überdeckt worden. Dort würde der Pfarrer das Paar in einer langen Zeremonie mit vielen Tränen trauen. Im vorderen Teil lag der Stapel geflochtener Matten, die der Pfarrer anschließend als Vergütung erhalten würde.

Ein Trupp von Männern grub im strömenden Regen

Lovos für die Massen von Eßwaren, die von allen Seiten herangeschafft wurden. Frauen schlachteten Enten und Hühner vor der alten Küche. In der neuen Küche waren Chris, eine Nachbarsfrau und eine Tochter damit beschäftigt, das fertige Essen aus den Lovos auszupacken und auf die Teller zu verteilen. Von überall her erscholl lautes Lachen und Reden. Kinder rannten hin und her, und in der runden Mbure unten im Garten leerten die Männer die ersten Mbilos. Immer neue Gruppen von Gästen aus ganz Undu fanden sich nach und nach ein. Manche hatten einen Fußweg von einigen Stunden hinter sich.

Bei der Trauung sang der Kirchenchor im hinteren Teil des überdachten Raums am Fluß so laut, daß er das Trommeln des Regens auf dem Wellblechdach übertönte. Franci und Dioni standen vorne, ausstaffiert mit der traditionellen Kleidung und mit Blumengirlanden behangen, die die Last in ihrem Bauch verbargen. Das Paar trocknete sich fortwährend die Augen mit weißen Taschentüchern. Die Tränen verrieten in diesem Fall mehr als die vom Ritual vorgeschriebene Betrübnis. Die Familie der Braut war nicht erschienen, und das war nach fidschianischem Brauch so unvorstellbar, daß niemand darüber redete.

Trotz des Regens war Wai Levu unglaublich schön. Die Tapiokasträucher, die um das Haus herum wuchsen, waren fast mannshoch, und das kleine Tal war ein Meer aus Blumen und jungem Grün mit zahllosen Schmetterlingen. Apisai war entzückt. »Wir können schon jetzt sehen, daß es dieses Jahr eine Spitzenernte geben wird. Ich habe noch nie solch ein schnelles Wachstum miterlebt«, sagte er. Die sieben mageren Jahre waren offenbar vorbei.

Nach Reggae-Musik aus dem Transistorradio tanzte ich abends allein einen wilden Solotanz. Das Publikum geriet außer sich: »More! More!« Alle krümmten sich vor Lachen. Auch Chris sprang auf und vollführte mit ihrem Becken wollüstige Bewegungen. Männer, Frauen und Kinder konnten sich vor Lachen nicht mehr halten. Ein einziger anderer Gast wagte sich auch auf die Tanzfläche und ahmte zur allgemeinen Belustigung die erotischen Bewegungen übertrieben nach. Die Einheimischen tanzten selten zu westlicher Musik. Nur die Mädchen bewegten sich manchmal unter lautem Gekicher zu Reggae und zu Musik von George Baker.

Franci und Dioni bezogen eine Hütte in der Nähe der Schule, zwanzig Minuten zu Fuß von Wai Levu entfernt. Drei Wochen später wurde Ettè geboren, ein mokkafarbenes Mädchen mit großen, fast schwarzen Augen und einem Augenweiß, das hellblau war. Das Baby roch nach Blumen und Kokosöl, mit dem es täglich massiert wurde. Es heulte nie, denn es waren immer kräftige Männer- und mollige Frauenarme oder volle Brüste in der Nähe, um auch der geringsten Unzufriedenheit von vorneherein vorzubeugen. Schon bald nach der Geburt nahm die Kleine die Umgebung entspannt in sich auf. Sie konnte uns mit ihrem Blick fesseln, indem sie einfach nicht mehr wegschaute, und dann zogen sich ihre Mundwinkel plötzlich in der Andeutung eines Lächelns nach oben.

Hinter mir in der Küche raspelt Chris Kokosnüsse, bis ihre Arme erlahmen. Sie stellt Kokosöl her. Mit einer Raspel, die wie eine aufgehaltene Hand aussieht, raspelt sie das Fleisch von vierzig Kokosnußhälften. In einem Topf drückt sie Wasser durch die Raspel, so daß die bekannte dickflüssige weiße Milch zurückbleibt. Die von ihrem Fett befreiten Kokosflocken wirft sie in den Garten, wo sie wie Schnee neben den flatternden Hühnern zu

Boden fallen. Die Creme bleibt 24 Stunden lang im Topf, vorzugsweise in der Sonne. Dann hat sich das Fett vom Wasser abgesetzt und ist mit dem weißen Satz der Flocken nach oben gestiegen. Den weißen Brei und das Öl schöpft sie ab und gibt es in einen anderen Topf auf dem Feuer, bis die weißen Teilchen fritiert sind. Nachdem sie diese ausgesiebt hat, bleibt ein Liter klares Öl übrig.

Es dauerte eine Weile, bis wir uns wieder an den Überfluß an Süßwasser gewöhnt hatten, und das Bad in der Quelle blieb der Höhepunkt des Tages.

Wegen der zerstörerischen Wasserströme war es nicht möglich, etwas auszusähen. Wir mußten uns also damit abfinden, daß der Gemüsegarten uns nichts anderes als Kürbisse liefern würde. Die eigentliche Säzeit war die Zeit nach dem Monsun, also der April. Dann würde sich eine Aussaat jedoch nicht mehr lohnen, denn einen Monat später würden wir schon abreisen. Trotzdem pflanzten wir noch ein paar Papayasamen und beobachteten das Heranwachsen dieser Pflanzen. Die Früchte würden erst ein oder zwei Monate nach unserer Abreise reif sein.

Wir mußten uns mit den jungen Kürbistrieben begnügen, und weil diese Pflanzen so unglaublich wucherten, lieferten sie eine reiche Ernte. Endlich hatten wir frisches Gemüse aus eigenem Anbau! Man hatte uns gesagt, daß man Kürbisblätter essen könnte, doch hatten die Fidschianer in ihrem unzulänglichen Englisch nicht erwähnt, daß sie nur die jungen Blätter meinten. Infolgedessen hatten wir im ersten Monat Schmirgelpapier gegessen. Die jungen Triebe hingegen schmeckten sehr gut, und wir aßen sie von diesem Zeitpunkt an jeden Tag. Nun war das Inselmenü zwar komplett, bestand jedoch in den letzten Monaten aus nichts anderem als Brotfrüchten, Fisch und Kürbisschößlingen, an seltenen Feiertagen angereichert durch Huhn.

Dieses Menü wurde uns wegen unseres nicht nachlassenden Appetits nicht langweilig, auch wenn wir uns abends im Bett in Phantasien darüber ergingen, was wir essen würden, wenn wir wieder in der bewohnten Welt wären. Beefsteak in Roquefort-Soße, Kartöffelchen in Butter geschwenkt und grüne Bohnen, aber auch beim Gedanken an Pommes frites mit Mayonnaise lief uns das Wasser im Munde zusammen.

Mitte Dezember waren die ersten Mangos reif, und schon bald wußten wir nicht mehr, was wir mit dem ganzen Überfluß anfangen sollten, der von den Bäumen herabfiel und verfaulte. Wir pflückten und sammelten unversehrte Mangos und vergruben sie, denn dies war die einzige Möglichkeit, die Früchte einen Tag oder etwas länger aufzubewahren. Wir aßen so viele Mangos, bis wir nichts mehr hinunterbekamen, und kochten Marmelade ein, bis wir keine Gläser mehr hatten. Die Marmelade auf frisch gebackenen Brötchen war eine Köstlichkeit. Wir mußten untätig mit ansehen, wie Zehntausende von Mangos innerhalb weniger Tage zu Brei wurden, bis man sie schließlich nicht mehr von dem Boden, auf dem sie lagen, unterscheiden konnte. Ende Januar war dann diese Schlemmerei mit einem Schlag vorüber.

Wir nähern uns dem Vollmond, und wir haben schon seit ein paar Tagen keinen Fisch mehr im Netz gehabt. Heute jedoch sind zwei Sakus darin, Krokodilhechte. Diese Räuber gehören zu unseren Favoriten, und ein einziger von ihnen ernährt uns einen ganzen Tag. Ich eile mit dem Fang zum Strand und höre Chris schon von weitem rufen: »Saku?« Als sie sieht, was ich mitbringe, staunt sie nicht schlecht. »Na so was! Als du am Netz warst, habe ich gedacht, ich würde nur zu gerne wieder einmal einen Saku essen, und schon ist einer da!«

10
Besuch

Januar 1988

»Wie oft kriegt ihr hier Eiswürfel?«

»Was?«

»Wann kommt denn hier jemand mit Eiswürfeln vorbei?«

Chris bekam einen Lachanfall. »Guter Witz«, sagte sie. Doch als sie sich die Gesichter des kalifornischen Ehepaars anschaute, merkte sie, daß die Frage ernst gemeint war. Die beiden schienen aufrichtig bestürzt zu sein.

»Wofür braucht ihr Eiswürfel?« fragte sie.

»Nun ja . . . «, sagte der Mann und versuchte, der ganzen Angelegenheit nun wirklich eine witzige Wendung zu geben, »sie trinkt so gerne warme Cocktails.«

»Und er«, sagte sie, »trinkt sein Bier gerne warm.«

»Bier? Cocktails?«

»Ja natürlich, wir haben die Drinks in einer Kühlbox mitgebracht. Und das Eis darin wird morgen geschmolzen sein.«

Chris bekam sich wieder unter Kontrolle und erklärte, daß das Geschäft neben der Post an der nächsten Kokospalme rechts noch nicht geöffnet sei und daß wir zum größten Teil ohne die westlichen Annehmlichkeiten auskommen müßten. Ohne Alkohol, ganz zu schweigen von . . . haha . . . Eiswürfeln.

Ich schwamm gerade auf der anderen Seite der Insel, als Fischer aus dem benachbarten Kendra zwei Weiße absetzten. Ebenso wie die Taucherin Joan ein paar Monate früher waren auch sie unangenehm überrascht, Chris dort anzutreffen. Die Amerikaner begriffen nicht gleich, daß Chris keine Fidschianerin, sondern eine Holländerin war. »Gibt es denn ein Dorf auf Ata?« war deshalb ihre erste Frage.

Als ich ein paar Stunden später zur Hütte zurückkehrte, hatte Chris sich bereits mit den Gästen abgefunden. Ich hingegen war sofort wieder stocksauer. Doch Besuch war nun einmal etwas, wogegen ich nichts unternehmen konnte. Ich tröstete mich damit, daß mir alles, was geschah, als Stoff für meine Reportage dienen konnte. Und wer weiß, vielleicht war dies ja zu irgend etwas gut, sagte ich mir entsprechend der hiesigen Anschauung, daß dort, wo ein Schatten fällt, das Licht nicht weit sein kann.

Paul und Helen, ein Ehepaar mittleren Alters, wohnten in Nordkalifornien auf einer Insel in einem See. Die beiden hatten mittlerweile an der Ostküste von Ata ihr Domizil auf einem hochgelegenen, ebenen Platz im Urwald aufgeschlagen, der Aussicht über die Bucht bot. Auch sie hatten sich von der Enttäuschung erholt, nicht allein zu sein und die Insel mit anderen teilen zu müssen, und hatten uns zu einem Drink zur Cocktailzeit, also gegen fünf Uhr nachmittags, eingeladen.

»Cocktails auf Ata, hahaha!« Ich trank nicht gerne Hochprozentiges, und Cocktails trank ich nie. Aber ich war neugierig. Gegen fünf Uhr spazierten wir an der Quelle vorbei und stiegen den Hügel an der nächsten Bucht hinauf. Dort hatte das Paar ein Zelt aufgeschlagen, und Paul hatte schon einen Tisch aus Ästen zusammengebastelt, die er mit einer Machete abgeschlagen hatte. Er konnte mehr als ich!

Paul hatte in den letzten zwanzig Jahren mit seiner Frau ein zurückgezogenes Leben auf Windflower Island im Clear Lake geführt. Vollkommen idyllisch war es dort allerdings nicht. Paul war es dort zu kalt und Helen zu unsicher. Sie hatten sich Gewehre und Revolver zugelegt, um sich an ihrem abgelegenen Wohnort gegen unerwünschte Besucher zur Wehr setzen zu können. Dies war keineswegs übertriebene Vorsicht, denn sie hatten tatsächlich schon mehrmals zwielichtigen Besuch gehabt. »Wenn es noch einmal passiert, schieße ich sofort«, versicherte Helen kampflustig, während sie mir einen Wodka mit Orangensaft, Chris einen Gin Tonic und sich selbst und ihrem Mann ein Bier einschenkte. Die Getränke waren kühl; das Eis würde sicher noch bis zum nächsten Cocktailstündchen seine Funktion erfüllen.

Was sie erzählten, wirkte auf uns wie ein Bericht von einem anderen Planeten. Hätte Paul nicht solch einen Widerwillen gegen Hunde gehabt, so hätten sie sich schon lange einen Wachhund angeschafft. Sie hatten es zwar schon einmal mit einem Dobermann versucht, den sie für einen astronomischen Betrag auf unerwünschten Besuch hatten abrichten lassen, aber sie hatten ihn nach einer Weile wieder weggegeben. Der Hund hatte seine Aufgabe zwar ausgezeichnet erfüllt, hatte aber an die verrücktesten Stellen im Haus und in der näheren Umgebung seine Haufen gesetzt. Als er dann zu guter Letzt die weiße Hose eines Gastes, der auf dem Rasen saß, dafür auserkoren hatte, war den beiden der Geduldsfaden gerissen, und sie hatten sich von dem Hund getrennt.

Sicherheitshalber hatte Paul auch jetzt einen Revolver mitgebracht. Er war auf Hignetts Verkaufsanzeige hin gekommen. Zum erstenmal schmeckte mir Hochprozentiges nach »mehr«. Auf der guten Seite der Insel verfärbte sich der Himmel, als ob ein stolpernder Ober Tequila, Crème de Mente, Eierlikör und Beerenschnaps darüber verschüttet hätte, aber wir achteten nicht darauf. Helen, die meine Gelüste erkannte, schenkte großzügig nach, bis die Dunkelheit schon lange angebrochen und die Flut aufgekommen war. Zwischendurch sprühte sie sich ein Mückenabwehrspray ins Gesicht, zum Ärgernis ihres Mannes, der mit zwei Händen versuchte, drei Gläser zu bedecken, um zu verhindern, daß sich Giftwölkchen in das kostbare Naß senkten. Nach meinem dritten Glas wurde es ungemein gesellig. Das Gespräch drehte sich um die Lieblingsschauspieler der beiden, Bob Hope und John Wayne, und um »schmutzige« Hippies in Kommunen, doch das konnte mir die gute Laune nicht verderben. Sie erzählten über ihr Leben auf der Insel, wo das Mobiliar aus angespültem Holz gezimmert war und sie mit Hühnern, Ziegen und einem Schwein wie mit Kindern zusammenlebten, bis das Schwein »Beau Regard« schließlich 350 Kilo wog und immer noch auf den Schoß wollte. Es war in einem benachbarten Schlachthof in Koteletts verwandelt worden. Die Freundschaft wurde mit einem letzten Gute-Nacht-Trunk besiegelt, und Hand in Hand stolperten Chris und ich in der pechschwarzen Dunkelheit nach Hause zurück. Schritt für Schritt gingen wir durch das Meer an der Ostküste entlang, denn das Wasser war gestiegen und ließ uns zu wenig Platz zwischen der Felswand und dem Meer. Wir verloren ein paarmal das Gleichgewicht, torkelten mehr, als daß wir gingen, und kicherten den ganzen Weg. Hinterher meinte Chris, daß der Alkohol sie ihre Angst vor den Monstern hatte vergessen lassen, welche vor allem nachts im Wasser an dieser Seite der Insel herumspukten.

Paul und Helen blieben nur zwölf Tage. Ihm fiel der Abschied schwerer als ihr, denn sie hatte nichts für die tropischen Überraschungen von Ata übrig. Schon am zweiten Tag lief sie mit einem Arm in einer Armbinde herum. Der Arm schwoll infolge eines Wespenstichs bis über die Achsel an und wurde so dick wie ein prall gefüllter Fahrradschlauch. Danach wagten sie sich nicht mehr in den Dschungel hinein. Zu ihrem Entsetzen gab es auf Ata Schlangen, und auch meine Versicherung, diese seien so harmlos wie Würmer, half wenig. Ein paar Tage später berichtete Helen, sie habe einen Schwarm von Haien vorbeischwimmen sehen. In den neun Monaten, die wir nun schon auf der Insel waren, hatten wir nie einen Schwarm von Haien gesehen. Das Paar beschloß, nur in flachem Wasser zu baden. Aber auch davon nahmen sie bald wieder Abstand. »Wir haben bei einem einzigen Mal an die vierzig Rochen gezählt!« rief Helen bestürzt. Mit etwas Glück traf ich auf einen einzigen, wenn ich viermal zum Netz hin- und zurückging. »Rochen sind nicht aggressiv«, versuchte ich erneut, sie zu beruhigen. Aber Helen war der Spaß an diesem ganzen Unternehmen gründlich verdorben. Dann doch lieber eine unwirtliche Insel, auf der man ab und zu unangenehmen Besuch bekam.

Sie hatten im Versandhandel ein Zelt gekauft, das wie eine abgeschnittene Pyramide aus Moskitonetz aussah und keine Bodenplane hatte. Man konnte aufrecht darin stehen, und es hatte ein Dach. Die Amerikaner hatten offensichtlich nicht damit gerechnet, daß Fidschi vom Monsun heimgesucht wurde. Der Wind blies den Regen horizontal ins Zelt hinein. Schließlich wickelten sie sich in Plastik ein und wachten jeden Morgen schweißgebadet auf.

Beim Abschied überließen uns Paul und Helen die Reste ihrer Vorräte. In den Zwei-Liter-Plastikflaschen war noch ein kleiner Rest Alkoholika, es waren zwei Bier übriggeblieben sowie eine volle Flasche Salatsoße und ein paar Eier. In der Nachmittagssonne aßen wir Eiersalat mit Brotfrucht und Zwiebelgrün aus dem Garten, tranken alle Alkoholika auf und kehrten danach wieder zu unserem normalen Leben auf Ata zurück.

Es ist dunkel und Ebbe, und ich sammle mit der Taschenlampe »Tandruku«, Käferschnecken. Diese Tiere heften sich mit der Kraft von Seepocken an Felsen. Sie haben eine harte Schale, an der Unterseite einen Saugnapf, sind ellipsenförmig und höchstens fünf Zentimeter lang. Nachts kommen sie aus Rissen und Spalten. Wenn ich schnell mein Messer daruntersteck e, können sie sich nicht festheften. Das Nachtleben auf den Felsen ähnelt einer regelrechten Kirmes. Krabben tanzen ihr hölzernes Ballett, und dicht vor der Felsküste schwimmen große Fische auf der Suche nach Nahrung. Dutzende von kleinen Einsiedlerkrebsen holpern in ihren sperrigen Behausungen umher. Schlammspringer hüpfen vor mir auf und ab über die Felsen zum Rand des Wassers. Der Himmel ist klar, abgesehen von einem einzigen Wolkentupfer, der die Mondsichel kurz verdeckt, bevor er weiterzieht. Eine Lichtfontäne verrät einen Fisch, der aus dem Wasser springt.

Chris ist am nächsten Morgen damit beschäftigt, die harte Schale der Tandrukus zu entfernen. Sie kocht die Tiere, aber als wir das erste von ihnen kosten, stellt sich heraus, daß sie so zäh wie das Gummi eines Einmachglases sind. Chris darf sie alle allein aufessen.

Den Eisvogel, in dessen Territorium unsere Hütte lag, hatten wir Pritz getauft, nach Chris' Vater, der an Krebs gestorben war, als sie noch so klein war, daß sie nicht gewußt hatte, daß es so etwas wie den Tod überhaupt gab. Eigentlich hatte er Fritz geheißen, aber unter den Indern wurde dieser Name häufig zu »Pritz« entstellt.

In der regnerischen Stille des Januars war Chris in Gedanken oft bei ihrer Mutter, die genau vor acht Jahren an der gleichen Krankheit gestorben war wie ihr Mann dreißig Jahre früher. Von den Erinnerungen überwältigt, brach Chris ein paarmal plötzlich in Tränen aus. Am Jahrestag des Begräbnisses weinte sie sogar so sehr, daß sie danach eine bis dahin ungekannte Erleichterung verspürte: das Gefühl, daß sie ihre Mutter nun endlich wirklich begraben hatte und loslassen konnte. Am darauffolgenden Tag war der Eisvogel auf seinem Flug von einer Freundin begleitet. Diese erhielt von uns natürlich den Namen von Chris' Mutter, Maud.

Wir gönnten Thakombau ein Weibchen und uns selbst einen Wurf junger Kätzchen. Als Franci einmal auf Besuch gewesen war, hatten wir darüber gesprochen, und er hatte einfach gesagt: »Ich bringe.« Ein paar Wochen lang hörten wir nichts von ihm. Katzen sind in Fidschi nicht so zahlreich wie in den Niederlanden, und sie sind dort unentbehrlich.

Eines Tages brachte Franci ein junges Weibchen mit einer wunderschönen braunschwarzen Zeichnung aus Lambasa mit, die wir Andi Lelea (»Dame Lelea«) tauften, nach der Frau des berüchtigten Fürsten Thakombau. Der Kater war völlig außer sich. Ich erwischte ihn dabei, wie er auf die Rucksäcke in der Ecke der Hütte urinierte. Zur Strafe packte ich ihn an seinem Nackenfell und warf ihn mit ein paar Verwünschungen nach draußen, die auch Katzen verstehen müßten. Andi führte auch noch andere Neuerungen bei uns ein, denn unter unserem Tisch entstand nun ein Katzenklo. Dies stellte ich fest, als ich einmal mit nackten Füßen am Tisch saß und einen Brief schreiben wollte. Es war schlimmer als die ganze Hühnerscheiße zusammen. Wir behielten die Katzen scharf im Auge und warfen sie beim geringsten Anzeichen dafür, daß sie zu einem unerwünschten »Geschäft« ansetzten, in hohem Bogen aus dem Haus. Nach zwei Tagen gruben sie brav ein Loch auf dem

Strand, hockten sich darüber und scharrten das Loch anschließend säuberlich wieder zu.

Sie schliefen auf der Matte, die Bäuche gegeneinandergelegt, und umarmten sich mit den Vorderpfoten, doch für Sex war Andi noch zu jung. Jedesmal, wenn Thakombau dazu ansetzte, sprang sie wie von der Tarantel gestochen auf und verpaßte ihm fauchend einen Schlag. Da er dies nicht lange aushielt, verschwand er im Urwald, um erst vier Tage später wieder aufzutauchen. Andi begrüßte ihn dann so herzlich, daß er es erneut, jedoch wieder vergeblich versuchte.

Ich verstand mich prima mit den Katzen. Wenn ich wach wurde und nach unten ging, lag Andi auf der Bank vor dem Tisch. Sie richtete sich dann in voller Länge an mir auf und versuchte mich zu umarmen, wobei sie ihre Vorderpfoten spreizte und ihren weich behaarten Bauch gegen meinen drückte. Doch Thakombau blieb mein Favorit, und das wußte er, denn er zeigte bei diesen täglichen körperlichen Sympathiekundgebungen Andis keinerlei Anzeichen von Eifersucht.

Früh am Morgen lege ich das Netz an einer anderen Stelle aus, denn Wind und Strömung haben es fortgetrieben. Als ich mit dem Ankerstein rückwärts laufe, verspüre ich plötzlich einen stechenden Schmerz in meinem rechten Fuß. Ich zucke zurück, und als ich hinschaue, sehe ich gerade noch die violetten Stacheln eines großen Seeigels im aufgewühlten Schlamm des Meeresbodens verschwinden. Gehirnsensoren fangen Signale von brennendem, scharfem Schmerz auf. Als das Wasser wieder klar ist, spieße ich den Igel rachsüchtig mit meinem Speer auf und werfe ihn weit ins Meer hinaus. Hinkend beende ich meine Arbeit. Erst am Nachmittag läßt der Schmerz nach. Die Stacheln sind durch die weniger feste Seitenfläche des Riffschuhs gedrungen, und die brüchigen Giftstacheln sind glücklicherweise nicht in meinem Fuß, sondern im Schuh abgebrochen.

Die Katzen wuchsen mir zwar ans Herz, aber meine Liebe zur Natur im allgemeinen und zu Tieren im besonderen veränderte sich nicht nennenswert. Einen giftigen Kugelfisch, der sich in den Maschen des Netzes verfangen und sich dann wütend aufgeblasen hatte, befreite ich, aber nicht indem ich das Nylon um ihn herum wegschnitt. Er sah lächerlich aus. Der Fisch war kugelrund, halb so groß wie ein Fußball. Doch das Nylon hatte eine Wespentaille in ihn hineingeschnürt, so daß er die Form eines Schneemanns hatte. Ich konnte es nicht lassen und piekste ihn mit meinem Speer. Vier kleine Fontänen spritzten hoch, der Fisch schrumpfte zusehends, und zu meiner Überraschung schwamm er schließlich aus dem Netz.

Wenn irgendwelche Essensreste auf dem groben Holztisch liegenblieben, marschierte schon bald eine Kolonne von Ameisen hin und her, die die Krumen in transportierbare Bestandteile zerlegten. Gedankenlos ermordete ich mit einem einzigen Fingerstreich Hunderte von Müttern, Vätern und Kindern, die nichts anderes taten, als für ihren Unterhalt zu sorgen. Ich fragte mich selbst: »Warum tust du das eigentlich?«, doch beim nächstenmal tat ich es wieder.

Schon ein paarmal hatte ich eine fette Kröte aus der Quelle geholt und in einem hohen Bogen ins Meer geworfen. Diese Tiere gehörten einer Riesenart an. Die Inder hatten sie zu Beginn des Jahrhunderts aus ihrer Heimat mitgebracht, um der Insektenplage Herr zu werden, die die Zuckerrohrernte bedrohte. Die Kröten waren jedoch den schädlichen Insekten nie begegnet, da sie nachts jagten, wenn die Insekten ruhten. Aufgrund des Mangels an natürlichen Feinden hatten sie sich innerhalb von zehn Jahren so stark vermehrt, daß es Millionen von ihnen gab, die sich auf dem ganzen Archipel verbreitet und sogar die Entfernung zwischen den großen und den kleinen Inseln überwunden hatten. Als ihre Zahl so groß geworden war, daß das Überleben der eigenen Art bedroht wurde, waren die Kröten kleiner geworden. Hatte ein erwachsenes Männchen früher manchmal einen Tennisschläger bedeckt, so waren sie jetzt nicht mehr größer als eine Faust. Glücklicherweise gab es auf Ata nicht so viele wie in Wai Levu, wo ich abends nicht ohne Taschenlampe über den Rasen gehen konnte, ohne auf eine von ihnen zu treten. Es fühlte sich gräßlich an, mit dem ganzen Gewicht auf etwas Kaltes und Glitschiges zu treten, das dann spritzend explodierte, bevor man den Fuß zurückziehen konnte.

Es amüsierte mich auch, von Zeit zu Zeit flatternd und schreiend hinter den Hühnern herzulaufen. Ich war noch lange nicht eins mit der Natur geworden.

Den größten Spaß machte es mir jedoch, Hühner zu hypnotisieren. Manchmal spielte sich ein stiller Machtkampf zwischen Khan und mir ab, wenn er die Küche betreten wollte und mich dort sitzen sah. Er schaute mich dann durchdringend an, während er stocksteif stehenblieb. Ich beugte mich etwas vor, schaute genauso durchdringend zurück und gewann. Noch lieber versetzte ich jedoch eines der jungen Hühner in Trance. Ich hielt es mit dem Kopf nach unten in meiner Hand und schaute ihm aus nächster Nähe in die Augen. Zuerst versuchte das Opfer, hilflos seine Augen abzuwenden, doch plötzlich war es in meinem

Blick gefangen. Das Huhn wurde schlaff. Wenn ich es auf den Boden legte, blieb es noch ungefähr fünf Minuten mit den Beinen nach oben auf seinem Rücken liegen, bevor es aus der Trance erwachte und so tat, als sei nichts geschehen.

Mittlerweile hatten wir ungefähr fünfzehn Hühner. Das bedeutete, daß ich täglich den Hühnerkot um das Haus herum entfernen mußte, der andernfalls Schmeißfliegen angezogen hätte. Wir korrigierten unsere Vorstellungen über freilaufende Hühner und hätten wahrscheinlich auf der anderen Seite der Insel, möglichst weit von unserer Hütte entfernt, einen Hühnerstall gebaut, wenn wir das Material dafür gehabt hätten. Die Hühner wären dann wahrscheinlich zu jenen stumpfen Konsumgeschöpfen degeneriert, die wir von zu Hause her kannten. Zwischen den »freien Radikalen« und den abhängigen Brutmaschinen in meiner Heimat bestand ein himmelweiter Unterschied. Erstere waren intelligent und hatten eine scharfe Intuition.

Dies zeigte sich, als uns eine unbändige Lust nach gebratenen Hühnchen und Hühnersuppe überkam. Acht Monate lang waren wir nicht auf die Idee gekommen, doch plötzlich war dieser Gedanke da, und es hätte nicht viel gefehlt, und er wäre zu einer Obsession geworden. Welches Huhn sollte als erstes auf die Schlachtbank? Die Patri- und Matriarchen des Hühnerklans kamen nicht in Betracht. Ko hatte wieder Küken, und Khan hatten wir anläßlich der Errettung eines Kükens feierlich versprochen, ihn nie zu schlachten. Eines Tages hatten wir ein ängstliches Piepen auf dem Hügel hinter der Hütte gehört. Eines der Küken hatte sich verirrt und – unerreichbar für uns – in einem Dornenstrauch versteckt. Wir hatten gehofft, daß Ko und die anderen Küken in diese Richtung kämen, denn die Dämmerung war schon angebrochen. Kurze Zeit später war die Glucke wieder gackernd im Garten aufgetaucht, und das Küken hatte immer lauter gepiept, aber nichts war geschehen. Statt dessen hatte sich die Familie für die Nacht zurückgezogen. Kurze Zeit später war Khan wieder auf der Bildfläche erschienen und hatte sich suchend umgeschaut, als das ängstliche Piepen wieder eingesetzt hatte.

Chris hatte ihm ermunternd zugeredet: »Ja, gut, Khan, hole es nur! Wenn du es schaffst, essen wir dich nicht auf.« Khan war den Hügel in Richtung des Piepens hinaufgeeilt und kurz darauf mit dem Küken im Schlepptau zurückgekehrt.

Die zerzausten Samurais waren viel zu klein zum Aufessen, und die nervöse Hip war ein Geschenk. Wir mußten also einen der Musketiere fangen. Inzwischen hatten wir festgestellt, daß es einen einzigen Hahn unter ihnen gab, und auf diesen fiel unsere Wahl. Es war das größte Exemplar aus dem Gelege. Khan war genug Hahn für den ganzen Klub, und er hatte schon Interesse an seinen pubertierenden Töchtern gezeigt. Dadurch war uns schnell klargeworden, welcher von den Drei Musketieren der Hahn war.

Seitdem wir das erste Mal von gebratenen Hühnchen geträumt hatten, war das Federvieh auf Distanz gegangen. Es mag unglaublich klingen, aber sobald wir beschlossen hatten, daß der kleine Hahn in den Topf sollte, und noch bevor wir irgendwelche Anstalten in diese Richtung gemacht hatten, ließ er sich nicht mehr in unserer Nähe blikken. Die anderen Hühner kamen wachsam zu uns gelaufen, doch er verschwand bei der geringsten Bewegung meinerseits im Gestrüpp. Wir versuchten, ihn mit einem Kescher einzufangen, aber nach dem ersten vergeblichen Versuch reichte es schon aus, nur nach dem Kescher zu greifen, um die ganze Meute gackernd in die Flucht zu jagen. Ich schoß von der Hütte aus einen Pfeil ab. Dieser traf meterweit daneben, und seitdem wußten die Hühner auch, was wir vorhatten, wenn wir den Bogen holten. Ich rannte im

Galopp hinter dem kleinen Hahn her, um mich auf ihn zu stürzen, doch er war viel schneller als ich. Ich warf den Bumerang, doch dieser beschrieb einen Bogen nach oben und kehrte dann auf seiner Kreisbahn zu mir zurück. Auch mit Steinen traf ich immer daneben.

Von einem Kontakt zwischen uns und den Hühnern konnte keine Rede mehr sein. Menschen und Hühner hatten sich in Jäger und Gejagte verwandelt. Sobald ich in die Nähe der Hühner kam, sprintete die ganze Familie davon. Khan beobachtete mich von einer Anhöhe im Garten aus fast den ganzen Tag mit Argusaugen. Bei jeder verdächtigen Bewegung gab er Alarm. Wir beschlossen schließlich, auf alle drei Musketiere Jagd zu machen, um unsere Erfolgschancen zu erhöhen, und von diesem Augenblick an hielten alle drei immer einen Sicherheitsabstand zu uns.

In der Mitte eines Quadratmeters Fischnetz lag eine Handvoll Reis. Schnüre an den Ecken vereinigten sich weiter oben zu einem Seil, das über einem Ast hing und zur Hütte lief, wo ich auf der Lauer lag. Schon bald versammelten sich alle Hühner bis auf die drei von uns begehrten auf dem Netz. Diese kreisten sehnsüchtig darum herum und pickten den anderen, wo sie nur konnten, die Körner weg. Sie waren telepathisch begabt! Nachdem ich noch einmal vergeblich hinter dem Trio hergelaufen war, verschwanden sie wie aufgeschreckte Guerillas im Dschungel und ließen sich vor Einbruch der Dunkelheit nicht mehr blicken. Dann flogen sie in ihren Schlafbaum.

Irgendwann beschlossen wir, nun doch die Jagd auf Khan zu eröffnen, denn er beschützte seinen Klan zu gut. Aber auch er war klüger als wir. Chris machte den strategischen Vorschlag, zunächst zu warten, bis wieder Ruhe eingekehrt war, um dann einen Überraschungsangriff zu versuchen. Doch ich war wie besessen. Wenn Khan in der Nähe der Hütte auftauchte, rannte ich mit einem Schrei nach draußen, um mich auf ihn zu stürzen. Er jedoch trat jedesmal wie ein geübter Karatekämpfer einen Schritt zur Seite.

Eines Tages kam Andoni mit seinem Bruder Lai vorbei. »Wir fangen?« fragte er, nachdem er sich vor Lachen über unsere mißlungene Hühnerjagd ausgeschüttet hatte. Zehn Minuten später kam Andoni aus dem Dschungel, und Khan baumelte kopfüber in seiner Hand. Die beiden Brüder waren barfuß ins Gestrüpp gerannt. Lai hatte bei seiner Rückkehr einen dicken Wespenstich auf einem Augenlid. Chris hatte die Fluchtwege mit Pfeil und Bogen bewacht. Ab und zu waren die Köpfe der Brüder zwischen den Sträuchern aufgetaucht, doch beim Anblick des Bogens waren sie erschrocken wieder im Gebüsch untergetaucht.

Khan,
Du bist ein gewaltiger Hahn,
du hast dein Bestes getan,
aber jetzt bist du dran!

Mit diesem einfachen Lied versuchte ich, das Schuldgefühl wegen des gebrochenen Versprechens von mir abzuschütteln. Zögernd hielt ich Khan in der einen und die Machete in der anderen Hand. Mir wurde bewußt, daß ich nie mehr morgens früh sein pastorales Krähen in dem tropischen Vogelgehege hören würde.

Aber plötzlich schwebte ein Teller mit goldgelb gebratenen Hühnerschenkeln vor meinem geistigen Auge, und das gab den Ausschlag. Khan selbst schien sich mit seinem Schicksal abgefunden zu haben. Er protestierte nicht und schien seinen Hals geradezu dem Beil entgegenzurecken. Auf den Felsen am Wasser zeigte Lai uns, wie man ein Huhn schlachtet. Die Brüder nahmen eine Hälfte mit. Von der anderen Hälfte aßen wir zwei Tage. Wir schwelgten in Hühnersuppe und Hühnerfleisch und nagten genüßlich die Knochen ab. Khans Därme verschlang seine eigene Familie, seine Knochen zermalmte Snuki, die knorpeligen Teile wurden von den Katzen verputzt, und die Flut spülte die Federn weg. Nicht die geringste Spur blieb von ihm übrig.

Von diesem Zeitpunkt an verlief die Hühnerjagd weniger mühsam. Andoni hatte uns gesagt, daß wir die Hühner überraschen müßten, wenn sie in der Dunkelheit schliefen. Im strömenden Regen kletterte ich vorsichtig mit der Leiter, die ich für den Bau der Hütte angefertigt hatte, am Stamm des Schlafbaums auf dem steilen Hügel hoch, bis ich die Musketiere mit einer Hand packen konnte. Nach dem ersten Griff hatte ich nur einen Strauß Federn in meiner Hand, und die drei waren in Panik in die Dunkelheit geflogen. An den nächsten Abenden hatte ich mehr Erfolg. Ich fing zwei von ihnen. Das dritte Huhn beschloß wohlweislich, nicht mehr zum Baum zurückzukehren; es verbrachte die letzten Monate unseres Aufenthalts auf Ata im Urwald. Manchmal, wenn wir in den Wald gingen, erhaschten wir einen kurzen Blick auf ein prachtvolles cremeweißes Geisterhuhn. Möglicherweise ist es immer noch da.

Eine schöne altrosa Muschel hat sich im Netz verfangen. Das Nylon des Netzes ist in die Muschel eingedrungen. Die Farbe der Muschel ist identisch mit der Farbe ihres Bewohners. Er ist nur zu retten, wenn ich das Weichtier vorsichtig an dem Nylon aus seiner Wohnung ziehe. Es dauert eine Weile, bis ich den lebenden Kaugummi aus seinem Haus entfernt habe. Er ist genauso groß wie meine Hand. Auf dem Sandboden macht er sich form- und dachlos auf den Weg. Sein wunderschönes Haus habe ich für meine Sammlung enteignet.

11
Gold

Februar 1988

»Weißt du, wie sie mich in Hadley nennen?« brüllte Tony, ein dunkler Amerikaner griechischer Herkunft mit einem Kilo Ketten um den Hals und mindestens einem Pfund um die Handgelenke. Er war von gedrungener, fülliger Statur und stark behaart, hatte einen schwarzen Schnurrbart, und der Rest seines Gesichts war von einem Dreitagebart überwuchert. Er strahlte eine unverwüstlich positive Lebenseinstellung aus, die sich wie die von Alexis Sorbas an den guten Seiten des Lebens orientierte. Vielleicht war das der Grund, weshalb wir ihn auf Anhieb mochten. Sein Stimmvolumen war das Resultat jahrelanger Bemühungen, die Rockkonzerte in seinem Nachtklub in Hadley, Massachusetts, zu überschreien. Er fingerte an seinen Halsketten herum, die im Licht der Morgensonne funkelten. Ich schaute ihn fragend an.

»Brassballs, hahaha!« – Messinghoden – billiger Ramsch. »Weil die Trottel nicht wissen, daß dies reines Gold ist.«

Tony Paitaris ließ sie in ihrem Glauben. In einem Land wie Amerika sollten sie ruhig denken, daß die Ketten wertlos waren. Der Grieche belohnte sich selbst bei jedem Geschäftserfolg mit Gold. So symbolisierte die größte Kette seinen Nachtklub, der ausgezeichnet lief. Andere Ketten standen für ein Motel, ein überdachtes Geschäftszentrum sowie für weitere Immobilien.

Wir hatten uns schon seit Wochen darüber gewundert, daß es auf Ata und um die Insel herum so herrlich still geworden war. Sogar das ferne Dröhnen von Motorbooten war nur noch sporadisch zu hören. Die Regenzeit brachte für die Einheimischen harte Arbeit auf dem Land mit sich. Ich hatte jetzt eine Vorstellung davon, was das hieß: Alle zwei Tage mußten die Bauern mit Macheten den Angriff des umliegenden Dschungels abwehren und Unkraut jäten, da die angebauten Pflanzen andernfalls erstickt wären. Tapioka und Bananen mußten gepflanzt und riesige Mengen Mangos gepflückt, verarbeitet, gegessen, verschenkt und verkauft werden – und vieles mehr.

Wir lebten in einer sonnenüberfluteten Leere, in der wir nichts tun mußten, aber alles tun durften. Was wir taten, ging uns mühelos von der Hand und war von einem geheimnisvollen Glück erfüllt, das sich unter der Maske des Gewöhnlichen verbarg. Alles war bezaubernd normal. Wenn ich etwas nennen sollte, das mühsam war, so könnte ich höchstens die Ausflüge in den heißen Dschungel zum Sammeln von Brotfrüchten, Brennholz und Kokosnüssen anführen. Doch da diese Tätigkeit unmittelbar mit unserem Überleben in Zusammenhang stand, erledigten wir sie, ohne lange zu überlegen und so schnell wie möglich. Der Rest unseres täglichen Lebens verlief so problemlos, daß ich mich mißtrauisch fragte, wie lange die »Schönwetterperiode« wohl noch anhalten würde, womit ich dies alles verdient hatte und wann man mir die Rechnung präsentieren würde.

Das Alleinsein gefiel uns ausgezeichnet. Wir wollten es gar nicht mehr anders, auch wenn die seltenen Besuche befreundeter Fischer uns mittlerweile nicht mehr lästig waren. Ein Jahr in völliger Abgeschiedenheit hätte uns wahrscheinlich genausogut oder sogar noch besser gefallen – obgleich das natürlich eine rein theoretische Annahme ist. Möglicherweise hätten wir nicht so schnell zueinander gefunden, wenn wir nicht zuerst miterlebt hätten, wie warmherzig die Fidschianer miteinander umgingen.

Gegen Ende eines solchen göttlichen Tages der Stille war ich gerade damit beschäftigt, ein paar Kokosnüsse von ihrer Schale zu befreien, als ich das Geräusch eines Motors hörte. Ein offenes Boot steuerte geradewegs auf unseren Strand zu. Vier bleichhäutige Passagiere saßen darin, darunter zwei Frauen. Am Ruder war ein Fidschianer. Sie brachten einen Berg von Gepäck mit.

Ich war sofort wieder auf hundertachtzig. Das Boot hielt ein kleines Stück vom Strand entfernt an.

»Sind Sie Bill Hignett?«

»Nein.« Ich hätte ja sagen und die Insel verkaufen sollen – gegen Barzahlung.

»Das ist doch Ata?«

»Ja.«

Mein Gesicht hätte nicht unfreundlicher sein können. Aber es hatte keinen Sinn, sich gegen den Besuch zu sträuben. »Vielleicht ist es ja zu irgend etwas gut«, hörte ich im Geiste wieder Apisais Stimme. Der Mann hinten im Boot zwängte sich nach vorne und rief: »Wir sind daran interessiert, Ata zu kaufen.«

»Also gut, kommen Sie an Land«, sagte ich und half den Besuchern, ihr Gepäck abzuladen. Der erste Sprecher trug seine Freundin auf den Armen an den Strand. Der zweite stellte sich selbst als Tony vor, die anderen als seine Frau Nancy, seinen Manager Mike und dessen Freundin Vicky. Die Besucher waren in unserem Alter. Die Sonne stand schon tief am Horizont, und ich zeigte ihnen einen Platz zwischen den Sträuchern, wo sie fürs erste ihre Zelte aufschlagen konnten. Über Land führte ich Tony zur Quelle, und auf dem Rückweg erzählte er mir in ungefähr acht Minuten seine ganze Lebensgeschichte.

Der »Baulöwe« war im Alter von zwölf Jahren von Lesbos emigriert und hatte die Bilderbuchkarriere eines Immigranten gemacht: Er war völlig ausgemergelt in Amerika angekommen, mit nichts als den Kleidern auf dem Leib, und er konnte sich noch an Zeiten erinnern, in denen er drei, vier Tage lang nichts zu essen gehabt hatte. Und dann war er reich geworden. Er selbst drückte es etwas bescheidener aus:

»Nicht reich, sagen wir einmal Mittelklasse. Höhere Mittelklasse. Alles zusammen genommen bin ich wohl ungefähr sechs oder sieben Millionen Dollar schwer.« Die Sucht nach Abenteuern hatte ihn angetrieben. In Vietnam war er Hubschrauberpilot gewesen, und seither hatte er nur noch zwei Träume gehabt: mit einer großen Yacht die Welt zu umsegeln und sich eine Insel in den Tropen zu kaufen.

Es mußte also Geld her, und im Geldmachen hatte er sich als großer Könner erwiesen. Nachdem er sich zwölf Jahre lang abgerackert hatte, verfügte er jetzt über den erforderlichen Betrag. Er war gekommen, um Nägel mit Köpfen zu machen. Er wollte vier Tage lang auf der Insel zelten, um zu sehen, ob die Insel etwas für ihn war.

Am zweiten Tag schnorchelten die Männer begeistert in der Lagune, und Chris unterhielt sich mit den kreideweißen Frauen. Sie kamen geradewegs aus dem Winter von Massachusetts, wo ein halber Meter Schnee lag, und wollten sich nun in der Sonne bräunen, etwas, das wir selbst tunlichst vermieden. Chris warnte sie, daß die Sonne sehr aggressiv sei. Die Frauen versicherten, sie hätten sich von Kopf bis Fuß eingeölt; ein halbstündiges Sonnenbad könne wohl kaum schaden.

In den folgenden zwei Tagen sahen wir zwar die Männer, aber Vicky und Nancy bekamen wir nicht mehr zu Gesicht. Ihre Haut hatte sich dort, wo sie nicht durch die Badeanzüge geschützt gewesen war, in eine einzige große Brandblase verwandelt. Die Ärmsten lagen krank vor Elend in ihrem Zelt oder im Schatten an der Ostküste, wo die Gruppe am zweiten Tag ihr Lager aufgeschlagen hatte.

Mike kam mit einer der giftigen amphibischen Schlangen vorbei, die sich vorzugsweise auf der anderen Seite der Insel aufhielten. Er fragte mich, ob ich etwas über sie wüßte. Er war ein Schlangenliebhaber. Der Tanzboden des Nachtklubs in Massachusetts bestand teilweise aus Plexiglas, das ein Schlangenterrarium bedeckte. Das kam bei den Tänzern sehr gut an. In der von Alkohol und Dezibel geprägten Nachtklubatmosphäre waren inzwischen schon sechzig Junge geboren worden. Glücklicherweise hielt Mike das Reptil, das ungefähr anderthalb Meter lang war, fachkundig direkt unter dem Kopf fest. »Ich habe eine gute und eine schlechte Nachricht«, dozierte ich mit einem Anflug von Amüsiertheit in meiner Stimme.

»Zunächst einmal die schlechte. Ein einziger Tropfen ihres Gifts kann innerhalb weniger Stunden drei erwachsene Männer durch Lähmung töten.« Mike schaute plötzlich nicht mehr so sorglos drein. Er hatte angenommen, es handle sich um eine harmlose Schlange, doch nun verstärkte er seinen Griff um das arme Tier so sehr, daß dieses sein Maul aufsperrte und ein Röcheln von sich gab.

»Bei einem Biß scheidet die Schlange ungefähr zehn Tropfen aus. Wenn die Lunge nicht zuerst versagt, stirbt man an Herzstillstand. Sie ist giftiger als eine Kobra.«

»Dschiesess!« murmelte Mike und suchte seinen Körper nach kleinen Wunden ab, für den Fall, daß die Schlange vor Wut ihr Gift verspritzen würde – etwas, das die afrikanische Mamba gerne tut, sobald ihr etwas nicht paßt.

»Und die guten Nachrichten?«

»Die Schlange ist nicht aggressiv. Sie scheint vergessen zu haben, daß sie ihr Gift als Verteidigungswaffe benutzen kann. Die Einheimischen spielen mit diesen Tieren. Es ist nicht bekannt, daß jemals ein Mensch von ihr gebissen worden ist.«

Mike entspannte sich wieder und warf die Schlange ins Meer.

Am nächsten Tag waren drei der vier Besucher krank. Mike lag mit Verstopfung in seiner Hängematte, und die zwei Frauen erholten sich noch immer von ihrem halbstündigen Sonnenbad. Nur Tony strotzte vor Lebenslust. Er hatte gesehen, daß Ziegen auf der Insel waren, und er hatte Lust, eine zu fangen und zu schlachten. Chris war begeistert. Doch nachdem wir eine Stunde im dichten Gestrüpp herumgelaufen waren, beschlossen wir, die Jagd aufzugeben. Die Ziegen kannten die Insel besser als wir. Der Schweiß lief uns in Strömen herunter, als kämen wir geradewegs aus dem Wasser. Wir waren voller Schrammen, unser Atem rasselte, und das Herz schlug uns bis zum Hals. Wir mußten uns mit frischem Fisch begnügen, von dem mehr als genug da war. Die Amerikaner sollten am nächsten Tag wieder abgeholt werden. Deshalb luden wir sie zu einer Inselmahlzeit aus gekochtem und geräuchertem Fisch, Kürbisschößlingen in Lolo und Brotfrucht ein. Da inzwischen ein paar kleine Gurken reif geworden waren, konnten wir auch noch einen Gurkensalat mit Kokosflokken auftischen.

Montag morgen nahmen Apisai und seine Männer Tony, Mike und mich mit zum Riff, wo die Fischer tauchen wollten. Die Amerikaner wollten ihre neue Unterwasserausrüstung ausprobieren. Sie bildeten einen merkwürdigen Kontrast zu den Fidschianern, die, wenn sie überhaupt mit irgendwelchen Hilfsmitteln tauchten, höchstens eine Taucherbrille aus Plastik trugen. Tony und Mike hatten Schnorchel und Tauchermasken, Riffschuhe, ein Unterwassermesser, das in einer am Fußknöchel befestigten Scheide steckte, und Aluminiumgewehre.

Mit stillem Staunen erkundeten wir das Riff an der Tiefseeseite. Gegen Mittag fragte Apisai Tony verwundert, weshalb er nichts geschossen habe, während Mike mit zwei großen Krebsen an Bord geklettert war. Seine Antwort war rührend:

»Ich fand die Fische viel zu schön zum Erschießen«, sagte er verlegen.

Mittags nahm die Gesellschaft Abschied, und Tony verkündete, daß er Ata in ein paar Monaten kaufen werde. Er war sich sicher, daß wir einander nicht zum letztenmal gesehen hätten.

Andoni ist ein paar Tage auf Ata. »Ferien«, lacht er und erklärt, daß er sich von den ununterbrochenen Yanqona-Gelagen in seinem kleinen Dorf erholen muß. Seine Augen sind blutunterlaufen, und seine dunkle Haut ist abgeschuppt, als ob sie von einer Salzschicht bedeckt wäre – offenbar Nebenwirkungen einer Überdosis. Mittags läuft er mit seinem Fischspeer in der Lagune herum. Er hebt seine Füße vorsichtig aus dem Wasser und läßt sie geräuschlos wieder hineingleiten. Er stößt mit seinem Speer zu, und kurz darauf kommt er mit einem breiten Lachen und einem Fang, über den er selbst erstaunt ist, zurück: An dem einen Zacken hat er einen Raubfisch aufgespießt, am anderen dessen Beute. Der Raubfisch hatte gerade in den Schwanz seiner Beute gebissen.

Nach der Abreise des Nachtklubbesitzers kehrte dauerhaft Ruhe auf Ata ein. Doch nun überfiel uns allmählich die Unruhe über unsere immer näher rückende Abreise. Nur noch drei Monate! Das erschien uns sehr wenig, wenn wir daran dachten, wie schnell die ersten zehn Monate verstrichen waren. Wir hätten unseren Aufenthalt gerne verlängert, doch sahen wir keine Möglichkeit dazu. Außerdem hatten wir fast kein Geld mehr, und ohne finanzielle Mittel auf einer unbewohnten Insel zu leben ist etwas, das nur in Abenteuerbüchern möglich ist. Moderne Nationen haben keinen Bedarf an Strandvagabunden. Eine Aufenthaltsgenehmigung bekommt man nur, wenn man nachweislich Geld ins Land bringt.

Inzwischen hatte sich die Atmosphäre in und um die Hütte herum auf einschneidende Weise verändert. Ich saß täglich stundenlang hinter der Schreibmaschine und hatte dadurch eine Büroatmosphäre kreiert. Chris gefiel das überhaupt nicht.

»Du bist kaum noch ansprechbar«, sagte sie. Damit hatte sie recht. In Erinnerungen vertieft, war ich nur noch mit halbem Ohr bei den Gesprächen, die sich zwischen uns entwickelt hatten, seit sich unser Verhältnis entspannt hatte. »Das Inselleben ist eigentlich schon vorbei«, bemerkte sie bedauernd. Doch ich hatte nun einmal den Auftrag, etwas über unsere Reise zu schreiben, und ich konnte den Beginn dieser Arbeit nicht mehr länger hinausschieben.

Zu unserer Überraschung kam Ende Februar Hip mit drei schwarzen und zwei weißen Küken aus dem Gestrüpp. Khan mußte sie kurz vor seiner Enthauptung befruchtet haben. Sie war wie ausgewechselt. Aus der Neurotikerin war eine stattliche Henne geworden: frech, stark und überaus wachsam. Das Leben im Hühnerclan veränderte sich schnell. Eine Nacht zuvor waren die letzten drei Samurai in einem heftigen Regenschauer umgekommen, bei dem die Temperatur sprunghaft gefallen war. Auf die gleiche Weise hatten schon vorher vier andere Hühner ihr Ende gefunden.

Der Mord an Khan und an zweien der Musketiere hatte die Atmosphäre zwischen uns und dem Hühnervolk ziemlich belastet. Die Tiere waren mißtrauisch, und unter ihnen wütete ein Machtkampf. Die Hühner waren also einfach wieder Hühner: Räuber, die über mich herfielen, wenn sie das Stückchen Kokos, das sie erwarteten, nicht schnell genug bekamen, und die im Haus und vor dem Haus, wo sie nur konnten, ihre nassen Häufchen fallen ließen. Sie hatten nichts mehr von jenen außergewöhnlichen Geschöpfen, als die wir sie in der Anfangszeit angesehen hatten. In meinem Tagebuch paraphrasierte ich eine alte Spruchweisheit des Zen-Buddhismus:

Bevor man mit Zen beginnt,
ist ein Huhn einfach ein Huhn.
Wenn man mit Zen beginnt,
ist ein Huhn etwas völlig anderes.
Für den fortgeschrittenen Zen-Übenden
ist ein Huhn einfach ein Huhn.

Wiederholt mußten wir die um die Hütte wuchernden Kürbispflanzen zurückschneiden. Auf dem Abfallberg, der den Gemüsegarten vom Strand trennte, wuchs Gemüse und Obst, das wir dort nicht gesät hatten. Unter anderem war plötzlich eine Wassermelone da. Zu Anfang unseres Aufenthalts hatten wir an einer anderen Stelle tatsächlich Wassermelonen ausgesät. Wahrscheinlich hatten die Hühner die Samen aufgepickt und dann an dieser Stelle wieder ausgeschieden. Die Wassermelonenpflanze bekam sechs schwere Früchte, da wir den dominanten Kürbis um den

Abfallhaufen herumgeleitet und gestutzt hatten. Auch eine Tomatenpflanze wuchs heran, an der vier kleine Tomaten reiften. Die Papayabäumchen, die in einer Reihe neben der Hütte standen, wurden zusehends größer. Hinten im Garten schlängelte sich der Kürbis in den Dschungel hinein, um dort den Kampf mit viel zäheren Wucherern aufzunehmen. Im umzäunten Teil des Gemüsegartens wuchsen vier Auberginensträucher, und die Gurke überraschte uns immer wieder mit saftigen Früchten. Die Arbeit im Gemüsegarten, die jetzt größtenteils Chris' Angelegenheit war, fanden wir beide nach wie vor interessant.

Chris konnte ebenso in Entzückung geraten wie ich, wenn etwas Eßbares aufkeimte, und sie arbeitete im Garten mit der Versunkenheit eines Kräuterweibleins. Zu überleben war ein Kinderspiel. Wenn wir die Zeit der Trockenheit nicht miterlebt hätten, hätte es für uns keinerlei Herausforderung gegeben. In den Niederlanden zu überleben war eine viel größere Kunst.

Rosie singt auf dem Watt ein melodiöses Liedchen, während sie auf dem Boden hockt und angespannt auf eine Stelle im nassen Sand starrt. Chris sitzt daneben und schaut ebenfalls dorthin. Rosie stochert mit einem Stöckchen in einem kleinen Loch im Boden herum, während sie singt: »Imbo, komm heraus! / Höre, wie ich den Sand störe / Du sitzt gewiß in diesem Loch / O Imbo!« Ganz plötzlich läßt sie das Stöckchen fallen und gräbt schnell im Sand. Sie zaubert etwas daraus hervor, das sie neben sich in eine Muschel legt. Das ganze Schauspiel wiederholt sich noch ein paarmal an einer anderen Stelle, und dann kehren die Frauen kichernd zur Hütte zurück, wo ich mit Apisai sitze. Er ist über Mittag gekommen, um in der Nähe zu fischen. Rosie und Chris haben gerade Jagd auf Köder gemacht. Der für Gesang empfängliche Imbo ist ein dicker, bleicher Wurm, der dem männlichen Geschlechtsorgan bestürzend ähnlich sieht. Auch die Größe stimmt. Allerdings kann sich der Imbo so lang und so dünn machen wie ein Regenwurm.

Wir hören Abend für Abend den Wetterbericht, denn die Zeit, in der es zu Wirbelstürmen kommen kann, ist erst in zwei Monaten vorüber, und es ist fraglich, ob der Mbalolo durch seine Paarung tatsächlich eine ganze Saison ohne Taifune angekündigt hat. Überall im Stillen Ozean rasten sie herum, diese zerstörerischen Hexenkessel. »Anne« kam geradewegs auf Fidschi zu, und wir rechneten schon mit dem Schlimmsten, bis wir hörten, daß sich das Unwetter kurz vor Fidschi eines anderen besonnen hatte und abgebogen war, um das benachbarte Vanuatu heimzusuchen. An der Ostküste der Insel hatten wir eine Höhle gefunden, in der wir vor umherfliegenden Projektilen und umfallenden Bäumen sicher sein würden. Sturmwarnungen wurden 36 Stunden vorher gegeben. Wir würden also genügend Zeit haben, unser gesamtes Gepäck in die Höhle zu bringen. Ein Wirbelsturm dauerte meist nicht länger als etwa acht Stunden. Auch der Sturm »Mbola« bewegte sich bedrohlich in unsere Richtung, bog aber dann ebenso wie zuvor »Anne« in eine andere Richtung ab. Er jagte um den Archipel herum, kehrte dann auf seinen alten Kurs zurück und richtete in Neuseeland, 2000 Kilometer weiter südlich, einen Schaden in Millionenhöhe an. Andere Wirbelstürme stürzten zahlreiche Inseln der Marshall-Gruppe, Mikronesiens und der Philippinen ins Elend, doch Fidschi blieb verschont.

Allerdings traf uns der schwere Sturm, der in der Peripherie eines Wirbelsturms entsteht. Er blies direkt vom Meer aus mit Windstärke zehn. Der Regen drang durch die Fensterläden in die Hütte, aber unter dem Dach blieb es trocken. Nachts schwankte und wackelte die Hütte, und als wir endlich eingeschlafen waren, fiel ein riesiger toter Ast aus dem Mangobaum hinter der Hütte mit lautem Krachen auf das Dach. Wir fuhren hoch, und Chris schrie so laut »Mama!«, daß ihr Ruf sicherlich bis ins Jenseits gedrungen ist. Doch danach schliefen wir sofort wieder ein. Der Schaden hielt sich in Grenzen. Um die Löcher im Dach zu dichten, zogen wir am nächsten Morgen die Palmenblätter wieder gerade. Ein Querbalken war vom Küchendach abgerissen. Die schweren Bruchstücke des verfaulten Astes ließen sich kaum von der Stelle bewegen. Wir waren stolz auf unser Bauwerk.

Das Meer schäumte wild. Die Fischerboote waren zu Hause geblieben, und zum erstenmal hatten wir auf dem Strand vor unserer Haustür eine Brandung. Vergeblich versuchten wir, mit Apisais Ruderboot, das er uns wieder einmal für eine Weile geliehen hatte, zum Netz zu staken. Da der Wind uns schneller zurückblies, als wir vorwärts kamen, mußten wir diesen Versuch aufgeben. Wir sprangen im flachen Wasser aus dem tanzenden Boot, um es besser unter Kontrolle zu bekommen.

Plötzlich schrie Chris: »Paß auf, ein Hai!!« Die Angst ließ ihr Flügel wachsen. Mit dem schönsten Sprung, den ich jemals von ihr gesehen habe, landete sie auf dem Vordeck, wo sie sich vor Lachen schüttelte. Ich glaubte ihr nicht, bis ich im Wasser einen großen Schatten auf mich zuschießen sah und mich nach einem ähnlichen Hechtsprung ebenfalls im Ruderboot wiederfand. Als ich mich umschaute, stellte ich fest, daß es kein Hai sein konnte. Es war ein hellblauer Fisch von einem Meter Länge.

»Ein Delphin«, rief ich begeistert. Aber auch das war ein Irrtum. Mir wurde mit einem Male bewußt, daß dort Essen für ein paar Tage herumschwamm. Mein Jagdinstinkt wurde wach, ich sprang über Bord und rannte zur Hütte, um meinen Speer zu holen. Leider hatte ich in einer stürmischen Nacht am Treibnetz meinen großen Speer verloren und mußte jetzt mit einem zerbrechlichen Exemplar auskommen, das Andoni für mich angefertigt hatte. Ich watete vorsichtig durch das Wasser in Richtung Boot und sah zu meiner Freude den hellblauen Schatten wieder auf mich zukommen. Es war ein Gotteslachs. Ich stieß zu, fühlte, wie die Spitzen abglitten, und sah den Fisch eilig das Weite suchen. Ich bereute mein Vorhaben sofort wieder. Wir hatten genug zu essen. Und vielleicht hatte dieser Fisch nur unsere Bekanntschaft machen wollen.

Ich hatte Geburtstag und bekam eine schöne, glattpolierte Tasse aus Kokosschale. Letzten Monat war Chris 35 geworden, und bei diesem Anlaß hatte sie von mir ebenfalls eine schöne, blankpolierte Kokostasse bekommen. Fidschianer feiern keine Geburtstage, und sie mußten jedesmal kurz nachrechnen, wenn wir sie fragten, wie alt sie waren. Geburtstage und dergleichen haben etwas … fast Unsinniges an sich. Sie sind in einer Gesellschaft notwendig, in der Menschen so sehr aneinander vorbeileben, daß sie festgelegte Tage brauchen, um sich aneinander zu erinnern. Auf Ata brauchten wir nicht mehr Geschenke, als wir bekamen, und wir hatten selten das Gefühl, daß ein Tag kein Festtag war. Würden wir hier denn nie schlechte Zeiten erleben?

12

Schlechte Zeiten

März 1988

Stellen Sie sich vor, Sie werden mit einem Fuß auf einem Straßenbahngleis festgebunden, und dann bekommt der Straßenbahnfahrer den Auftrag, eine Zeitlang im Rhythmus des Herzschlages darüber hin und her zu fahren.

So etwa fühlte sich mein linker Fuß an jenem unglückseligen Mittag an, nachdem ich zu guter Letzt doch noch von einem Stechrochen gestochen worden war. Jetzt konnte ich die Warnungen der Fischer verstehen. Ich wußte vor lauter Schmerzen nicht mehr, wie ich in meiner Hängematte liegen sollte, und bekam es mit der Angst zu tun. Gleichzeitig empfand ich jedoch jenes Triumphgefühl, das Märtyrer haben müssen: Endlich geschah etwas Aufregendes, das es wert war, in die Annalen von Ata aufgenommen zu werden, und bei dessen Beschreibung mir Enkelkinder später an den Lippen hängen würden.

Natürlich mußte dies am einzigen Tag passieren, an dem Chris nicht da war. Sie hatte die Gelegenheit genutzt, mit einem der vorbeikommenden Fischer nach Lambasa zu fahren. Wegen einer lang andauernden Blasenentzündung und diverser anderer Frauenleiden hatte sie sich entschlossen, einen Gynäkologen aufzusuchen, um sich zu vergewissern, ob sich in ihrem Unterleib nicht irgendeine unheilbare Krankheit eingenistet hatte.

An diesem Mittag vergaß ich, meine Riffschuhe anzuziehen. Das Wasser war niedrig, und das Netz lag in einer Tiefe von zwanzig Zentimetern ganz nahe am Strand. Als ich am Netz auf einen Büschel Seetang trat, spürte ich plötzlich, daß etwas heftig gegen meinen Fuß pochte. Bevor ich den Fuß wegziehen konnte, wurde etwas, das sich wie die dicke Injektionsspritze eines Pferdedoktors anfühlte, in meinen Spann gestochen, und gleichzeitig wurde etwas in mein Fleisch gespritzt. Schnell breitete sich ein Schmerz darin aus, der sich so anfühlte, als würde mein Fuß langsam abgeschnürt. Im aufgewühlten Sand konnte ich meinen Angreifer nicht erkennen.

Ich stieß die gröbsten Verwünschungen aus, aber niemand hörte mich. Zwischen mir und der Hütte lagen ein paar hundert Meter. Als ich versuchte zurückzurennen, um so schnell wie möglich den Erste-Hilfe-Koffer zu erreichen, fiel mir plötzlich ein, daß sich Gift bei Bewegung schneller im Körper ausbreitet. Ich hielt so abrupt im Laufen inne, daß ich vornüber ins Wasser fiel. Die Alarmzentrale meines Gehirns arbeitete auf Hochtouren, rote Lichter blitzten hinter meinen Augen auf, und mein Fuß schickte Signale aus, als ob mein letztes Stündlein geschlagen hätte. Ich rappelte mich hoch und hinkte heimwärts. Dic Vakuumpumpe gegen Schlangenbisse, die uns ein aufmerksamer Freund mitgegeben hatte, kam mir nun sehr gelegen.

Erst als ich sie gefunden hatte, sah ich mir den Fuß näher an. Das Fleisch um die Wunde herum war dunkelrot und blau angelaufen. Der Fuß pochte und schwoll an. Ich mußte die Zähne zusammenbeißen, als ich die Plastikpumpe daraufsetzte und den Handgriff zurückzog, so daß sich ein Hügel im Fleisch bildete, den die Wunde wie der Krater eines aktiven Vulkans krönte. Blut, vermischt mit Lymphflüssigkeit, trat aus. Ich unterbrach das Absaugen und schluckte drei Schmerztabletten.

Der Schmerz wurde stärker, und es war, als ob mein Fuß bei jedem Herzschlag zermalmt würde. Ob es tatsächlich ein Rochen gewesen war? Oder gar die aggressive Verwandte der Seeschlange? Mir brach der Schweiß aus. Im letzteren Fall würde Chris bei ihrer Rückkehr eine Leiche vorfinden, die bereits in den Zustand der Verwesung übergegangen wäre. Auf Rettung von außerhalb brauchte ich nicht zu hoffen, denn Apisais Boot hatte ich am Morgen in Richtung des Riffs vorbeifahren sehen. Ich unterbrach das Absaugen und krakelte in Englisch eine Botschaft quer über die Aufzeichnungen in meinem Tagebuch, denn ich konnte in der Eile kein leeres Blatt finden:

Falls ich mein Bewußtsein verloren habe: Ich bin im Meer in meinen linken Fuß gestochen oder gebissen worden. Ich weiß nicht, ob es eine Schlange war. Ich liebe dich, Chris. Bob.

Das klang dramatisch, aber man konnte ja nie wissen. Ich schaute mir die Wunde an meinem Fuß noch einmal an und beruhigte mich selbst damit, daß dieses eine Loch nicht von zwei Giftzähnen einer Schlange herrühren konnte. Ich fuhr mit dem Absaugen fort und tupfte die Wunde mit Watte ab. Tatsächlich war dies das Beste, was ich tun konnte. Nach einer Stunde legte ich die Pumpe weg und stolperte zur Hängematte. Die Tabletten hatten mich offenbar eingeschläfert, denn als ich am Nachmittag wieder aufwachte, war der Schmerz in meinem Fuß erträglich. Ich konnte umherhinken, doch der Fuß war so stark angeschwollen, daß ein zweiter Stich in den anderen mich in die Lage versetzt hätte, auf dem Wasser zu gehen. Ein paar Tage lang kämpfte mein Körper mit dem Gift: Ich litt unter Kopfschmerzen, Anfällen von Übelkeit und deprimierender Lustlosigkeit. Die Plastikpumpe hatte mir jedoch drei Wochen Bettruhe und noch viel größeres Elend erspart.

Chris kam erst nach zwei Tagen zurück. Als ich ihr meine Geschichte erzählte, brach ich ganz plötzlich in Tränen aus, was mich selbst überraschte, weil ich unmittelbar nach dem Unglück keinerlei Drang zu weinen verspürt hatte. Sie preßte mich an sich, und ich spürte, daß noch mehr Tränen aufstiegen. Ich war wie ein kleiner Junge, der auf der Straße hinfällt, nach Hause läuft und erst zu weinen anfängt, wenn er seine Mutter sieht. Ich war froh, daß Chris wieder zu Hause war. Der Gynäkologe im Krankenhaus hatte ihr Medikamente gegen eine Beckenentzündung verschrieben. Wegen der Tabletten fühlte sie sich ebenso elend wie ich mich wegen des Rochenstichs.

Im März brachen dann endlich die »schlechten Zeiten« an. Wir hatten uns schon gefragt, wo sie blieben. Zum erstenmal wollten wir beide unsere Sachen packen und verschwinden. Manchmal regnete es eine ganze Woche lang ununterbrochen, und die Luft war so feucht, daß sogar das Kleinholz in der Höhle naß wurde. Es dauerte eine Stunde, ein Feuer zu entfachen. Der Regen wurde durch den Wind vom Meer her in die Hütte geweht, und die Fenstermatten boten nur wenig Schutz. Nichts trocknete mehr, und über allem lag ein klammer Schimmelgeruch. Wir mußten zwischen feuchten Laken schlafen. Zu allem Überfluß wurden wir auch noch von einer Käferplage heimgesucht. Die Tiere waren so klein, daß sie durch die Maschen des Moskitonetzes eindringen konnten. Sie machten uns nachts verrückt, indem sie uns in alle Körperöffnungen krochen. Die Brotfrüchte im Dschungel waren größtenteils angefressen. Ich hatte eine schmerzhafte Wunde in einem Fuß, weil ich im Garten auf ein Stück Krabbenpanzer getreten war. Die Wunde heilte nur schlecht, denn die dicke Hornhaut verhinderte, daß sich die Wunde selbst reinigte. Chris siebte einige hundert Würmer aus dem Mehl heraus.

Manchmal verging eine Woche, ohne daß wir Fisch hatten. Es blies und stürmte und tropfte und schüttete vom Himmel. Das Dach bekam Löcher, weil sich die Katzen nachts vom Mangobaum mit einem Plumps darauffallen ließen. Ich hatte keine Lust mehr, es zu reparieren. Die

Löcher befanden sich nicht über dem Teil, in dem wir schliefen, und wir würden nicht mehr lange bleiben.

Wir hatten es beide satt; genug von den Hühnern, die ständig die Matte im Haus beschmierten, denn wenn wir nicht dort waren und es zu regnen anfing, suchte die Meute Zuflucht in der Hütte; genug von den Fliegen, die vom Kot angelockt wurden, bevor wir ihn beseitigen konnten; genug davon, daß die Hühner eine wunderschöne Wassermelone halb aufpickten; genug von den Mückenschwärmen, die sich seit Beginn der Regenzeit verzehnfacht hatten; von all den Insekten, die sich in der Feuchtigkeit wie verrückt vermehrten; von den Ameisen in den Kameras, den Spinnen in den Kisten mit trockenem Holz in der Küche, von den Stinkkäfern und den Termiten, die schon mit den Abbrucharbeiten angefangen hatten, von den Schlupfwespen, die in jedes Loch im Tisch und in der Bank ein Ei legten und die sich, wenn wir zufällig mit bloßer Haut ein solches Loch versperrten, durch Stiche einen Weg in die Freiheit zu bahnen versuchten. Wir hatten genug von der Gicht im Nakken und in den Gelenken, und die geschmacklosen Brotfrüchte zu jeder Mittagsmahlzeit hingen uns zum Hals heraus. Ich hatte genug vom Pilz zwischen meinen Zehen und Chris von einem heftigen PMS-Anfall, der einen unserer alten Streits auslöste und uns zu dem Entschluß brachte, einander am Ende dieses gemeinsamen Jahres zu verlassen. Zwar mußten wir noch am gleichen Tag darüber lachen, aber dies kam nicht von Herzen, denn wir hatten das Leben hier beide immer noch satt.

Wir hatten genug von den Katzen, die ein im Regen umgekommenes Küken aufgestöbert hatten und die wurmstichige Leiche zur eingehenderen Untersuchung in die Hütte schleppten. Ich hatte genug von den Salzkristallen auf der Linse meiner Kamera, vom permanenten Juckreiz, vom Haifischfleisch und vom unaufhörlichen Schlammstrom rund um die Hütte. Chris hatte genug davon, daß ich stundenlang schweigend hinter der Schreibmaschine saß, wenn der Regen nicht gerade durch die Fensterläden auf mein Papier fiel.

»Wir haben keine Lust mehr!« sagte ich überrascht.

»O je, wir haben keine Lust mehr«, wiederholte Chris.

»Nun ja, drei schlechte Tage in einem Jahr, darüber kann man sich eigentlich nicht beklagen. In den Niederlanden waren es drei Tage im Jahr, an denen ich nicht die Nase voll hatte«, übertrieb ich.

Es war, als ob alle Unannehmlichkeiten bis März gewartet hätten, und es hätte uns nicht überrascht, wenn im letzten Augenblick noch ein Wirbelsturm über die Insel gerast wäre. An einem windigen Morgen ging ich nach draußen, rieb mir den Schlaf aus den Augen und stellte fest, daß etwas geschehen war, das ich schon seit langem befürchtet hatte. Apisais Ruderboot hatte sich in der Nacht losgerissen und war abgetrieben. Und dabei hatte es an der Leeseite gelegen. Ein harter Ostwind hatte es geradewegs auf das Riff zugeblasen.

»Um Himmels willen!« rief ich verzweifelt.

»Hast du gerufen?« ertönte die schläfrige Stimme von Chris aus dem Moskitonetz.

Das Ruderboot war fort! Natürlich war es mit der Strömung durch ein Loch im Riff ins offene Meer getrieben worden. Wir konnten es wohl abschreiben. Mutlos ließ ich mich auf den Strand niedersinken. Ich wußte nicht, ob wir noch genug Geld hatten, um Apisai dafür zu entschädigen. Ein Boot gehörte in dieser Gegend zu den allerwichtigsten Dingen, und eines von dieser Größe kostete schon allein an Baumaterial eine riesige Summe. Wie sollte ich es ihm nur beibringen?

Es dauerte ungefähr fünf Tage, bis er mit einer Gruppe von Männern vorbeikam, mit denen er fischen gehen wollte. Ich erzählte ihm, was geschehen war und daß ich mich deswegen ganz furchtbar fühlte.

»Wie schlimm, Bob ... «, sagte Apisai.

Ich nickte düster. »Wir müssen darüber reden, wieviel es kostet, um ... «

Er schüttelte den Kopf. »Nein, nein, das meine ich doch nicht. Ich meine nur, wie schlimm für euch, daß ihr jetzt kein Boot habt ... Mach dir unsretwegen keine Sorgen. «

»Keine Sorgen, Bob«, echote es aus verschiedenen Mündern. Kurz darauf scherzten die Männer wieder und fuhren winkend in Richtung des Riffs davon. Machte sich hier denn niemand jemals Sorgen? Ich hatte drei Wochen lang vor lauter Sorgen auf den Nägeln herumgekaut, und sie taten so, als sei nichts geschehen. Eine Woche später kam Apisai wieder vorbei.

»Gute Nachrichten«, rief er schon von weitem.

Ein Besucher in Thawaro hatte erzählt, daß ungefähr zwanzig Kilometer entfernt Fischer aus einem Dorf im Inland von Vanua am Bourewa-Fluß ein Ruderboot gefunden hätten. Apisai war noch nie dort gewesen, würde aber jetzt hinfahren, um das Boot abzuholen.

Chris nennt Snuki versehentlich Bob. Meine Mutter pflegte früher immer erst fünf Namen von älteren Brüdern und Schwestern herunterzurattern, wenn sie mich meinte. Im Bett hatte Chris einmal verzückt den Namen ihres früheren Freundes in mein Ohr gestöhnt. Ich hatte einmal meine Exfrau von der Bushaltestelle abgeholt und zu Chris gesagt, ich ginge Chris abholen. Was haben diese Beispiele gemeinsam? Zumindest, daß Zuneigung zu Namensverwechslungen führt. Als ob es in der Liebe immer unwichtiger würde, wie man heißt. Je mehr Entspannung, um so mehr Zuneigung. Je mehr Zuneigung, um so mehr Namensverwechslungen. Wenn das so weitergeht, werden wir irgendwann kaum noch miteinander sprechen und nur noch liebevolle Blicke austauschen.

Einerseits kamen mir die »schlechten Zeiten« gar nicht so ungelegen, denn sonst hätte dieser Bericht wahrscheinlich zu unglaubwürdig geklungen. Sie waren auch der Beweis dafür, daß wir uns in den guten Zeiten nichts vorgemacht hatten. Es war jene Art von Tagen, an denen ich in Holland angefangen hätte, die Möbel umzustellen. Der nicht enden wollenden Waschküchenatmosphäre des Monsuns hätten wir nur durch unsere Abreise entgehen können. Doch das war nur eine vorübergehende Versuchung.

Denn plötzlich, nach so vielen Tagen Sturm und Regen, folgte eine Periode der Windstille, in der wattige weiße Wolken den Himmel überzogen. In unserem sonnenüberfluteten und mit Wasser besprengten Tropengarten manifestierte sich das Leben mit unglaublicher Kraft. Eine wahre Wachstumsexplosion setzte um uns herum ein und versetzte mich in einen Zustand freudiger Erregung, wie ich es bisher nur von einem bestandenen Examen und vom Zustand frischer Verliebtheit her kannte. Dann hörten wir nachts wieder das Bellen einer Taube in den Mangrovenwäldern, das kilometerweit über die spiegelglatte Wasseroberfläche hallte, das Platschen der großen Fische bei Flut, das freundliche Rufen der Nektarvögel, die zufriedenen Kehllaute der Hühner bei Sonnenaufgang und das Geraschel in den Wipfeln der Palmen. Schmetterlinge so groß wie Amseln flatterten umher. Unter den Schwalben, die bei Sonnenaufgang über den Strand und die Lagune segelten, fand sich immer eine, die mit Höchstgeschwindigkeit haarscharf an meinem Gesicht vorbeiflog, als sei das ihre Art, mich zu grüßen. Und wir wurden wieder jener Stille gewahr, die Stadtmenschen wie uns so überirdisch schön erscheint. Jeder Wunsch, vorzeitig abzureisen, schwand dahin, und wir lebten wieder in der Gewißheit, daß das einzige, was wir zu befürchten hatten, unsere bevorstehende erzwungene Abreise war. Gegen Ende des Monats kam es nur noch zu kurzen Wettereinbrüchen. Die langen Perioden ununterbrochener Feuchtigkeit und die Zeit der Sturzregen waren vorüber. Die Schauer wurden kürzer, und meist sahen wir den Regen ein Stück weiter weg niedergehen, während es auf unserer Insel trocken blieb. Auf dem Meer wimmelte es nur so von Regenbögen. Manchmal stand ich in der Sonne am Netz im Meer und hörte am Rauschen, daß es auf der Insel regnete. Dann wieder verschwanden die Inseln um uns herum im Dunst der Regenschauer, und wir lagen selbst in der Sonne. Ich wußte, daß der Mbalolo recht behalten und uns ein Wirbelsturm erspart bleiben würde.

Brötchen mit den verschiedensten Belägen, Pommes frites mit Ketchup und Mayonnaise, Geschnetzeltes mit Stroganoffsoße, Baguette mit französischem Käse, Shoarma, fritierte neue Kartoffeln, Hase in Preiselbeersoße – es fiel uns nicht schwer, vor dem Schlafengehen über all die Köstlichkeiten zu phantasieren, in denen wir nach unserer Rückkehr in die bewohnte Welt schwelgen wollten. Ob wir diese Phantasien auch dann gehabt hätten, wenn das Datum unserer Abreise nicht festgestanden hätte? Woher kamen sie so plötzlich? Wir hatten genug zu essen, und abgesehen von Hai, bei dem wir jetzt fast einen Brechreiz bekamen, aßen wir Fisch immer noch mit großem Genuß.

Wir brauchten diese Phantasien. Wir mußten uns alles mögliche Angenehme für die Zukunft ausdenken, um uns an die Vorstellung zu gewöhnen, daß dieses Jahr schon bald ein zu Ende gegangener Traum sein würde. Wir malten uns auch das Wiedersehen mit Freunden und uns nahestehenden Verwandten aus und sprachen in den höchsten Tönen von dem malerischen Grün des Dünenreservats um unser Heimatstädtchen Bergen. Doch es gelang uns nicht ganz, uns selbst zu täuschen. Wir wußten, daß die Freunde schon nach einer Woche und das Shoarma schon nach einem einzigen Mal ihren Reiz verlieren würden.

Ata würde für immer eine sonnige Lichtung im Wald unserer Erinnerungen sein, ein Fingerzeig, wie man auch hätte leben können. Die Erfüllung meines letzten Wunschtraums – ein Jahr auf einer unbewohnten Insel – hatte einen neuen geboren: zurückzukehren, um für eine viel längere Zeit dort zu bleiben.

Chris schneidet Kürbis. Sie tut dies auf einem auf dem Boden ausgebreiteten Tuch und äußerst langsam. Ich habe es schon mehrere Male beobachtet. Es dauert ungefähr eine Dreiviertelstunde, bis sie einen Kürbis in kleine Würfel geschnitten hat. Ich selbst sitze untätig vor meiner Schreibmaschine und warte auf einen guten Einfall. Ich sage: »Weißt du, wie das viel schneller geht?« Ich zeige es ihr: den ungeschälten Kürbis vierteln, mit einem scharfen Messerchen das Kürbisfleisch von links nach rechts und von oben nach unten mehrmals einschneiden. Die Würfel trenne ich dann mit einer einzigen Bewegung aus der Schale heraus. »Siehst du?« sage ich triumphierend. Sie verzieht ihr Gesicht. »Warum soll ich es denn um Himmels willen schnel-

ler machen? Zum erstenmal in meinem Leben macht mir Hausarbeit Spaß, weil ich so viel Zeit dafür habe, wie ich nur will, und jetzt kommst du und erzählst mir, daß man es schneller machen kann. Wozu? So wie ich es mache, macht es mir am meisten Spaß.«

Verdammt, sie hat recht. Wie lange wird es wohl noch dauern, bis ich mir diese unnützen westlichen Eigenschaften abgewöhnt habe?

13
Visionssuche

April 1988

Das einzige, womit sich mein fieberhaft arbeitendes Gehirn beschäftigen kann, sind Visionen von Essen und einer Zukunft auf Ata. Meine Absicht ist es, zu meditieren, wobei die Gedanken dann allmählich in den Hintergrund treten und nur noch wie eine Wolke vorüberziehen sollen, so daß ich nach Belieben aus ihnen schöpfen kann. Doch es geschieht das Gegenteil.

Die Lichtung, auf der mein Zelt steht, ist von dichtem Gestrüpp umgeben. Auf dieser Seite der Insel gibt es viel mehr Vögel. Tauben flattern umher, und Eisvögel schießen zwischen den Baumkronen hindurch. Ich bin umgeben von einem ununterbrochenen Zwitschern, Glucksen, Gurren, Klopfen, Piepen, Schaben, Gurgeln, Summen, Rascheln und Klappern. Ein paar Koripa-Sträucher stehen in der Nähe, und ich finde eine Handvoll reifer Beeren, die ich aussauge.

Was das körperliche Wohlbefinden angeht, kann ich eine *Visionssuche* nicht empfehlen. Die einzigen Momente, in denen ich mir nicht meiner Erschöpfung bewußt bin, sind, wenn ich mich in Visionen verliere; über Vollkornbrot mit altem Holländer Käse und Baguette mit Ardenner Leberpastete.

Oder über mein Begräbnis in ein paar Jahrzehnten: an einem Platz mit vielen Blumen mitten auf der Insel, im Schatten der vier alten Mangos, umgeben von lieben Freunden, die zu den Tönen des fidschianischen *Isa Lei* – »Lebewohl« – schluchzen. Sie werden noch am gleichen

Tag wieder lachen, denn das Leben ist zu schön, um sich zu lange zu grämen. Das Begräbnis findet statt, nachdem ich die zweite Hälfte meines Lebens in diesem Teil der Welt verbracht habe, nach einem Leben, das mindestens ebenso erfüllt gewesen ist wie das Jahr, das jetzt zu Ende geht.

Mysteriöse Stimmen tauchen aus der Tiefe meiner sterblichen Hülle auf: »Du hast jetzt bewiesen, daß du dich selbst quälen kannst. Ist es nicht am vernünftigsten, dies mit einem Teller frischer Chapatis mit geröstetem Kokos in karamelisiertem Zucker zu feiern? Suchst du noch wirklicheres Glück als *einen Teller voll Essen*? Du hast wohl den Hungerwinter nicht mitgemacht.« Das ist alles andere als Meditation. Meinem Körper geht es gar nicht gut, aber so sehr er mir auch zuruft, etwas zu tun, um den Schmerz dieser bohrenden Leere in meinem Magen zu beseitigen, halte ich es doch vier Tage durch und faste weiter.

Jetzt ist der dritte Tag. Wenn ich aufstehe, fängt die Welt um mich herum zu trudeln an, und ich bin sofort müde. Ich muß gegen den Impuls ankämpfen, mich wieder niedersinken zu lassen, und ich wanke fünfzig Meter hügelaufwärts durch das Gestrüpp zur Quelle, um mich dort zu waschen. Es ist das Ende eines zwölfstündigen Nichtstuns. Schweißüberströmt habe ich im Schatten eines Sonnensegels gesessen, das zwischen vier Bäumen aufgespannt ist, direkt vor meinem Zelt, das eigentlich für die schneidende Kälte einer windigen Polarnacht gedacht ist. Ich schaue über die Bucht zwischen dichtem Gestrüpp und kleinwüchsigen Bäumen. Ein frischer Wind ist aufgekommen, aber wenn dieser seinen Atem anhält, ist es heißer, als ich es jemals auf der Westseite der Insel erlebt habe.

Alle zehn Meter muß ich stehenbleiben und tief einatmen, um meinen Herzschlag unter Kontrolle zu bekommen. Das erinnert mich an die Höhenkrankheit im Himalaja. Bei der Quelle sitze ich auf einem Felsen und lasse langsam viel kaltes Wasser über mich fließen. Das ist unbeschreiblich wohltuend, und die drei eingerollten Schlangen, die eine Armlänge von mir entfernt liegen, stören mich ebensowenig, wie sie sich an mir stören.

Ich habe noch nie zuvor gefastet, außer, wenn ich zu krank war, um zu essen. Ich hatte mir vorgestellt, daß solch eine indianische *Visionssuche* zumindest gesund sei, und es war ein alter Wunsch von mir, den ich auf dieser Insel realisieren wollte.

Eine *Visionssuche* ist eine Suche nach Einsicht. Dies ist ein Brauch, der bei den traditionell lebenden Indianern Nordamerikas weit verbreitet ist; beispielsweise ist dies ein Bestandteil der Initiationsriten zu Beginn der Pubertät. Die jungen Männer ziehen sich ohne Nahrung an einen abgelegenen Ort zurück. Sie bewegen sich so wenig wie möglich von diesem Ort weg, müssen ihr Bewußtsein konzentrieren und dürfen keinen Kontakt zu anderen Menschen aufnehmen. In dieser Situation kann das kleinste Ereignis ein wichtiges Vorzeichen sein. Dabei kann es sich um eine durch den Einfluß des Fastens ausgelöste Vision handeln. Es kann auch ein äußeres Zeichen sein, das nur der Medizinmann des Stammes zu deuten vermag, beispielsweise eine Klapperschlange, die sich vorbeischlängelt, oder ein Adler, der im Flug eine Taube schlägt. Solche äußeren Ereignisse oder inneren Erlebnisse sind Hinweise auf die Richtung, die der Betreffende in seinem Leben einschlagen sollte.

Auch später im Leben kann eine *Visionssuche* an einem wichtigen Wendepunkt Klarheit bringen. Die Idee hatte mich angesprochen, und der April schien mir der richtige Monat für dieses Vorhaben zu sein. Apisai hatte uns zehn Mandarinen geschenkt, und ich nahm eine für jeden Tag mit, denn wir hatten bis Dezember eine karge Diät ohne Gemüse und Obst gehabt. Außerdem nahm ich noch eine

Feldflasche für kaltes Wasser aus der Quelle mit und etwas Salz, denn in der Hitze kann man auf beides nicht ungestraft verzichten. Schließlich rundete ich meinen Proviant noch mit einer Handvoll Spirulina-Tabletten ab, die uns in der Trockenzeit wahrscheinlich vor Mangelerscheinungen behütet hatten. Trotz dieser Hilfsmittel würde ich die *Suche* nicht mehr ohne ein Minimum an Nahrung wiederholen. Fit fühle ich mich nur zwanzig Minuten nach dem Essen der täglichen Mandarine und nach Einnahme der Algentabletten. Die Mandarine schmeckt mir, als sei sie der Inbegriff aller Früchte.

Wenn ich nachts mit dem Kopf hinter dem Fliegengitter des Innenzelts in tiefen Zügen frische Luft in mich hineinpumpe, schlägt mein Herz wie nach einem schnellen Sprint. Dieses Fasten wird mir doch hoffentlich keinen Herzinfarkt bescheren, so daß Chris in einer Woche denkt: »Meine Güte, der hält es ja lange aus«, während ich schon zu drei Vierteln von Aasfressern aufgefressen worden bin? Mein Herz fängt noch stärker zu schlagen an. Ich muß in dem kleinen Innenzelt übernachten, sonst werde ich von Mücken, Ameisen und anderem Getier regelrecht aufgefressen. Wenn ich mich aus meiner Sitzhaltung erhebe, wird mir schwarz vor Augen, und ich muß oft tief einatmen, um nicht wieder umzufallen.

Die Verhaltensanweisungen für dieses Experiment sind denkbar einfach. Chris bleibt vier Tage auf ihrer Seite der Insel, denn Kontakt ist tabu. Tagsüber sitze ich unter meinem Baldachin, froh darüber, daß ich nur stillzusitzen brauche. Um mich nicht von Gedanken mitreißen zu lassen, muß ich den Atem, sooft es mir möglich ist, aufmerksam verfolgen, beispielsweise indem ich die Atemzüge zähle.

Die erste Einsicht stellt sich schon bei meinem ersten Besuch an der Quelle ein. Nachdem ich mich gewaschen habe und zu meinem stillen Ort im Dschungel zurückkehren will, höre ich Sandaletten auf den Felsen klappern. Chris kennt die Bedingungen des Retreats und sagt nichts, sondern hält nur meine eigenen Sandaletten hoch und schaut mich fragend an. Tatsächlich brauche ich das Schuhwerk dringend. Auf den scharfen Felsen und im Dschungel sind sie unverzichtbar. Schweigend nehme ich sie entgegen und drehe mich mit niedergeschlagenen Augen wie ein in sich selbst versunkener Zen-Mönch um. Erst als ich am Zelt angekommen bin, wird mir bewußt, was für eine Geste der Zuneigung dies war, und ich beiße mir auf die Lippen, weil ich Chris nicht einmal angelächelt habe.

»Ich komme als ein besserer Mensch zurück«, hatte ich beim Abschied am Vortag gescherzt.

»Ein bißchen freundlicher wäre nicht schlecht«, hatte sie scharf erwidert. Ich hatte mich nicht bei ihr dafür bedankt, daß sie mir eine Tasche mit Dingen, die ich brauchte, gepackt hatte, sondern hatte geschwiegen, weil das eine Ich etwas tun wollte, wozu das andere keine Lust hatte.

»So freundlich wie du bestimmt«, hatte ich gesagt, und so hatte ich meine spirituelle Reise angetreten. »Sie hat dir die Sandaletten gebracht! Hätte sie dir ein deutlicheres Zeichen ihrer Zuneigung geben können, du Idiot?« sagt das eine Ich zum anderen. Mein Mitmensch sollte für mich nicht so selbstverständlich werden wie das Trinkgeld für einen Taxichauffeur.

Ich habe den Kampf gegen die Gedanken aufgegeben. Früher ist es mir hin und wieder gelungen, sie als etwas von mir Getrenntes zu beobachten, und das waren merkwürdig beseligende Augenblicke, aber jetzt scheinen sich meine Gedanken verselbständigt zu haben.

Abgesehen von dem beschleunigten Herzschlag, dem Gefühl der Schlappheit, den Schwindelanfällen, meinem protestierenden zusammengeschrumpften Magen und dem heftigen Widerwillen, mich in Bewegung zu setzen, ist die *Visionssuche* faszinierend. Zunächst einmal verspüre ich eine Klarheit, die ich nur von den seltenen Augenblicken her kenne, bei denen ich im Alter von dreizehn Jahren meinen Vater beim Schachspiel schlug und neun Züge im voraus zu denken vermochte, eine Fähigkeit, die später auf geheimnisvolle Weise wieder verschwunden ist. Diese wiedergewonnene Klarheit ist eine typische Nebenwirkung des Fastens. Ich brauche nur an unsere Zukunft auf der Insel zu denken, und sofort überkommt mich die Begeisterung, und die Ideen sprudeln nur so aus mir heraus. Es ist nicht schwer zu erkennen, daß sich hier die gesuchte Vision für mich entfaltet, und es geschieht in einer Sturzflut von Gedanken.

Weder Chris noch ich haben irgendwelche besonderen Erwartungen bezüglich unserer Zukunft in den Niederlanden, die über das, was wir dort gewöhnlich tun, hinausgehen. Wir haben dies in der Woche zuvor festgestellt. Und wer kann sich unser Erstaunen vorstellen, als Apisai einen Brief von Tony brachte, der schrieb, er habe nicht lange über den Kauf der Insel nachzudenken brauchen und bereits eine Anzahlung gemacht.

Er bot uns enthusiastisch an, wir könnten so lange auf Ata bleiben, wie wir wollten. Zuerst waren wir Feuer und Flamme, doch dann mußten wir einsehen, daß auch dieses Angebot uns nicht weiterhalf. Obgleich ich es theoretisch organisieren könnte, Manuskripte per Post von unserer Hütte abzuschicken, bleibt doch die Tatsache, daß unser Visum abläuft. Außerdem haben wir kein Geld.

Nichts, was ich wirklich will, ist unerreichbar, und in der *Visionssuche* spielt mein Geist mit all den bestehenden Möglichkeiten, als ob ich wieder dreizehn wäre und meinem Vater beim Schachspiel gegenübersäße. Ich entwerfe einen Brief an Tony, der vier enggetippte Seiten lang werden und eine Zeichnung enthalten soll. Er will ein paar

Häuser auf der Insel errichten, die einem Taifun standzuhalten vermögen; er liebt den fidschianischen Baustil, andererseits aber auch westliche Annehmlichkeiten wie Elektrizität und fließendes Wasser. Teure Hotels auf der Westseite des Archipels bestehen aus einzelnen Appartements, die im traditionellen Stil gebaut sind. Mit ihren hohen Palmendächern und dem vorstehenden Firstbalken aus einem einzigen Palmenstamm bieten sie einen schönen Anblick. Von innen haben sie mehr Ähnlichkeit mit einem Hilton-Appartement als mit einer Mbure. Und sie halten Stürmen stand, denn reiche Touristen wollen sich sicher fühlen.

In mir entfaltet sich eine Vision des ersten kultivierten Stücks der Insel, mit Rasenflächen, über die man mit nackten Füßen laufen kann, einer großen Plantage mit vielen verschiedenen Gemüsesorten, einem großen Obstgarten und einem Holzschuppen mit einer abgeschrägten Wellblechüberdachung, so daß das Regenwasser in ein Wassersammelbecken aus Beton läuft, wie sie es auf Vorovoro haben.

Es sind Blumenbeete dort, an der Leine flattert Wäsche, Kinder spielen lachend in der Sonne und im Wind oder im Schatten eines alten Mangobaums in der Nähe. Es ist ein unberührtes Stück Urwald da, das bleibt, wie es ist, abgesehen von Pfaden, die zu ein paar einfachen Gästeunterkünften führen, die ein Stück weiter weg liegen. Eine Korbwiege hängt im Schatten des Gartens zwischen zwei Palmen und wiegt den ganzen Tag über eine(n) kleine(n) Snoijink im Wind, der/die nicht unterscheiden kann, ob er/sie sich noch innerhalb oder außerhalb der Gebärmutter befindet, und deshalb nie weint. Und noch vieles mehr.

Wenn Tony dies alles auf seiner Insel haben will, dann braucht er einen Inselverwalter, der auf alles aufpaßt, während er sich mit seiner Familie auf Weltreise befindet. Und wer wäre dafür besser geeignet als wir? Wir wären mit einem kleinen Einkommen zufrieden. Ausgaben würden wir kaum haben, so daß wir nach ein paar Jahren vielleicht schon Freunde oder Verwandte zu einem ausgedehnten Urlaub einladen könnten. Wie besessen mache ich meine Aufzeichnungen.

Diese Fastenzeit ist reich an Visionen, vor allem an Visionen über eine sonnige Zukunft in diesem zeitlosen, atemberaubend schönen Land. Wir sind wirklich verliebt in Ata und in die Menschen, die hier leben. Ich will mir nichts anderes vorstellen, als noch viele Jahre hier zu verbringen.

Mitten in der Nacht werde ich vom Regen aufgeweckt, der auf das Zeltdach prasselt, und von einem plötzlich einsetzenden Sturm, der an den Zeltschnüren rüttelt. Ich schlage die Zeit mit dem detaillierten Ausmalen meiner Phantasien tot. Schließlich leben wir schon einen Wunschtraum aus, von dem wir nie geglaubt hätten, daß er einmal Wirklichkeit werden würde. Weshalb sollte also nicht noch ein weiterer in Erfüllung gehen?

Am nächsten Morgen regnet es unaufhörlich. Das Zelt ist offen, und ich sitze im Schneidersitz meinen letzten Tag aus, der kühl beginnt, aber schnell feuchtheiß wird. Die Essensphantasien sind ebenso spurlos verschwunden wie der Hunger. Hunger! Noch so ein Phänomen, mit dem ich keine Erfahrung habe. Das Schlimmste, worunter ich jemals gelitten habe, war Appetit. Ich bin immer damit beschäftigt gewesen, dem Hunger vorzubeugen. Hunger tut weh. Zwei Drittel der Weltbevölkerung haben keinen Appetit, sondern Hunger. Ein Drittel hat nicht die geringste Ahnung davon, was Hunger bedeutet. Dies ist die zweite Einsicht: Ich kann mir jetzt annähernd vorstellen, wie sich Hunger anfühlt.

Snuki legt sich neben mich. Er ist vor dem Regen unter meinen Baldachin geflüchtet. Er winselt und schaut mich erwartungsvoll an, aber ich erkläre ihm, daß er sich das

Essen bei Chris holen muß. Er hat mich heute nacht vom Schlafen abgehalten, indem er wie ein Verrückter im Urwald hinter den Ziegen hergejagt ist. Ich habe das Getrappel vieler Hufe und sein unverwechselbares Triumphgebell gehört.

Ich schreibe auf einen Zettel: »Liebste, mein größter Wunsch sind vierzig Krapfen. Am Samstagmorgen. Nur für mich allein. Bob, in diesem Fall ewig der Deine.« Ich binde das Briefchen in einer Plastiktüte an sein Halsband und bitte ihn, es Chris zu bringen. Er verschwindet schwanzwedelnd zwischen den Sträuchern.

Die Aussicht, den morgigen Tag mit Krapfen zu beginnen, läßt meinen Magen augenblicklich quengeln, ob dies nicht jetzt sofort möglich sei, aber sie gibt mir auch die Kraft für die letzte Nacht. Mittags klärt sich der Himmel auf, und der Wind nimmt etwas ab. Das Wasser in der Bucht schäumt, und es ist kein einziges Fischerboot zu sehen. Remco, der Reiher, fliegt hin und her. Er hat sein Nest in einer flachen Höhle direkt unter meinem Plateau. In einer stillen Mittagsstunde lasse ich mich auf meiner Luftmatratze auf den Wellen in der Sonne treiben.

Der Tag geht schnell vorbei. Meine Gedanken über die Zukunft sind abgeschlossen; die Ideen stehen auf dem Papier. Manchmal sitze ich da, es tauchen kaum noch Gedanken auf, und ich lebe nur noch in dem entspannten Bewußtsein, daß alles so ist, wie es sein muß. Eine Taube läßt sich auf der Lichtung vor dem Zelt nieder. Sie verbeugt sich wie ein Japaner. Oder sagt sie ja? Als ich meinen Kugelschreiber aufhebe und wieder aufschaue, ist sie verschwunden. Natürlich hat die Taube gesagt: »Ja, tue es!« Abends beim Einschlafen habe ich das Gefühl, in diesen vier Tagen unser Schicksal entworfen zu haben, und es würde mich eher entzücken als überraschen, wenn die Zukunft sich tatsächlich in diese Richtung entwickeln sollte.

Am nächsten Morgen in aller Frühe mache ich mich auf den Weg. Ich brauche fünfmal soviel Zeit für den Rückweg wie für den Hinweg. An der Quelle ruhe ich mich nach einer kalten Dusche eine halbe Stunde in der Morgensonne aus, bevor ich wie ein gebrechlicher Greis zur Hütte weiterschlurfe. Als ich das »Kap der Guten Hoffnung« umrundet habe, liegt die Hütte halb im Schatten, halb im Licht, das durch den Urwald fällt. Die Sonne steht noch tief am Himmel. Aus der Küche steigt Rauch auf. Es ist sehr still.

Snuki hat die Post zugestellt. Er läßt sich vor der Hütte danke schön sagen. Die Katzen reiben sich schnurrend an meinen Beinen. Als ich mich schnurrend an Chris reibe, bin ich mir nicht mehr ganz sicher, was mir mehr gefehlt hat: das Essen oder sie. Ein voller Topf warmer Krapfen und ein Kessel Tee stehen bereit, und sie freut sich ebenso wie ich über das Wiedersehen. Die langsamsten vier Tage im schnellsten Jahr meines Lebens sind vorüber.

Genußvoll grunzend verschlinge ich einen Krapfen nach dem anderen, und nachdem ich ungefähr zehn davon mit warmem Tee hinuntergespült habe, hat sich meine ganze Schlappheit und Erschöpfung in Luft aufgelöst. Als ich Chris von den Visionen der letzten vier Tage berichte, erzählt sie mir, sie sei von ähnlichen Gedanken bestürmt worden. Wir sind uns völlig einig. Wir müssen alles daransetzen, um nach Fidschi zurückkehren zu können, denn das Leben hier hat eine Qualität, die im Westen sehr teuer bezahlt werden muß oder die es dort gar nicht gibt.

Wir schweigen beide. Ich denke an die Sandaletten, die sie mir gebracht hat, und will etwas zu ihr sagen. Warum fängt meine Kehle plötzlich zu schmerzen und warum fangen meine Augen zu tränen an? Ich kaue auf einem Krapfen herum, als müsse ich meine Gedanken ordnen. Sie bringt mir meine Schuhe und backt Krapfen für mich, und ich ersticke an meiner Liebe. Dann sage ich es doch. Auf ihrem Gesicht breitet sich ein Lachen aus, das mich noch verliebter macht, und ich verstecke meine Augen in ihrem Haar auf ihrer dunkelbraunen Schulter.

»Alles ist hier so ... spontan«, sinniert sie. »Nichts um uns herum denkt nach, außer uns. Und auch wir tun dies eigentlich immer seltener.«

Wir spitzen unsere Ohren, denn in den Abendnachrichten wird ein niederländischer Name genannt: Andries van der Berg (58) aus den Niederlanden, der mit einer kleinen Reisegesellschaft auf einer Touristeninsel an der anderen Seite von Fidschi unterwegs war, ist spurlos verschwunden. Er wurde zum letztenmal gesehen, als er einen Spaziergang machen wollte. Die Nachricht ist vierzehn Tage alt. Die Polizei meldet, daß die Suche eingestellt worden ist.

Es verschlägt uns die Sprache. Wie verschwindet man ohne Boot von einer Insel? Die barmherzigste Erklärung ist ein Herzanfall beim Schwimmen. Die Alternative ist viel schrecklicher: Er könnte von einem Hai in tieferes Wasser gezerrt und dort aufgefressen worden sein. In beiden Fällen stellt sich allerdings die Frage, warum keine Kleider gefunden worden sind. Die einzig denkbare Erklärung dafür ist, daß er sie unterhalb der Flutlinie abgelegt hat, bevor er ins Wasser gegangen ist. Eine letzte Möglichkeit wäre Selbstmord, aber wer würde dazu ans Ende der Welt reisen, wo man das doch zu Hause viel bequemer mit Schlaftabletten erledigen kann? Außerdem scheint Fidschi mir das geeignete Heilmittel für Leute mit Selbstmordplänen zu sein.

Höchstwahrscheinlich war es ein Hai. Lautlos, aber nicht

schnell. Was geht wohl in jemandem vor, der verrückt vor Angst in tieferes Wasser gezogen wird? Chris sieht mich mit schreckerfüllten Augen an. Ihr Einfühlungsvermögen übertrifft meine eigene apokalyptische Einbildungskraft noch.

»Bitte, versprich mir, daß du aufpaßt, Bob. Es muß grauenhaft sein, so etwas zu erleben. Und du wirst sehen, wenn wir fast aus Fidschi fort sind ...« Sie bekommt plötzlich vor Aufregung rote Flecken im Gesicht. Ich beruhige sie, daß die Versicherung die bittere Pille vergolden wird, zumindest wenn der Hai mich nicht tötet, sondern nur zwei meiner Gliedmaßen abreißt. Sie gibt mir einen Klaps. Sie hat Angst, mein schwarzer Humor könne das Schicksal herausfordern, so wie ihre Vorfahren auf der Straße von Sunda nie das Wort Tiger aussprachen, aus Angst vor dämonischen Repressalien.

Trotzdem läuft es auch mir kalt den Rücken herunter, als ich am nächsten Tag zum Netz schwimme, um den Fang zu holen, und ich unwillkürlich an Andries van der Berg denken muß. Würde man schnell das Bewußtsein verlieren, oder würde die Kühle des Wassers dies hinauszögern? Wie war es, wenn man in einer Wolke von Blut von mehreren Monstern in Stücke gerissen wurde und niemand da war? Ausgerechnet in diesem Moment fällt mir die Geschichte des amerikanischen Kriegsschiffes ein, das im Krieg bei Java torpediert worden war. Hunderte von Matrosen waren in Panik in einem Gebiet über Bord gesprungen, in dem es von Haien nur so wimmelte. Die Retter hatten in vielen Fällen nur den oberen Teil eines Rumpfes bergen können. Ich versuche, all diese Gedanken aus meinem Kopf zu verbannen, aber nachdem ich es geschafft habe, nicht mehr an Haie zu denken, und nach einer Dreiviertelstunde mit dem Fang wieder am Strand angelangt bin, bin ich doch erleichtert. Trotz allem glaube ich eigentlich nicht daran, daß mir

Gefahr von Haien droht. Ein inneres Gefühl sagt mir, daß ich zwar sterben muß, aber ganz gewiß nicht durch einen Hai und noch nicht jetzt.

Nach meinem Retreat ist Chris begeistert von der Vorstellung, auch zu fasten. Es sind nicht mystische Visionen, die sie reizen. Ihr genügt es schon, vier Tage ganz allein zu sein, sich nicht mit den alltäglichen Verrichtungen beschäftigen zu müssen und eine Weile nicht zu essen, denn sie hält sich für zu dick. Aktivitäten, die mit viel körperlicher Bewegung verbunden sind, sind nun einmal meine Aufgabe. Sie hat zugenommen, weil sie die meiste Arbeit im Sitzen verrichtet. Tokassa, die Tochter des Stammesoberhaupts von Thawaro, sagte unlängst zu ihr:

»Am Anfang du sahst dünn aus [= mager und ernst, B. S.]. Jetzt du siehst glücklich aus [= dick und fröhlich, B. S.].« Dick zu sein ist in Fidschi kein Grund für ein Minderwertigkeitsgefühl. Die Männer dort lieben massige Frauenkörper. Aber Chris will sich nicht wie so viele fidschianische Mädchen über sechzehn von den Knien bis zum Hals in eine einzige Masse aus Bauch, Gesäßbacken und Brüsten verwandeln.

Sie fastet besser als ich. Sie hat nicht nur Visionen von phantastischen Mahlzeiten, sondern sie ißt sie auch auf und bildet sich ein, alles bis auf den letzten Knochen abzunagen. »Dadurch ist mein Hunger verschwunden«, erklärt sie einfach.

Die Tage, in denen ich allein bin, sind unerwartet schön, vor allem, weil ich wieder essen darf. Gegen Mittag, als der Wasserstand am niedrigsten und die Sonne am heißesten ist, gehe ich zum Netz. Das Sonnenlicht glitzert auf dem Wasser am Netz, und ich kann die Schwimmer nur mit Mühe erkennen. Das Licht bleibt gleißend, und als ich näher komme, leuchtet es über die ganze Länge des Netzes hell auf wie die Deckenbeleuchtung einer Diskothek. Es muß ein großer Fang sein. Das Netz wimmelt von einem Schwarm stattlicher Meeräschen, die kurz vorher hineingeschwommen sein müssen, vermutlich auf der Flucht vor einem Hai. Kurz darauf hängen 25 große Meeräschen und zwei Makrelen an meinem Ring.

Tagsüber hatten wir noch nie einen großen Fang gemacht. In der glühenden Sonne tropft mir der Schweiß vom Gesicht. Ich muß die Fische so schnell wie möglich ausnehmen, denn sonst verderben die Meeräschen, bevor ich sie räuchern kann. Ich entschuppe und schneide sie und nehme sie aus wie ein Rasender. Der Hund, die Katzen und die Hühner haben sich den Bauch schon nach den ersten sechs Fischen vollgeschlagen und ziehen sich in den Schatten zurück. Ich schütte den Fang in einen Sack und spüle die Fische nacheinander im Meer ab. Hunderte von kleinen Räubern liegen in einem weiten Kreis unter der Wasseroberfläche auf der Lauer. Als ich mich auf den Weg zum Räucherplatz mache, entbrennt ein wilder Kampf um die Überreste.

An diesem Mittag komme ich nicht mehr zum Schreiben. Als das Räucherfeuer brennt, hole ich den Teekessel, der in der Küche auf dem schwelenden Feuer steht. Im Schatten des Indischen Korallenbaums trinke ich einen halben Liter davon und suche vergeblich den Horizont nach dem Verursacher des leisen Stampfens – einem Schiff mit Dieselmotor – ab. Das Geräusch ist das einzige, was die mittägliche Stille stört.

Es ist genug Brennmaterial aus Kokosfaser da, um alle Fische zu räuchern. Der Rauch des Feuers steigt mir in die Augen und in den Hals, aber das ist nicht unangenehm. Er ist milde und gibt mir das Gefühl, eine Zigarette zu inhalieren, ein Verlangen, das in dieser ganzen Zeit nie völlig erloschen ist.

In mir wird es genauso warm und still wie um mich herum. Solch eine Menge Fisch zu putzen und in aller Seelenruhe zu räuchern ist wesentlich angenehmer als die Arbeit, der ich in Holland nachgehe. Eigentlich ist alles auf dieser Insel erfreulicher, obwohl ich vorher mit meinem Beruf immer zufrieden gewesen bin.

Als die Fische ungefähr um vier Uhr fertig sind, wasche ich mich von Kopf bis Fuß in der Quelle und spüle mich mit viel kaltem Wasser ab. Zwei geräucherte Fische und eine Gurke aus dem Garten sind mein Abendessen. Bei meiner letzten Tasse Tee verfärbt sich der Himmel im Westen, als ob Gauguin hier am Werk wäre. Als ich die Hühner hinter mir in den Baum flattern höre, klettere ich ins Moskitonetz.

Mein Transistorradio berichtet, daß Iran und Irak ebenso wie Rußland und Afghanistan zu einer Einigung zu kommen scheinen. Zuerst war mir das hier in unserem Privatfrieden ziemlich gleichgültig gewesen. Aber es klingt gut, als ob der Waffenstillstand eine Ära des Friedens in der Welt ankündigen würde. Das Wasser schäumt in den Spalten und Nischen des Kaps. Die Katzen sind im Unterholz verschwunden. Snuki rennt entweder hinter den Ziegen her oder liegt bei Chris. Nachdem ich das Radio ausgeschaltet und mich hingelegt habe, schlafe ich sofort ein. Das nächste, was ich wahrnehme, ist das Jubilieren der Morgenvögel und das leise Glucksen der Hühner. Ein neuer Tag beginnt. Wie so oft habe ich auch heute wieder eine solche Lust darauf, daß ich fast die Treppe hinunterfalle.

14
Abschied

Mai 1988

Ein deutsches Paar kommt nach Rottum mit dem Auftrag, dort ein Jahr zu leben, wobei es so wenig Kontakt wie möglich zu der dort lebenden Bevölkerung haben soll. Am Ende dieses Jahres lädt der Bürgermeister den Mann und die Frau zu einem Abschiedsfest ein. Auf dem Fest sind nicht nur die Ortsansässigen anwesend, sondern auch zahllose Gäste aus der weiteren Umgebung, die die beiden Deutschen während ihres Aufenthalts nie gesehen haben. Viele der Gäste haben ein Abschiedsgeschenk mitgebracht. Vor dem Essen hält der Bürgermeister eine Ansprache, die dem deutschen Paar die Tränen in die Augen treibt. Er entschuldigt sich für den einfachen Imbiß.

Ja, es stimmt, das ist eine äußerst merkwürdige Phantasie. Aber wenn man die Erdkugel um eine halbe Umdrehung weiterdreht und ein paar Namen und Nationalitäten verändert, dann ist es genau das, was wir am Ende unseres Abenteuers erlebten.

Plötzlich taucht auf mysteriöse Weise ein Überfluß an Kürbissen in dem Meer von Kürbisblättern und -stengeln auf, die sich inzwischen über den ganzen Gemüsegarten ausgebreitet haben. Anfangs hatten wir nicht so recht an eine ertragreiche Ernte geglaubt, denn die Platzregen schlugen immer wieder die Blüten von dem kriechenden Kraftprotz ab. Doch jetzt stolpere ich über ein Exemplar, das ungefähr drei Kilo wiegt. Ich rufe Chris. Unser erster Kürbis! Wir sind so gerührt, daß nicht mehr viel gefehlt hätte, und wir hätten ihm einen Namen gegeben.

In den folgenden Wochen sehen wir selten Kürbisse in der Babyphase. Als ob sie über Nacht heranreifen würden, entdecken wir sie meist erst, wenn sie erntereif sind. Es werden immer mehr.

Die Fischer kratzen sich am Kopf. Solche Felder haben sie noch nie gesehen. Wir geben ihnen Säcke voll mit. Am letzten Tag unseres Aufenthalts pflückt Andoni noch ungefähr zehn Stück aus dem dichten Dschungel hinter dem Garten, wo die Kriechpflanze auf Safari ist. Wir essen jeden Tag junges Kürbisgrün, Kürbiscurry, Kürbissuppe oder Kürbistaschen mit Fisch und Reis, denn die letzten angefressenen Brotfrüchte haben wir vor einem Monat gepflückt.

Die Papayasamen, die wir im Dezember gesät hatten, haben sich in Rekordzeit zu so großen Pflanzen entwickelt, daß diese fast das Dach der Hütte überragen. Ein paar davon tragen schon unreife Früchte.

Im letzten Monat unseres Aufenthalts sehen wir also, was der Gemüsegarten in einer normalen feuchten Saison zu leisten vermag. Ata ist so fruchtbar, daß wir uns in kürzester Zeit von selbstangebauten Produkten ernähren könnten. Mit etwas Anstrengung könnten wir sogar im Überfluß schwelgen, so ertragreich sind hier Land und Meer. Kaffeesträucher für Kaffee und ein paar Bienenkörbe für die Süße. Die Ziegen könnten wir anleinen und melken. Dies sind aufregende Vorstellungen, und möglicherweise werden sie ja einmal Wirklichkeit werden: *Nirvana in Samsara,* das Königreich auf Erden, denn ich habe nicht die Geduld, darauf zu warten, bis ich meine verschlissene Hülle verlassen und mich zu einer Hin- oder eventuell auch einer Hin- und Rückreise dorthin aufmachen kann.

Das Jahr geht seinem Ende entgegen, so wie alles und jedes einmal zu Ende geht, einschließlich meines eigenen Lebens. Aber ich will mit keinem von beiden aufhören. Dieses Buch nähert sich ebenfalls seinem Ende, und Chris, die das Manuskript für mich liest, weist mich darauf hin, daß es nur von beschreibbaren Dingen handelt. Mich erschreckt, wieviel Unbeschreibliches ich auslassen mußte. Vor allem die Bekanntschaft mit einer Stille, angefüllt mit einer Leere, die sich sehr voll anfühlt. Diese kommt von innen, und zu versuchen, dies zu beschreiben, wäre so, als wollte man mit einer kratzenden Feder auf einem Blütenblatt schreiben. Ja, dies ist ein Bericht über die Geschehnisse, nicht über das, was sich nicht in Worte fassen läßt und was bei weitem überwiegt.

Im Augenblick deutet alles darauf hin, daß wir abreisen. Sogar die Natur gibt uns stille Winke. Es ist Mai, und wir erkennen das Klima als das des Vorjahres zur Zeit unserer Ankunft wieder. Die Passatwinde wehen von neuem. Es schwimmen Fische im Netz, die wir ein Jahr lang nicht gesehen haben. Die Rückenwinde treiben wieder ihr Spiel wie unartige Kinder in einer leeren Kathedrale. Die Regenzeit ist vorüber. Hin und wieder fällt noch ein kleiner Regenschauer, aber manchmal ist die Erde nach drei Tagen wieder trocken und staubig und von Rissen durchzogen. Die Quelle fließt nicht mehr so üppig, und die Rinnsale, die bis vor kurzem noch ins Meer flossen, sind versiegt. Alles wächst gemächlicher als zu der Zeit, als Bäche tiefe Rinnen um die Hütte zogen. Die Wirbelstürme haben ihre letzte Chance verspielt, bis zum nächsten Sommer, wenn wieder genügend Tiefdruckgebiete entstanden sein werden.

Wir sprechen nicht viel darüber, aber die letzten Wochen sind vom Bedauern über die bevorstehende Abreise überschattet. Die Tage stehen im Zeichen des Aufbruchs. Meine Kugelschreiber sind fast leer. Die Taschenlampe funktioniert nicht mehr. Meine Riffschuhe sind kaputt. Wir vernachlässigen die Quelle, aus der wir sonst alle paar Tage pfundweise Algen entfernt haben. Das Dach der Hütte hat dünne Stellen bekommen.

Wir sind alles andere als begeistert von der Aussicht, unser neues Zuhause zurückzulassen, unser altes Leben in Holland wiederaufzunehmen und damit die endlosen Wiederholungen, wie eine Grammophonplatte, bei der die Nadel in einer Rille hängengeblieben ist. In der intimen Stunde vor dem Einschlafen versuchen wir es noch einmal mit Essensphantasien, aber die Aussichten auf kulinarische Genüsse sind nicht mehr verlockend.

»O je, Aufwachen unter einem Dach aus geflochtenen Palmenblättern gibt es demnächst nicht mehr«, seufzt Chris. »Einem selbstgeflochtenen Dach, wohlgemerkt«, setzt sie hinzu.

Wir versuchen, im Augenblick zu leben, um die letzten Wochen zu genießen. Aber weil es ein »Versuchen« ist, wird das, was vorher schlichtweg schön war, nun schmerzlich schön. Die fast überirdische Schönheit und Stille des frühen Morgens auf der Grenze von Land und Meer, die letzten Strahlen der Sonne, die den Strand orange färben, der Reiher, der auf einem Ausläufer des Strandes steht und fischt, die Vogelrufe, die aus der vorübergehend im Trockenen stehenden Mangrove schallen, das Rascheln der Palmenkronen, in die sich eine Windböe verirrt hat – je länger ich all dies betrachte, um so bedrückender wird für mich die

Vorstellung der Rückreise in das flache Land mit den ewigen Staus und 15 Millionen Bewohnern, mit denen man alles, was gut ist, teilen muß.

Die Hühner sind schon fort. Wir haben sie nach und nach eingefangen, um nicht alles am letzten Tag erledigen zu müssen. Eines nach dem anderen habe ich sie noch einmal kurz hypnotisiert. Sie laufen jetzt im paradiesischen Tal von Wai Levu herum. So sehr ich mich in der letzten Zeit auch über das Federvieh geärgert habe, nun vermisse ich es. Und wer weiß, wie viele Nachkommen von Ko und Khan verzehrt sein werden, bis wir wieder hier sind.

Mein *Sulu* wird bald auseinanderfallen, und meine Badehose hat Löcher. Die Handtücher sind bis auf den Faden verschlissen, der Boden der Vorratsblechdosen ist durchgerostet, und das Brennholz in der Grotte fast aufgebraucht.

Nachts bin ich mit meinen Gedanken in den Niederlanden, und ich träume, daß ich mich in einem riesigen Bürogebäude verirrt habe, in dem ich arbeite, wo ich aber niemanden kenne. Alpträume habe ich in den letzten zehn Monaten nie mehr gehabt, und meine Gedanken sind nicht oft vor- oder zurückgereist.

Ich habe noch nie eine so lange Zeitspanne erlebt, in der jeder Tag sich selbst genug war, mit der Sorglosigkeit eines kleinen Jungen, für den gut gesorgt ist. Während ich dies schreibe, wird mir klar, weshalb Naturvölker die Erde als Mutter ansehen. Wir sind Molekül für Molekül aus ihr hervorgegangen. Vom ersten Fisch bis zum letzten Kürbis hat sie uns in Watte gebettet.

Wir verbrennen, was wir nicht verschenken können, und vergraben, was wir nicht verbrennen können, denn wir wollen die Insel sauber hinterlassen. Es ist das mindeste, was wir ihr zurückgeben können.

Es wird Zeit, Bilanz zu ziehen. Nicht um festzustellen, ob Ata uns etwas gegeben hat, denn daran zweifeln wir nicht –

die Frage ist nur, was? Keinen finanziellen Gewinn jedenfalls, denn der Betrag, den ich für das Buch bekommen werde, wird kaum die Zinsen der Schulden zu Hause dekken. Aber ohne Ata würde ich jetzt wahrscheinlich irgendwo in einem Zimmer sitzen, um von meiner Beziehung mit Chris zu genesen, und würde mich in Selbstzweifeln ergehen. Ich wüßte nicht, daß es möglich ist, zu der sonnigen Fröhlichkeit früherer Zeiten zurückzukehren, und daß es so einfach ist, an das anzuknüpfen, was man einmal gewesen ist, aber irgendwann im Laufe des Lebens vergessen hat.

Ohne Ata hätte ich nicht Abstand von meiner eigenen sexuellen Versessenheit genommen und Chris als das gesehen, was sie ist, als einen anziehenden anderen Menschen, den ich nicht missen möchte. Ohne Ata wüßte ich nicht, daß sich auf diese Weise, auf den Wogen einer wunderbaren Zeit, eine immer tiefere Entspannung einstellt; und ich wüßte ebensowenig, daß man immer mehr wahrnimmt, je mehr man sich entspannt, sowohl was die äußere als auch was die innere Wahrnehmung betrifft. Wir hören manchmal, was nicht ausgesprochen wird, fangen Gedanken auf und Stimmungen und stehen einander nicht mehr im Wege. Außerdem verliert die Welt, die uns umgibt, keine Minute lang ihren Reiz. Ohne Ata hätte ich nicht jenes Staunen wiedererlernt, mit dem ich als sechsjähriger Junge beobachtete, wie meine Bohne auf dem Schwamm keimte.

Ohne Ata wüßte ich jetzt nicht, daß ein Leben ohne Probleme möglich ist. Ich wüßte nicht, daß ich ein Haus bauen kann, daß es ein Volk gibt, bei dem wir uns zu Hause fühlen wie Bienen in einer Klatschmohnblüte; daß Fisch im Mondlicht verdirbt, daß der Nordwind Mücken verjagt und daß Zeit eine Fiktion ist – daß sie um so schneller vergeht, je besser man sich fühlt. Ich wäre immer noch von der Uhr behext.

Ohne Ata hätte ich Mutter Erde nie von ihrer schönsten, geräumigsten, saubersten, sonnigsten, herzlichsten, stillsten und friedlichsten Seite kennengelernt. Alles in allem sind wir ungefähr dreihundert Tage mit der Insel allein gewesen. Dies ist ein unglaublicher Reichtum, den niemand mir stehlen kann, und ich bin zutiefst dankbar dafür.

Doch dies alles vermag nichts daran zu ändern, daß wir von hier fort müssen.

In der Zeit zwischen Sonnenuntergang und Einschlafen sind mir mindestens dreißig Seiten Text eingefallen. Die Gedanken sprudeln nur so aus mir heraus, angetrieben durch die Abreise, die näher und näher rückt.

Ob wir wohl von unseren Erfahrungen profitieren werden, wenn wir wieder in den Niederlanden sind? Ab und zu verspüre ich einen Anflug von jener Anspannung, die mich an die unselige Anfangszeit auf Ata erinnert. Ich sitze wieder mißmutig hinter meiner Schreibmaschine, und als Chris etwas zu mir sagt, fahre ich aus der Haut. Sie schaut mich mit großen Augen an und beginnt zu weinen. Früher wäre sie versteinert, hätte mich selbst auch angeschnauzt, und der Wortwechsel wäre zum Krieg zwischen uns eskaliert. Es tut mir sofort leid. Zweifel beschleichen uns, ob wir den Frieden von Ata mit nach Hause nehmen können.

Doch dann umarmen wir einander, und sie flüstert mir ins Ohr: »Wenn wir merken, daß es dort falsch zu laufen beginnt, und wenn wir wieder schlechte Laune bekommen, dann tun wir einfach das ... und wir sagen: ›Ich bin nicht nett zu dir gewesen, nicht wahr? Ich meine es nicht so.‹« Ich platze fast vor Liebe und will mit ihr über die Grenze der Zeit hinaus reisen.

Nessy aus dem dritten Kapitel hat sich nicht mehr gezeigt. Viel merkwürdiger ist allerdings, daß ich jenes Lustmonster kaum noch gesucht habe. Habe ich vielleicht in Holland danach gesucht, um Spannungen zu kompensieren? Werde ich wieder danach suchen, wenn wir zurück sein und wieder jenem Bombardement von Eindrücken ausgesetzt sein werden, die auf Ata so gänzlich fehlen? Wird dann die Hornhaut an meinen Füßen wieder verschwinden und sich statt dessen wie zuvor auf meine Seele legen? Werde ich es demnächst noch wagen, meine Tränen so leicht fließen zu lassen wie die fidschianischen Männer, wenn sie Kummer haben, und werde ich noch ebenso hemmungslos lachen können? Hier fühle ich mich so weich (»und doch so männlich«) wie Mbale auf Vorovoro.

Kurz vor unserem Abschied sorgt Chris dafür, daß unsere Namen bei der fidschianischen Bevölkerung in guter Erinnerung bleiben. Mir wird die Ehre ebenfalls zuteil, aber ich kann nicht behaupten, daß ich an jenem windigen Abend sonderlich entgegenkommend bin, an dem sechs kleine Schiffbrüchige bei uns anklopfen und um ein Glas Wasser und etwas Brot bitten. Aber was soll's.

Wir liegen gerade im Bett und haben unser allabendliches Ritual schon hinter uns gebracht: uns an der Quelle waschen, aufräumen, nach oben gehen, ein paar Notizen machen, Nachrichten hören, uns gegenseitig den Rücken kratzen, schmusen, Licht aus und schlafen, denn es ist schon gegen acht. Draußen ist es stockfinster. Über den Geräuschen von Wind und Wasser hören wir hohe Stimmen, die sich nähern. Vor der Hütte halten sie an:

»Bob?«

Ich tue, als schliefe ich bereits. Auch Chris rührt sich nicht. Nächtliche Fischer natürlich, die irgend etwas haben wollen, und wir sind beide ziemlich müde.

»Bob?«

»Ja?« brumme ich, als würde ich aus tiefem Schlaf erwachen.

»Essen?«

Da haben wir die Bescherung! Ohne Essen fischen gehen, denn die Weißen haben ja bestimmt irgend etwas da!

»Alles ist aufgegessen«, sage ich wahrheitsgemäß. Sie beratschlagen im Flüsterton. Es ist ein Trüppchen von Jungen im Alter von zwölf Jahren.

»Können wir uns ausruhen?« Ich seufze auf. »Legt euch doch in die Höhle.«

»Wasser?«

Chris kommt in Bewegung, zündet die Laterne an und klettert hinunter. Sie erzählen ihre Geschichte in gebrochenem Englisch. Die Jungen sind nach der Schule zur Bucht fischen gefahren. Als sie bei Anbruch der Dämmerung nach Undu zurückkehren wollten, kam ein so starker Wind auf, daß sie nach Westen abgetrieben wurden. Wäre die Insel Ata nicht gewesen, dann wären sie ins offene Meer getrieben worden.

Das ändert natürlich alles. Chris zeigt ihnen die Kokosnüsse, von denen sie so viel essen dürfen, wie sie wollen, und jeder der Jungen trinkt einen halben Liter Wasser. Sie sind erleichtert und dankbar. Kurze Zeit später versucht die Gesellschaft vergeblich, auf der Matte einzuschlafen. Wir hören Geflüster, und ein paar gehen zum Strand, um Fangen zu spielen. Das Wasser zieht sich wieder zurück, und ihr Ruderboot liegt schon auf dem Trockenen.

»Ihnen muß der Magen vor Hunger knurren!« sagt Chris und steht noch einmal auf. Unten fragt sie, ob sie Appetit auf *Mbasasas* hätten. Die Jungen stoßen einen Freudenschrei aus, und kurz darauf sitzen wir alle zusammen gemütlich um das Feuer in der Küche. An Schlafen ist ohnehin nicht mehr zu denken. Die Jungen erproben an uns begeistert ihre Englischkenntnisse. Sie kommen aus kleinen Örtchen auf Undu und wohnen in den Schlafbaracken neben der Schule, wo die Eltern abwechselnd logieren, um für die Verpflegung zu sorgen. Sie erzählen Geschichten und lachen schallend. Krapfen verschwinden mit zwei Bissen in den dunklen Gesichtern mit den strahlend weißen Zähnen. Augen funkeln vor Neugierde, Vergnügen und Aufregung.

Das Wasser steigt wieder, und der Wind hat sich inzwischen gelegt. Den Jungen fällt ein, daß die Bewohner von Thawaro sich wahrscheinlich Sorgen machen. Sie schieben das Boot ins Wasser und verschwinden kurz darauf lachend und rufend in der Dunkelheit hinter dem Kap. Sie müssen mindestens noch zweieinhalb Stunden staken, um nach Hause zu kommen. Die Geschichte ihres Empfangs auf Ata macht in den Familien von Undu die Runde und erntet, wie wir später erfahren, großes Lob.

Der Mai verstreicht in einem Atemzug. Es ist ein schöner, frischer Herbstmonat, und die Gedanken an die Zukunft verlieren sich häufig über längere Zeit. Die frühen Morgenstunden, wenn der Wind noch schläft und durch den Dschungel das erste Licht auf unsere Seite der Insel fällt, versetzen mich immer noch in eine leichte Trance. Beim Netz im Meer, wenn die Palmen vom Licht gestreift werden und die Vögel mit ihrem Morgenkonzert beginnen, nehme ich manchmal die Insel lange, und ohne zu denken, in mich auf. Rauch kringelt aus der Hütte, wo Chris den ersten Kessel Tee aufsetzt. Die Wasseroberfläche sieht wie eine straff gespannte Zellophanfolie aus. Das Licht ist sanft und klar wie Bergkristall. Diese Welt ist so unglaublich schön, daß meine Worte nicht ausreichen, sie zu beschreiben. Alle meine Formulierungsversuche ähneln dem unbeholfenen Bemühen eines Kindes, das Schöne, das es sieht, mit dem Pinsel zu Papier zu bringen.

Wir räumen auf, doch ein »aufgeräumtes« Gefühl vermag dies in uns nicht zu erzeugen. Drei Tage vor der Abreise werden die Tiere unruhig. Die Sekundanten Rupeni und Charly rennen barfuß und mit nackten Beinen in den Urwald und kommen eine Viertelstunde später mit einem kräftigen Bock zurück. »Wie schafft ihr das so schnell?« fragt Chris, der die Jagd mit Tony noch lebendig vor Augen steht. »Einfach«, sagt Charly, »springen drauf.« Als Apisai sein Boot in das tiefe Gewässer steuert, überwindet Snuki mit einem ängstlichen Winseln seine Angst vor dem Wasser und schwimmt hinterher.

Apisai zieht ihn an Bord; er reist schon nach Wai Levu ab. Am nächsten Tag verschwindet Andi im Urwald und taucht nicht wieder auf. Es ist das erste Mal, daß sie tagsüber nicht in der Nähe der Hütte ist. Nur von Thakombau sind wir Ausflüge gewöhnt, doch er klebt mir sozusagen an den Fersen. Als wir am Tag darauf Ata für immer Lebewohl sagen, bleibt die Katze mit der leeren Hütte, den Papayasträuchern, den wildwuchernden Kürbissen und dem Geisterhuhn als Symbolen unserer Kolonisierung zurück.

Am nächsten Tag kommt ein Brief von Tony an, in dem dieser begeistert auf meine Vorschläge eingeht. Wir müßten unbedingt in Kontakt bleiben, meint er. Zusammenarbeit sei ihm aus der Seele gesprochen, aber er müsse erst seinen Besitz versilbern.

Wir tauchen zum letztenmal mit Apisai und seinen Männern am Riff. Undu und Ata sind Streifen am Horizont. Als wir wieder auf der Insel sind, ist alles plötzlich sehr prosaisch zu Ende. Wir packen die letzten Sachen und laden die Taschen ins Boot. Rupeni klettert auf die höchste Palme, um ein paar Luftaufnahmen von der Insel zu machen, die, wie sich später herausstellt, bis auf eine ebenso mißlingen wie meine Versuche, den glatten Stamm hinaufzuklettern. Das Wasser zieht sich zurück; wir müssen uns also sputen, um Wai Levu noch rechtzeitig zu erreichen. Ata verschwindet hinter uns, und wir drehen uns nicht um, denn die Sonne spielt zwischen den Wolken über der Küste von Undu und läßt Thawaro ein paar Minuten lang wie von Scheinwerfern angestrahlt aufleuchten. Vor dem aggressiven Grün des Urwalds auf den umliegenden Bergen und vor dem Himmel darüber heben sich die Hütten leuchtend ab. Ata werden wir in ein paar Tagen noch einmal sehen, wenn man uns aus Wai Levu nach Lakemba bringen wird, wo der Bus nach Lambasa abfährt.

Ich bringe kein Wort heraus, denn meine Kehle ist wie zugeschnürt, und Tränen rollen mir über die Wangen. Es entsteht eine kurze Verwirrung, und Chris fragt sich, ob sie vielleicht ein Abschiedswort sprechen soll. Doch dann ergreift Andoni als unser »Speaker« das Wort und rettet die Situation, indem er auf fidschianisch mit einer von Yanqona belegten Stimme in unserem Namen spricht.

Ansonsten ist es totenstill in dem großen Eßzimmer des Hauses in Wai Levu. Apisai sitzt am Kopfende des langen Tischtuchs, das auf dem Boden liegt. Auf den acht Metern sind dampfende Schüsseln und Karaffen mit frischem Limonensaft aufgetragen. Ungefähr zwanzig Menschen sitzen darum herum: seine ganze Familie, Verwandte, die wir nicht kennen, Freunde und Nachbarn. Wir sitzen neben Apisai, und ich schäme mich, weil ich nicht sage, was ich fühle. Meine plötzlichen Emotionen scheinen Gehirnbahnen zu verstopfen und all das zu blockieren, was mir hinterher, als es zu spät dafür ist, einfällt.

Man nimmt mir dies jedoch nicht übel; vielleicht haben meine Tränen ja deutlichere Worte gesprochen, die nicht übersetzt zu werden brauchen. Chris und ich sind vernarrt in die Menschen, die uns umringen, und heute entdecken wir, daß diese Gefühle auf Gegenseitigkeit beruhen, sogar bei einigen, die uns dieses ganze Jahr über nie gesehen haben. Manche von ihnen sind über die Berge gekommen, von der Ostseite von Undu, eine mehrstündige Wanderung über einen steil ansteigenden bewaldeten Paß. Andere sind aus Ortschaften hergewandert, deren Namen wir nicht einmal kennen.

Über die Hälfte der Gäste müssen warten, bis sie essen können; die Wartenden sitzen draußen oder haben sich in der Hütte an dem märchenhaften Bach um die Yanqona-Schale versammelt. Die Hütte steht neben dem meterhohen Fels, der in dem murmelnden Wasserlauf aufragt. Hinter diesem hat sich, umwuchert von dichtem Dschungel, ein natürliches Bassin gebildet. Das Wasser sammelt sich dort in einem Becken, in dem man zu zweit bis über den Kopf in kaltes, klares Wasser eintauchen kann, unter den Augen von mindestens einem Dutzend Kröten, die in den feuchten Nischen mit ihren Zungen die vorbeifliegenden Mücken aus der Luft fangen.

Apisai hat seine Rede beendet. Nachdem die Frauen das Essen aufgetragen hatten, klatschte er dreimal dumpf in die Hände. Das fröhliche Stimmengewirr verstummte, und er richtete das Wort an Gott. Er sprach mit ihm, wie er mit jedem Menschen zu sprechen pflegte, respektvoll und aufmerksam. Danach schaute er uns an und sagte:

»Bob und Chris, wir sind sehr glücklich darüber, daß wir euch als Zeichen unserer Freundschaft diese einfache Mahlzeit vorsetzen können. Morgen kehrt ihr in das ferne Europa zurück, und nur Gott weiß, ob wir euch noch einmal wiedersehen werden. Wir hoffen, daß ihr mit guten Erinnerungen abreist, und sollten wir jemals Fehler gemacht haben, dann vergebt sie uns bitte. Ihr müßt wissen, daß jeder auf Undu sehr froh über eure Anwesenheit auf Ata gewesen ist. Wir haben euch sehr gerne.«

Was ich nicht auszusprechen vermag, werde ich viel später schreiben, mit der Bitte, es für seine Familie und für alle, die sich die Mühe gemacht haben, von uns Abschied zu nehmen, zu übersetzen.

(…) Turaga dina (»Mann mit dem Herzen auf dem rechten Fleck«), teurer Freund, Bruder, Vater und Lehrer, ich scheine so viele Worte zu brauchen, um beschreiben zu können, was wir für Dich und Dein Volk empfinden. Wir durften einen Blick auf das Paradies werfen, und schon allein dafür stehen wir in des Lebens Schuld, oder in Gottes Schuld, wie Du sagen würdest. (…) Wenn wir in unsere Herzen schauen, vermissen wir Euch. Das ist ein angenehmes Gefühl, denn in Wahrheit seid Ihr weit weg, aber gleichzeitig auch sehr nahe. Wir wissen, daß Du eines Tages mit Freuden einen Mbilo mit uns trinken wirst, ob wir einander nun nächstes Jahr, in zehn Jahren oder in einem anderen Leben wiedersehen werden. Es ist ein gutes Gefühl zu wissen, daß wir Freunde an einem Ort haben, der nicht weiter von Holland entfernt sein könnte. Ihr habt uns gelehrt, daß man vom Teilen nicht ärmer wird, und ich hoffe, daß ich Deine Worte: »Maybe it's for the better« immer beherzigen werde.

Heute morgen hat Chris Apisai und ein paar Helfern beim Schlachten des Ziegenbocks von Ata geholfen. Den ganzen Tag lang herrscht eine zunehmende Betriebsamkeit in und um das einsame Haus. Ein Trupp Männer gräbt einen großen unterirdischen Ofen. Ein Grüppchen, das aus dem Dschungel kommt, wird lauthals und unter großem Gelächter empfangen. Ich werde angestachelt, dem älteren Mann an der Spitze auch ein Wort zuzurufen, aber ich will zuerst wissen, was es bedeutet. Nach viel Gelächter erfahre ich, daß es so etwas wie »Schürzenjäger« heißt, allerdings ist der Ausdruck noch etwas gröber. Einer der Männer erzählt mir, daß der so Angeredete ein verheirateter Pfarrer ist, der seines Amtes enthoben wurde, weil er seine Pfeife draußen vor der Tür ausgeklopft hat. Der Pfarrer lacht selbst vergnügt.

Viele Gäste bringen Abschiedsgeschenke: selbstgeflochtene Matten, Holzschnitzereien, Schalen aus Peddigrohr, einen Schildkrötenpanzer, Muschelketten, kleine Taschen und noch vieles mehr. Chris ist die erste, die die Geschenke sieht. Als ihr klar wird, daß sogar Fremde Geschenke bringen, weiß sie kaum noch, was sie sagen oder denken soll.

»Womit haben wir das verdient?« fragt sie. »Es bedeutet, daß sie wollen, daß ihr zurückkommt«, erklärt Apisai. Lachen und Stimmengewirr schallen über den Platz, und Rauchwolken von selbst angebautem Tabak steigen auf. Ich trinke Yanqona mit den Männern und rede mit Apisai, der am Ende des Tanoa-Seils sitzt. Als ich nach draußen gehe, weil das Entwässerungsmittel seine Wirkung tut, trete ich auf eine glühende Kohle, die zischend an meiner Fußsohle hängenbleibt. Einer der Männer nimmt meinen Fuß, schließt seine Hand um die schmerzende Stelle und sitzt ungefähr eine Minute lang in sich versunken da. Als er mich wieder losläßt, habe ich weder Schmerzen noch eine Brandblase. Einer der Fischer massiert Nacken und Schultern von jemandem, der vor ihm sitzt.

»Spezialisten«, erklärt Apisai mir. Der erste Mann stammt aus einer Familie, zu der von alters her Patienten kommen, um ihre Brandwunden behandeln zu lassen. Der andere stammt aus einer Familie von Masseuren. Die Stämme sind noch immer in traditionelle Gilden aufgeteilt: Heiler, Fischer, Bauern, Zimmerleute und Krieger.

Apisai fragt uns, wie das Jahr für uns gewesen sei. Ich kann, ohne zu übertreiben, in wahre Begeisterungsstürme ausbrechen und erzählen, wie sehr uns das Leben dort, die Insel und die Fidschianer ans Herz gewachsen sind. Und ich kann auch sagen, daß Fidschi das erste Land auf der Welt ist, in dem wir gerne für immer bleiben würden. Er lächelt und zeigt mir einen tadellos getippten Brief aus einem Textverarbeitungssystem, in dem Byron, der hellsichtige Freund von Robert, in den höchsten Tönen die spirituellen Qualitäten von Undu und seiner Bevölkerung rühmt. Ich zögere, meine Gedanken darüber auszusprechen.

»Die Amerikaner haben eine hohe Meinung von Fidschi, und das ist auch nicht verwunderlich, wenn man hier nur ein paar Tage lang gewesen ist und aus einem Land wie dem ihren kommt«, sage ich vorsichtig. »Sie haben sicher recht, denn die Menschen hier gehen liebevoller miteinander um, als ich es an irgendeinem anderen Ort erlebt habe. Aber ... es gibt natürlich auch Probleme in den Dörfern von Undu.« Er nickt zustimmend.

Plötzlich fällt mir eine treffende Geschichte ein. Ich erzähle ihm die Geschichte von der Eule und dem Tausendfüßler. Von ihrem Zweig herab ruft die Eule dem Tausendfüßler zu: »Du kommst hier jeden Tag mit all diesen vielen Beinen so schön im Gleichschritt vorbei. Jetzt sage mir doch einmal, wie du das machst.« Der Tausendfüßler antwortet ehrlich: »Ich weiß es nicht.« Am nächsten Tag kommt er wieder vorbei, dieses Mal mit Krücken und dreißig Beinen im Gips. »Was ist denn mit dir passiert?« fragt die Eule. »Ich habe angefangen, mir Gedanken über deine Frage zu machen«, antwortet der Tausendfüßler böse.

»Wenn nur genug Amerikaner vorbeikommen und euch sagen, daß ihr so schön lauft ...«, will ich erklären, aber Apisais Augen leuchten schon verstehend auf.

Früh am Morgen stehen ungefähr zwanzig Menschen bis zu ihren Knöcheln im Schlamm am Fluß, wo das Boot auf dem hineingeströmten Flutwasser treibt. Jetzt nehmen wir endgültig Abschied, und wieder kann ich die Tränen nicht mehr zurückhalten.

Chris hat eine stoisch chinesische Miene aufgesetzt, doch gerade das zeigt mir, wie katastrophal sie sich fühlt. Wir umarmen Apisai, Rosie, ihre Kinder und Freunde. Niemand lacht. »Good bye, Bob«, flüstert Rosie und schaut mich dabei an, als wäre ich ihr Sohn, der an die Front muß. Zum erstenmal sehe ich kein Lachen in ihrem Blick. Ich könnte laut losheulen, als mir bewußt wird, daß nicht sicher ist, ob wir uns jemals wiedersehen werden. Ich drücke Apisai an mich. »Good bye, my friend«, flüstern wir gleichzeitig.

Kurz darauf tuckert das Boot in einem niedrigen Gang den flachen Fluß hinunter. Snuki rennt uns ein Stück am Ufer hinterher. Er stößt ein verzweifeltes Bellen aus, das wir nicht von ihm kennen. Zwischen den Stämmen des Dschungels und über die Felsen sehen wir ihn wie einen schwarzen Blitz springen, rennen und gleiten. Er rennt, als hinge sein Leben davon ab, muß jedoch beim Flutwasser zwischen der Mangrove anhalten. Als wir das offene Meer erreichen, hören wir noch immer in der Ferne sein verlorenes Heulen. Eine halbe Stunde später flitzen wir im Eiltempo über die glatte Wasseroberfläche.

Ata liegt jetzt an der Steuerbordseite, halb im Morgennebel, und fängt das erste Licht ein. Ich verspüre den Wunsch, mich bei der Insel wie bei einem Menschen zu bedanken, der viel für mich getan hat. Andi schläft und ruht sich wahrscheinlich von der Rattenjagd aus. Pritz räuspert sich. Schwalben segeln durch die Luft. An der Spitze des »Kaps der Guten Hoffnung« steht Remco, der Reiher, und stochert im Wasser herum. Das Geisterhuhn kann vorläufig zufrieden gackern.

In vier Wochen werden die Papayas reif sein.

Danksagung

Ich muß vielen Personen und Institutionen meinen Dank aussprechen. André Naber und der Zeitschrift »Panorama« dafür, daß sie mich für solch ein ungewöhnliches Abenteuer ausgewählt haben; Canadian Air, die uns in zweimal vierundzwanzig Stunden nach Fidschi hin- und zurückgeflogen hat; der Zeitschrift »Onkruid« und dem Verlag Ankh Hermes für finanzielle Unterstützung; Olympus für robuste und leichte Fotogeräte; Holland Diving für die Ausrüstung, mit der wir eine märchenhafte Unterwasserwelt entdeckten; Carl Denig vor allem für die unentbehrliche Machete und für die Hängematte; Agfa für Filmmaterial; Polaroid für eine Kamera, die sehr nützlich ist, wenn man sich bei jemandem am Ende der Welt bedanken will; Marcus Rohrer für Geld, das uns auf den Weg half, und für Spirulina-Tabletten, die uns während der längsten Trockenheit, die Fidschi seit hundert Jahren heimgesucht hat, gesund erhielten; Albatros für einen Berg an Angelgerätschaft; dem ANWB, der Körper und Gepäck versicherte; den Firmen Robijns, die Pfeil und Bogen schenkten, Scheepers für ihr Tasco-Minifernrohr und Titmus für Kontaktlinsen, die vor allem bei einer Taucherbrille gute Dienste leisten; dem Biologen Simon de Jager von der Universität Amsterdam dafür, daß er bei der niederländischen und deutschen Ausgabe dieses Buches half, die Raritäten in unserem Netz zu identifizieren. Poasa und seiner Familie auf Vorovoro für alle Überlebens- und Lebenslektionen, Bill Hignett und Ratu Emosi für Ata, Apisai Lailai für seine unschätzbare Freundschaft und Weisheit. Und Chris für die Liebe, die sie anfänglich an einem geheimen Platz in ihrem Urwald kultivierte, und für den Späherblick, mit dem sie die Unsinnigkeiten in diesem Text ebenso wie die festen Rückstände auf dem Kokosöl abgeschöpft hat.

B. S. – Frühjahr 1989